CB051816

org. abilio guerra

textos fundamentais
sobre história da arquitetura moderna brasileira_parte 2

rgBOLSO**2**
Textos fundamentais sobre história da arquitetura moderna brasileira – parte 2 ABILIO GUERRA (ORG.)
Autores dos artigos ABILIO GUERRA, CARLOS ALBERTO FERREIRA MARTINS, CARLOS EDUARDO DIAS COMAS, CLAUDIA SHMIDT, EDSON MAHFUZ, FERNANDO ALIATA, HUGO SEGAWA, JORGE CZAJKOWSKI, JORGE FRANCISCO LIERNUR, MARGARETH DA SILVA PEREIRA, MARIA BEATRIZ DE CAMARGO ARANHA, NABIL BONDUKI, OTÍLIA BEATRIZ FIORI ARANTES, PAUL MEURS E RENATO ANELLI
Preparação e revisão final de texto CAROLINA VON ZUBEN
Projeto gráfico da coleção e diagramação ESTAÇÃO
Desenhos da capa LUCIA KOCH
Gráfica PANCROM
Coordenação editorial ABILIO GUERRA E SILVANA ROMANO SANTOS

apoio cultural

org. abilio guerra

abilio guerra
carlos alberto ferreira martins
carlos eduardo dias comas
claudia shmidt
edson mahfuz
fernando aliata
hugo segawa
jorge czajkowski
jorge francisco liernur
margareth da silva pereira
maria beatriz de camargo aranha
nabil bonduki
otília beatriz fiori arantes
paul meurs
renato anelli

textos fundamentais **sobre história da arquitetura moderna brasileira**_parte 2

Romano Guerra Editora
Rua General Jardim 645 conj 31 Vila Buarque 01223-011 São Paulo SP Brasil
tel: (11) 3255.9535 | 3255.9560
rg@romanoguerra.com.br www.romanoguerra.com.br
Printed in Brazil 2010 Foi feito o depósito legal

T 355g Textos fundamentais sobre história da arquitetura moderna brasileira : v.2 / organização Abilio Guerra -- São Paulo : Romano Guerra, 2010.
332 p. (Coleção RG bolso; 2)

ISBN: 978-85-88585-21-8 (Coleção)
ISBN: 978-85-88585-23-2 (volume 2)

1. História da arquitetura - Brasil 2. História do urbanismo - Brasil I. Guerra, Abílio, org. II. Título III Série

21ª. CDD - 720.981

Serviço de Biblioteca e Informação da Faculdade de Arquitetura e Urbanismo da USP

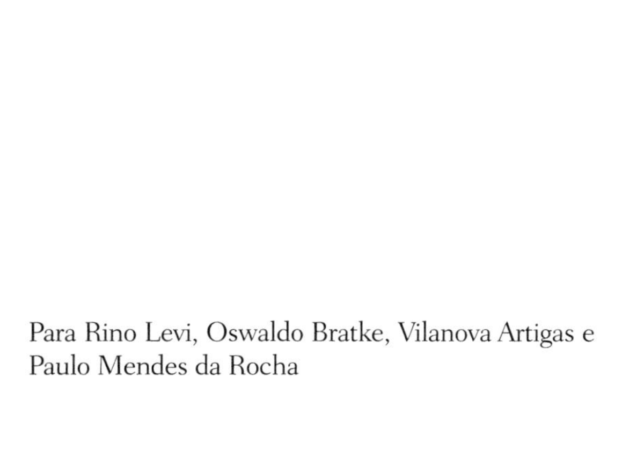

Para Rino Levi, Oswaldo Bratke, Vilanova Artigas e
Paulo Mendes da Rocha

artigo 15 margareth da silva pereira

A UTOPIA E A HISTÓRIA. BRASÍLIA: ENTRE A CERTEZA DA FORMA E A DÚVIDA DA IMAGEM

[1992]

Eu sou bela, ó mortais!, como um sonho de pedra...
Como esfinge incompreendida, eu reino no azul...
Odeio o movimento que desloca as linhas
E eu jamais choro, jamais sei sorrir.
Charles Baudelaire. "La beauté", *Les fleurs du mal*

No início dos anos 1960, Brasília surgia em pleno coração do Brasil como uma miragem. O sonho de uma cidade-capital no interior das terras tinha sido nutrido desde o início do século 19 por cada uma das figuras da vida política e cultural do país. Agora, sua forma urbana nascia do gesto de Lúcio Costa e Oscar Niemeyer e da vontade política de Juscelino Kubitschek, porém se enraizava em tempos ainda mais antigos. Memória e projeto tornavam-se aqui uma mesma e única matéria, lembrando a palavra dos mitos e, muitas vezes, seu silêncio.

De fato, construir nesse lugar infinito e *vazio* do interior do planalto brasileiro atualizava as relações com a natureza, mantidas desde o século 16 por muitos dos colonizadores desse Novo Mundo. No passado, a singularidade da experiência americana forjara uma concepção dos gestos do homem absolutamente original no seio da cultura ocidental. De fato, se a partir do renascimento, no abrigo de gabinetes de estudo, o interesse pela antiguidade greco-romana havia ensinado ao Ocidente construir a noção de *passado* – que a partir de então seria compreendido como o seu próprio passado e a sua própria história –, a era dos descobrimentos reforçava esse entendimento, ao mesmo tempo em que abria novas perspectivas[1].

A partir de então, a observação da forma de vida de certos povos do novo continente contribuiria para dar nascimento a projetos de reformas sociais destinados a corrigir os erros do passado e a desenhar um novo *futuro*. Além disso, o contato com o *estranho*, o *diferente*, foi vivido como uma experiência que solicitava no *presente* a própria espessura dos corpos. Uma multiplicidade de sons, cores, formas, odores e sabores desenhava assim uma experiência do ver e do sentir de um universo *pleno*, mas que no entanto, pela própria sobreposição de imagens, sublinhava a perda e, sobretudo, o vazio.

Por comparação, mas principalmente pelo exercício contínuo do julgamento e do arbítrio, aprendia-se, de uma maneira nova e radical, o significado de ser livre e a trágica condenação dos homens à natureza e à cultura – ou seja, a eles próprios e à liberdade de inventar em cada gesto suas histórias. Em suma, progressivamente, essa experiência desvelava o sentimento de crise e, em contrapartida, construía uma visão de mundo que insistia na ordem e na desordem, na medida e na desmedida, no ascetismo e na volúpia.

Os relatos de viagens e os gestos dos primeiros colonizadores demonstram: as visões de paraísos reencontrados e de sonhos de utopias possíveis buscavam afastar a melancolia e o pavor diante de uma história percebida como que em ruínas, de um futuro que permanecia como uma interrogação, de um presente vivido em meio a uma natureza vista ora como um espaço maravilhoso de experimentação dos corpos e dos sentidos, ora como um campo de provas e de desafio aos homens em sua rude grandeza.

É verdade que a América, sobretudo a verdadeira e primeira América, aquela onde habitavam os flóridos e os brasileiros, acenou com a promessa de gozo de um jardim celestial: lugar de repouso eterno dos deuses, enfim alcançado pelos homens[2].

Entretanto, na contemplação do cenário americano, a imaginação soube ainda tecer a esperança de encontrar ou construir outros mundos cindidos entre a liberdade e a ordem, entre a ação e o abandono.

Da observação desses lugares insólitos – ao mesmo tempo atraentes e ameaçadores –, de seus povos – "nus, ferozes e antropófagos", mas ao mesmo tempo "justos e felizes" –, de sua forma de autogoverno – "sem fé, sem rei, nem lei" –, os colonizadores, mas igualmente os leitores de seus relatos, retiraram as matrizes de numerosas reflexões morais e estéticas sobre o homem e suas ações efêmeras[3].

Basta pensar na rica trajetória da *Utopia*, nascida das críticas e dos sonhos inspirados pelo descobrimento das novas terras. Ainda que criação de um indivíduo, *Utopia* valorizava a dimensão comunitária da vida dos homens submetida ao respeito coletivo de um contrato que designava um local para cada coisa e atribuía a cada um o seu lugar. Podemos evocar ainda num outro sentido, por exemplo, Thelema, em que o exercício da individualidade, acentuado pela exploração dos novos territórios, era levado ao extremo e, sem relógio e sem hora, se poderia fazer tudo o que se quisesse[4].

Mas além das utopias e dos mundos *às avessas*, essa experiência americana provocaria ainda outras reflexões e outros sentimentos. De fato, é o temor da amplidão e do vazio de um cenário em que se esboça o drama de cada homem, o drama – vivido no presente – de todos os homens, que atravessa alguns desenhos de Dürer e explode nos quadros de Vermeer e Rembrandt. São os mesmos ecos da crise provocada por essa tomada de consciência do acaso que rege a existência e as ações dos homens, que entendemos, de forma diferenciada, em Shakespeare ou Milton, ou nos escritos de Gracián[5].

Pouco a pouco essa visão – vivida ou relatada, sentida ou *pré-sentida* – formava essa sensibilidade que seria mais tarde chamada *barroca*, capaz, ao mesmo tempo, de tornar curvas as paredes das igrejas e retos os caminhos dos jardins. Instituindo um novo gosto, "para representar o que parecia superar todas as palavras e desafiar todas as formalizações"[6], essa sensibilidade na Europa seria também capaz de engendrar teorias, discursos e ficções até vir a ser submetida, a partir do iluminismo, à ciência.

Entretanto, na América, nessa América do Sul brasileira, essa visão forjou uma ética e uma estética do infinito e do vazio – pensamentos sob a forma de experiências – que nunca puderam ser apagados da memória.

Desde sua juventude, Lúcio Costa, preocupado com o passado americano, reconhecia de certa forma essa herança. Ao apresentar seu projeto para a nova capital, lembrava que Brasília "nasceu do gesto primário de quem assinala um lugar ou dele toma posse: dois eixos cruzando-se em ângulo reto, ou seja, o próprio sinal da cruz"[7]. Tratava-se de um "ato deliberado", "gesto de sentido ainda desbravador, nos moldes da tradição colonial".

Assim, é prestando atenção nesses sonhos de paraísos e de utopias, mas sobretudo na herança do aprendizado barroco, que nos parece possível tentar compreender a realização de Brasília, e, para além de suas formas, evocar as especulações das quais foi feita. É preciso assinalar, entretanto, que no novo mundo brasileiro, o barroco – menos do que um estilo, uma arte de corte ou da contrarreforma – foi uma sensibilidade, uma visão de mundo, que nasceu do deslumbramento do olhar e da utopia[8].

De fato, a experiência colonizadora e formativa da cultura brasileira soube instituir como um de seus traços o culto da estabilidade da forma e do ordenamento do visível. Ela ensinou a homens engajados na conquista de outros homens a se manterem cegamente firmes aos dogmas, de modo a afastar todas as tentações e dúvidas inspiradas pela contemplação de sociedades *selvagens*, vistas paradoxalmente como modelos. Ela lhes permitiu às vezes sonhar com jardins celestes, mas sobretudo lhes incitou a construir cidadelas utópicas cujo projeto era fruto da razão e do desejo. Como consequência, em um sentido, ela sublinhou a necessidade e o poder da palavra e do gesto muito antes que fosse explicitado um racionalismo capaz de afirmar a força da natureza humana[9].

Ela radicalizou assim a consciência de uma humanidade que se fazia presente em todas as ações, mesmo naquelas destinadas a reafirmar o gesto e as palavras divinas. Mostrou a existência de um homem e de uma natureza solidárias num mundo onde a própria causa primeira era apenas mais um artifício do pensamento humano, permitindo-lhe pensar sobre si e sobre seus limites. Nessa perspectiva, ela acabaria salientando o quanto as *leis* instituídas por cada gesto e por cada palavra eram precárias.

Tudo vinha a ser, então, nada mais que experiências fenomênicas, que se inscreviam na única e singular possibilidade de um eterno presente. O barroco foi assim essa sensibilidade construtiva, intrinsecamente crítica e destrutiva da forma, a tal ponto que esta – construída com a mesma consciência do gesto que pode destruí-la – vê sua materialidade objetiva virtualmente denegada e torna-se ela própria imagem em meio a imagens[10].

Ora, quatro séculos após os descobrimentos, se a planície verde e a terra vermelha continuavam a se impor com toda a violência de um universo onde as marcas dos homens eram quase ausentes, as visões de paraíso e os sonhos das utopias haviam insuflado o romantismo, as reformas políticas e urbanas e, enfim, ganhavam as teorias da arquitetura e do urbanismo preconizadas, a partir de então, pelas vanguardas construtivistas europeias do início do século 20.

Nessa perspectiva, tentar examinar Brasília significa interrogar duplamente o gesto que lhe deu forma: por um lado, como o fizemos até agora, levando em conta a herança da experiência americana para a cultura ocidental. Contudo, no sentido inverso, considerando como certas ideologias europeias insufladas por velhas crenças americanas ganharam força nos círculos intelectuais e artísticos brasileiros nesse início do século 20.

No que diz respeito à arquitetura e às realizações de Brasília, convém assim lembrar as conexões que um dos precursores da renovação artística produzida na Europa à época, Le Corbusier, manteve com o Brasil e o sonho da construção de uma nova capital situada no interior do país[11].

As reflexões sobre o papel das cidades-capitais como espaço emblemático das instituições da nação nasceram do processo de objetivação do ambiente construído e de sua compreensão como organizador da vida em sociedade, desvelado pela colonização americana[12]. Essa nova percepção da cidade, doravante apoiada em teorias que buscam fixar o modo de funcionamento ideal das sociedades, inspiraria projetos, a começar pela ideia de construção de capitais nacionais mais centrais em relação à geografia de cada território. Essas ideias, adotadas pelo meio erudito brasileiro no fim do século 18, depois de muitos avatares, eram novamente discutidas pelas autoridades locais dos anos 1920[13].

Desde 1922 e a Semana de Arte Moderna, organizada em São Paulo por um grupo de intelectuais e artistas, um movimento sem precedentes de contestação dos princípios acadêmicos e da história brasileira do século 19 abria a cena cultural aos debates mantidos na Europa pelas vanguardas, reivindicando, como se sabe, uma volta às fontes *nativas*, ou seja, coloniais. Nesse sentido, Blaise Cendrars e Fernand Léger, ligados de maneira diferente ao círculo artístico e literário renovador de São Paulo, foram os primeiros a informar Le Corbusier sobre essas discussões.

Em Paris, graças aos esforços do pintor e do escritor, Le Corbusier foi apresentado a Paulo Prado, intelectual e homem de negócios paulista, e igualmente um dos mecenas do movimento moderno no Brasil. Em 1924, este havia sido o responsável pela viagem de Cendrars ao Rio de Janeiro e a São Paulo e tinha contato com Léger. O pintor, por sua vez, estava próximo dos brasileiros por intermédio de sua aluna Tarsila do Amaral e do escritor Oswald de Andrade, que à época passavam uma temporada em Paris[14].

Para Le Corbusier, a partir de 1926, data de seus encontros com Paulo Prado, o Brasil era o lugar possível para a realização de seu projeto para uma "cidade para três milhões de habitantes", apresentado em Paris no Salão de 1922[15]. Como num jogo de espelhos, a nova capital sonhada pelo arquiteto – chamada à época de Planaltina –, por sua vez, inspirava-se nos relatos das velhas utopias americanas arduamente desejadas a partir do século das Luzes.

No Brasil, assinale-se que os modernistas de 1922 tinham vagamente a intuição de que estavam diante desse jogo de espelhos. Eles defendiam a antiga prática da antropofagia dos índios brasileiros como atitude cultural frente aos movimentos artísticos *estrangeiros* e proclamavam: "Sem nós a Europa não teria sequer a sua pobre Declaração dos Direitos do Homem"[16]. Mas o que, talvez, eles tenham ignorado, foi que estavam também se preparando para de alguma forma *devorar*, no outro, sua própria história.

De fato, a historiografia corrente trata Brasília como o último rito antropofágico – o maior, o mais perfeito –, realizado por um grupo de arquitetos brasileiros em relação às teorias das vanguardas construtivistas europeias, sobretudo aquelas de Le Corbusier. Entretanto, sua concepção – a começar pela particularidade de sentidos que o próprio gesto de construir possui para os brasileiros, esboçados num contínuo movimento de fluxo e refluxo com o meio erudito europeu –, ultrapassa a simples absorção de meia dúzia de ideias e de formas prontas.

Em meados dos anos 1920, o interesse de Le Corbusier pela encomenda de Planaltina e a difusão das suas teses arquitetônicas sobre a "civilização maquinista", defendidas em *Vers une architecture*, levam ainda mais longe esse jogo de espelhos.

Convidado a visitar a Argentina, Le Corbusier obtém o apoio de Paulo Prado, que lhe permite passar pelo Rio de Janeiro e por São Paulo e expor suas ideias. Os acontecimentos políticos no Brasil à época iriam realimentar o sonho de Planaltina – Brasília, mas o fruto dessa viagem resultaria muito mais complexo e fecundo.

Chegando ao Brasil em 1929, o arquiteto realiza uma série de palestras no Rio de Janeiro e em São Paulo sem que seu discurso encontrasse imediatamente um eco. Enquanto isso, sob o impacto das observações feitas durante essa viagem, ele descobriria, fisicamente, as lições da cultura barroca. A experiência americana não somente se impregnaria nos aspectos de sua obra, mas reconciliaria, progressivamente, um grupo de brasileiros com os fragmentos de sua memória.

Observando a paisagem grandiosa do Rio de Janeiro, os meandros dos rios ou a extensão infinita das florestas e da terra vermelha, ele se lembrava de Montaigne, Rousseau ou Voltaire, e era levado a pensar sobre a arquitetura como o gesto por excelência da criação e da liberdade dos homens[17]. Seguindo um primeiro impulso *construtivista* frente ao quadro natural, ele desenvolvia, sem se dar conta, as mesmas reflexões feitas antes dele e com outras palavras por muitos viajantes diante dessas paisagens, que haviam servido de inspiração a vários moralistas a partir do século 16, como aqueles que ele próprio lembrava.

Mas a queimadura barroca também deixara suas marcas, e o levava assim a registrar em croquis ou anotações esse "estado de julgamento", suscitado pela contemplação do tempo, pela contemplação da natureza, por sentimentos novos compostos por presenças e ausências. Longe de ser uma sentença, esse estado de julgamento era antes de tudo uma espera, uma atitude de vigília estimulada pelo ver, e que dava ao ser seus fundamentos possíveis: "Só existo se vir", escrevia ele em seu caderno de notas[18].

Sentimento do grande e do sublime, tão frequente ao longo das horas de observação dessa América do Sul das asas de um avião e que no Rio de Janeiro atingia, como durante séculos, o paroxismo:

> Quando [...] apreende-se esta topografia – esse corpo tão movimentado e tão complexo –; quando, vencida a dificuldade e, tomados pelo entusiasmo, sentimos nascerem as ideias, penetramos no corpo e no coração da cidade, compreendemos uma parte de seu destino; quando então tudo é festa no espetáculo, tudo é alegria em nós, tudo se contrai para guardar a ideia florescente, tudo leva ao prazer da criação... então, no Rio de Janeiro, cidade que parece desafiar radiosamente toda a colaboração humana [...], somos possuídos por um desejo violento, louco talvez, de tentar, aqui também, uma aventura humana – o desejo de jogar uma partida a dois, uma partida *afirmação-homem* contra ou com *presença-natureza*. Oh entusiasmo! Tu tirarás sempre, no fim das contas, o silêncio e o repouso daqueles que sofrem tua queimadura[19].

Desejo de potência que explodia, num primeiro momento de forma inocente, desejando submeter a natureza. Mas desejo de potência que era forçado a se deslocar diante de uma experiência absoluta "de esquecimento e de mediação consigo mesmo", tão própria à estética barroca[20]. Assim, ainda que se afirmando, esse desejo acabava por se compreender como um jogo *louco*, isto é, sem possibilidade de previsão, no qual o homem – parte indivisível da natureza – aceita o mundo e o ser como uma aventura.

"Minha cabeça ainda está cheia de América", escrevia o arquiteto no navio de volta à Europa[21]. Mas o discurso poético de suas meditações e anotações sul-americanas – dignas do homem barroco – renunciava ao turbilhão do desejo e da loucura para dar, pouco a pouco, o contorno da *Ville radieuse*, obra teórica publicada em 1934[22].

Le Corbusier dedicava seu livro à autoridade, figura do corpo social que ele pôde observar – e admirar – durante a viagem à América do Sul no exercício (centralizador e firme) de suas funções, insistindo sobre o papel do ambiente construído como ferramenta de mudança social. Além disso, ilustrando algumas de suas teorias e propostas para o urbanismo e a arquitetura das sociedades modernas – industriais –, as páginas dedicadas ao Rio de Janeiro já estavam submetidas a um discurso muito mais *operativo* e finalista.

De todo modo, a lição barroca resumida na lembrança da verdejante natureza tropical continuava a inspirá-lo na busca de uma expressão *minimalista* de suas ideias sobre a arquitetura como casa dos homens – servindo como metáfora do convite permanente ao imprevisto, à aventura e ao estado de julgamento e mais um "lembrete aos senhores arquitetos". A experiência americana tanto lhe permitia nutrir reflexões que o levavam a afirmar que a cultura é um estado "ortogonal" do pensamento quanto o levava a se lembrar das curvas de meandros, montanhas e mulheres, cujo contato violento e íntimo vivenciara durante a sua viagem: corpos atormentados, tão naturais e precários, simples "invólucros" inerentes à ordem, submetidos à alegria e à melancolia, à abundância e à miséria[23].

Como demonstram seus croquis do Pão de Açúcar em suas *Obras completas*, publicadas também em 1934, ou com mais clareza as formas sinuosas que ele adota em suas propostas arquitetônicas e urbanísticas a partir do início dos anos 1930, os resíduos da descoberta poética da América do Sul haviam sido absorvidos em suas novas teorias.

Nos anos 1930-34, o arquiteto desenvolve uma atividade febril. O novo mundo sul-americano havia despertado novas problemáticas. Até sua viagem, a busca de um esquema ideal de cidade se desenvolve abstraindo completamente os contextos sociais, econômicos, políticos, e se interessando menos ainda pelos dados físicos ou culturais. Doravante, ele descobre as contingências, e não somente as universais oferecidas pelas técnicas modernas a partir das quais nascem os planos, mas também as religiosas, raciais, topográficas e climáticas, que ganham peso em textos e desenhos.

Além do mais, é a partir dessa viagem (sul-americana) que o arquiteto cristaliza sua concepção da cidade moderna pensada como um parque, como cidade verde e lugar da luz. Muitas passagens de *O espírito sul-americano* e *Corolário brasileiro* mostram o recurso a essas imagens nos reflexos de 1929 inspirando, mais tarde, a *Ville radieuse*. Talvez tenha sido no Rio de Janeiro que o arquiteto descobriu plenamente seu pertencimento a esse universo latino e mediterrâneo, feito de sol e de luz, sobre o qual ele enraizará sua obra. É interessante sublinhar que a partir de então ele reelabora seu ideal urbano como o de uma "cidade radiosamente verde". Esse ideal ignora um retorno romântico a um "estado de natureza" e insiste em proclamar a vida urbana como valor inato dos homens[24].

Ao longo de certas páginas escritas pelo arquiteto entre 1929 e 1934, uma formidável fusão entre o mito de um paraíso terrestre, tão frequentemente identificado com o Novo Mundo, e a proposta de um modelo de funcionamento urbano (social e construído) de característica utópica, tão conhecido desde a primeira pedra colocada pelos jesuítas em suas igrejas, pode ser percebida pelos brasileiros. Talvez em grande parte somente esta alquimia possa explicar por que os ideais sustentados por esse homem – que pregou sem muito sucesso em Moscou e Nova York – provocaram tanto entusiasmo nos seus leitores brasileiros. *Voltava-se ao ponto de partida: o círculo se fechava.*

De fato, se os postulados corbusianos foram tão bem *assimilados* no Brasil, foi porque, antes de trazer ideias novas, eles retomaram as grandes narrativas fundadoras da cultura brasileira, dando-lhes uma formulação que parecia, enfim, ser capaz de transformar mitos em realidades. Mitos como os que impulsionaram os colonizadores a identificar na paisagem brasileira os signos da proximidade de um paraíso sobre a Terra, ou ainda acalentar a promessa secular de se construir, nesse quadro natural, uma utopia.

No início dos anos 1930, o discurso corbusiano chamava a atenção do jovem Lúcio Costa, cada vez mais engajado no movimento de renovação arquitetônica no Rio de Janeiro. Os elos intelectuais entre Le Corbusier e Lúcio Costa começariam a se tecer, tendo como fundo as meditações provindas de antigas e recentes experiências de viagens, as esperanças oferecidas pela sociedade industrial e, enfim, um entendimento comum da arquitetura como prática que, emocionando, seria capaz de retirar o homem de si para devolver-lhe o ser como totalidade[25].

Em 1936, Le Corbusier volta ao Rio de Janeiro convidado por Lúcio Costa, envolvido nos projetos para a Cidade Universitária do Brasil e o Ministério da Educação e da Saúde. Grandes diferenças marcaram essa segunda viagem: do Brasil e da contemplação dessa natureza que faz pensar, o arquiteto já havia extraído toda a poesia possível. Desta vez, é para os brasileiros que essa viagem se tornaria importante. A colaboração em ambos os projetos entre Le Corbusier e o grupo de jovens arquitetos reunidos por Lúcio Costa daria a estes o impulso necessário para que se lançassem rumo às suas próprias aventuras, devorando seus próprios mitos.

No final dos anos 1950, a construção de Brasília tangenciava diversos movimentos circulares, e a própria cidade tornava-se uma lenda... Desde o início do canteiro de obras, em 1957, até sua inauguração em 1960, as imprensas nacional e internacional não pararam de celebrar as formas geométricas puras que, em menos de quatro anos, nasciam, modernas e radiosas, da mão dos homens em pleno cerrado: o Palácio da Alvorada, a Praça dos Três Poderes, a Catedral, o Congresso... Com Brasília, o Brasil assinava o ato de sua "refundação" e reencontrava seu destino de "terra do futuro", terra de promessas, condenada durante séculos ao novo, ao moderno. Mais uma vez, uma "civilização-oásis" nascia no deserto americano[26].

O país, animado pelo crescimento econômico do governo de Kubitschek, assim como pelo quadro político francamente democrático – situação quase excepcional na história brasileira, marcada durante séculos por formas de autoritarismo mais ou menos explícitas –, vivia um momento de renovação e otimismo. A bossa nova, o cinema novo, os teatros de Arena e Oficina, os movimentos concreto e neoconcreto e o debate de ideias em todos os campos da cultura estimulavam uma *febre* criativa. Na arquitetura, o clima de confiança em torno da produção nacional – cujo vigor plástico vinha sendo reconhecido desde a Segunda Guerra – nutria certa esperança coletiva de construir uma sociedade e formas urbanas completamente novas.

O projeto de Lúcio Costa e Oscar Niemeyer para a nova capital provocou elogios ou críticas, mas nunca simples comentários. Para os brasileiros, a cidade se apresentava como um emblema desse tempo, rico em promessas de um futuro de felicidade, de fraternidade e de justiça social, que há muito tempo enfeitiçava o imaginário político dos setores mais progressistas da sociedade.

Foram essas promessas, talvez, que atraíram também a maioria das objeções dirigidas ao que foi visto, à época, como a concepção da *nova cidade*. Brasília, herdeira do urbanismo de Le Corbusier e dos Ciam, apresentava-se como uma cidade funcionalista, autoritária e utópica por excelência – e, assim, era vista como epistemologicamente possível naquele tempo: uma simples aplicação passiva de modelos estrangeiros por arquitetos "ingênuos" de um país "periférico".

Fruto da cultura do automóvel, ela levava o urbanismo progressista a suas "últimas e piores" consequências. Organizando-se a partir da proclamação da morte da rua-corredor corbusiana, ela instaurava um espaço rigidamente funcional e setorizado que ignorava a longa tradição urbana da cultura ocidental, onde mesmo os nomes de ruas eram "bizarras" combinações de números e siglas. "Messiânica", ela insistia sobre a necessidade de instaurar um espaço fraternal e libertário, capaz de suprimir as enormes diferenças sociais. Em resumo, Brasília demonstrava certa inocência incômoda num momento em que a cultura ocidental, na qual ela havia sido produzida, começava a pôr em xeque todas as suas utopias sociais.

Nesta perspectiva, o lado utópico de Brasília seria ainda mais denunciado na medida em que Lúcio Costa, sempre insistindo em afirmar que a cidade estava ancorada à história, esquecia-se de opor aos argumentos de seus críticos seu profundo conhecimento da herança construtiva barroca no Brasil, expressa menos do ponto de vista das formas do que na sensibilidade frente à paisagem natural e ao artifício. Daí sua insistência em garantir certos dispositivos no plano da cidade capazes de assegurar ao mesmo tempo a "monumentalidade e o recolhimento" e que permitiam ao arquiteto afirmar a harmonia de exigências aparentemente contraditórias. "Sendo monumental e igualmente cômoda, [Brasília] será eficiente, acolhedora e íntima. Ao mesmo tempo dispersa e concisa, bucólica e urbana, lírica e funcional"[27].

Na verdade é preciso lembrar que Brasília foi vista por alguns como uma cidade-capital barroca, reflexão que também suscitou a reação do próprio Lúcio Costa. Pois a concepção de barroco na qual se queria aprisionar a própria cidade, como se tratasse pura e simplesmente de uma organização monumental do espaço, evidentemente não era a mesma do arquiteto[28].

Para Costa, a cidade se apresentava como se estivesse pronta, mas sabendo-se, entretanto, inacabada. Convenhamos que não parece razoável fazer tal afirmação quando se considera esse espaço planejado em todos seus aspectos. Basta ler, porém, o memorial de exposição do Plano Piloto ou ver os croquis que permitiram a Lúcio Costa obter o primeiro prêmio no concurso para a construção da cidade, simples esboços, para constatar a renúncia barroca de Brasília à utopia – no sentido de uma espacialização que renega a história.

Certamente, ela foi prevista para ser uma capital construída em quatro anos, destinada a abrigar quinhentas mil pessoas, mas o projeto de Lúcio Costa venceu o concurso porque, apesar de seu olho *onividente* e de sua vontade de regular todos os aspectos da vida dos homens – como, de resto, exige todo projeto de uma cidade destinada a nascer de uma hora para outra –, ela contava com a força dos homens para se apropriar desse espaço e impregná-lo de suas histórias vividas, de seus próprios projetos.

É a visão crítica de si mesmo como urbanista e do risco, histórico para os brasileiros, de facilmente nutrir o desejo de construir utopia, que talvez explique a recusa de Lúcio Costa em participar do Conselho de Arquitetura e Urbanismo, comissão formada para acompanhar o desenvolvimento do projeto. Por outro lado, essa atitude de atenção e respeito pela diversidade dos homens – que sabe reservar lugar ao imprevisto da história – lhe permitirá lembrar em diversas ocasiões que Brasília não era, justamente, uma cidade pronta. Quase trinta anos mais tarde ele fazia o balanço: "A sensação urbana [em Brasília] é de grande beleza. A realidade é, finalmente, muito mais bonita, mais rica e melhor do que a proposta teórica. O sonho foi muito menor do que a realidade"[29].

Sim, ela certamente foi marcada por utopias, assim como o é a própria história brasileira. Podemos dizer também que foi marcada igualmente por um resgate de visões do paraíso, tão fortemente presentes na maneira como Lúcio Costa acolheu a natureza para dar forma a esse binômio "cidade-parque". Entretanto, sabendo que no Brasil o universo ativo e construído das utopias sempre fora contrariado pelas visões, de puro deleite, de paraísos naturais, pode-se dizer talvez que seja a razão barroca – sempre atenta às leis precárias que regem os artifícios dos homens – que mais a defina. Somente lembrando da sensibilidade barroca poderíamos dar uma nova compreensão ao nascimento da cidade, "condenada" ao moderno e, portanto, consciente de ser, como tudo o que remete aos homens, "anacrônica e prematura"[30].

Certamente inspirada pelos mitos e pelo próprio momento histórico que lhe dava vida, Brasília se alinhava com os discursos progressistas brasileiros dos anos 1960 e do otimismo ainda vivo nas sociedades industriais em face de suas próprias conquistas científicas. Entretanto, o que conta para uma cidade, o que conta para um país que sofreu os efeitos da construção de uma cidade-capital é algo que ultrapassa as conjunturas. Hoje, trinta anos depois, quando Brasília se mostra com o peso de sua própria história, como considerar essa experiência? Nos dias que correm, frente ao sentimento de crise e perplexidade que atravessa o cenário contemporâneo, qual o balanço de tanto esforço social e humano? Passado o tempo dos mitos, qual é a realidade?

Cidade radiosa verde, ela continua, graças à ordem de sua forma, a emocionar todos aqueles capazes de aí reconhecer a força dos mitos que são inspirados por uma cultura, se enraízam na razão e na sensibilidade dos homens e os incitam à aventura. Sonho de pedra, ela reina, branca, na paisagem vermelha e verde do cerrado-deserto e parece convidar cada um – como uma esfinge – aos jogos eternos do mundo, feitos de formas que sabem ser imagens.

Notas

1. Muitos estudos apontam para o nascimento de um olhar objetivo e crítico, fruto dessa experiência americana. Ver CHOAY, Françoise. *La règle et le modèle*. Paris, Le Seuil, 1978. Versão brasileira: CHOAY, Françoise. *A regra e o modelo*. Tradução de Geraldo Gerson de Souza. Coleção Estudos, n. 88, São Paulo, Perspectiva, 1980.

2. É necessário fazer algumas distinções sobre a *ideia de América*. De fato, antes de designar a totalidade do continente, a palavra América era utilizada para geografias particulares, aquelas percorridas por Américo Vespúcio e que nutriram o mito de um paraíso sobre a terra, dentre as quais particularmente a costa do Brasil.

3. Cf. CHINARD, Gilbert. *L'exotisme américain dans la littérature française au XVIe siècle*. Genebra, Slaktine, 1978; GERBI, Antonello. *La disputa del Nuevo Mundo – história de una polémica*. México, Fondo de Cultura, s.d.

4. Para a tradição dos relatos utópicos, ver MANUEL, Franke. *Utopian Thoughts in the Western World*. Cambridge, Harvard University Press, 1979; CHOAY, Françoise. Op. cit.

5. Sobre a sensibilidade barroca, ver ARGAN, Giulio Carlo. *L'Europe des capitales*. Genebra, Skira, s.d. De uma maneira mais fina e particularmente centrada sobre a *ideia de morte* em suas ligações com a melancolia e a consciência de si, que vão de encontro ao barroco, ver PANOFSKY, Erwin. *Saturne et la mélancolie*. Paris, Gallimard, 1989. Ver igualmente PELEGRÍN, Benito. *Ethique et esthétique du baroque*. Arles, Aetes Sud; ou mais precisamente sobre o pensamento artificialista, ROSSET, Clément. *Anti-nature*. Paris, PUF, 1973; e DIDIER, Marcel (org.). *Le voyage dans la litterature anglo-saxonne*. Paris, Didier, 1972.

6. A expressão é de Jean Starobinski, sobre a experiência da contemplação da "grande natureza", já no século 18 na Europa. STAROBINSKI, Jean. *L'invention de la liberté*. Genebra, Skira, 1987. Versão brasileira: STAROBINSKI, Jean. *A invenção da liberdade*. Tradução de Fúlvia Maria Luiza Morertto. São Paulo, Unesp, 1994.

7. COSTA, Lúcio. Memorial do plano-piloto (1957). In XAVIER, Alberto (org.). *Lúcio Costa: sobre arquitetura*. Textos de Lúcio Costa. Porto Alegre, Centro dos Estudantes Universitários, 1962. Republicado com o título "Memória descritiva do Plano Piloto" in COSTA, Lúcio. *Lúcio Costa: registro de uma vivência*. São Paulo, Empresa das Artes, 1995, p. 283-295.
8. Ver PEREIRA, Margareth da Silva. A arquitetura brasileira e o mito. *Gávea*, n. 8, Rio de Janeiro, dez. 1990. Artigo republicado no volume 1 desta coletânea.

9. Idem, ibidem.
10. Sobre a tendência à construção/desconstrução da forma que atravessa a cultura arquitetônica brasileira, ver as reflexões amadurecidas pela autora em diversos textos, como, por exemplo, PEREIRA, Margareth da Silva. A arquitetura brasileira e o mito (op. cit.); "A arquitetura jesuítica no Brasil: notas sobre uma *história às avessas*", comunicação apresentada no Colóquio Luso-Brasileiro de História da Arte, Coimbra, out. 1990; *Rio de Janeiro: l'éphémère et la pérennité*. Tese de doutoramento. Paris, EHESS, 1988.
11. Esse tema foi tratado pela autora em SANTOS, Cecília Rodrigues dos; PEREIRA, Margareth da Silva; PEREIRA, Romão da Silva; CALDEIRA, Vasco. *Le Corbusier e o Brasil*. São Paulo, Tessela/Projeto, 1987.
12. Ver CHOAY, Françoise. Op. cit.
13. Cf. SANTOS, Cecília Rodrigues dos; PEREIRA, Margareth da Silva; PEREIRA, Romão da Silva; CALDEIRA, Vasco. Op. cit.
14. A correspondência sobre esses temas entre Léger, Cendrars e Le Corbusier, e entre eles e Paulo Prado, foi publicada em SANTOS, Cecília Rodrigues dos; PEREIRA, Margareth da Silva; PEREIRA, Romão da Silva; CALDEIRA, Vasco. Op. cit.
15. Idem, ibidem.
16. ANDRADE, Oswald de. Manifesto Antropófago (1928). *Obras completas*. Rio de Janeiro, MEC/Civilização Brasileira, 1972.
17. Cf. SANTOS, Cecília Rodrigues dos; PEREIRA, Margareth da Silva; PEREIRA, Romão da Silva; CALDEIRA, Vasco. Op.

cit. Particularmente os capítulos "E sob tal luz a arquitetura nascerá..." e "A descoberta poética da América do Sul".

18. CORBUSIER, Le. Prologue americain. *Précisions sur un état présent de l'architecture e de l'urbanisme*. Paris, Crès/Esprit Nouveau, 1930, p. 8. Versão brasileira: CORBUSIER, Le. Precisões. *Sobre um estado presente da arquitetura e do urbanismo*. Tradução de Carlos Eugênio Marcondes de Moura. Posfácio Carlos Alberto Ferreira Martins. Coleção Face Norte. São Paulo, Cosac Naify, 2004.

19. CORBUSIER, Le. Corollaire bresilien. *Précisions sur un état présent de l'architecture e de l'urbanisme*. Op. cit., p. 235-236.

20. A expressão, de Hans-Georg Gadamer, refere-se ao jogo, o espectador e a experiência da arte. GADAMER, Hans-Georg. *Vérité et méthode*. Paris, Le Seuil, 1976, p. 55.

21. CORBUSIER, Le. Prologue americain (op. cit.), p. 1.

22. Cf. SANTOS, Cecília Rodrigues dos; PEREIRA, Margareth da Silva; PEREIRA, Romão da Silva; CALDEIRA, Vasco. Op. cit.

23. Ver desenvolvimento dessas reflexões em CORBUSIER, Le. Prologue americain (op. cit.), p. 7.

24. Cf. CORBUSIER, Le. Prologue americain (op. cit.), p. 11.

25. Para uma leitura mais aprofundada sobre a obra de arte e a representação, ver particularmente as páginas dedicadas à arquitetura em GADAMER, Hans-Georg. Op. cit.

26. PEDROSA, Mario. *Dos murais de Portinari aos espaços de Brasília*. São Paulo, Perspectiva, 1981. No artigo "Reflexões sobre a nova capital", Pedrosa retoma a tese de Worringer sobre o Egito e as civilizações-oásis para fazer um paralelo com a construção de Brasília, sendo as suas propriedades: a ausência de um enraizamento à terra, a recepção natural das formas culturais *externas* e a negação da natureza. Esses traços presentes explicariam a condenação americana ao moderno, a absorção do barroco como o *novo* estilo do século 16, etc. Fazendo reservas sobre algumas dessas afirmações desenvolvidas no corpo do texto, permitimo-nos retomar algumas dessas expressões.

27. COSTA, Lúcio. Memorial do Plano Piloto (op. cit.).

28. Ver o debate sobre o tema publicado in *Architectural Design*, nov. 1958.

29. SABBAG, Haifa Yazigi. Lúcio Costa, "o sonho foi menor..." (apresentação e entrevista). *AU – Arquitetura e Urbanimo*, n. 2, São Paulo, Pini, abr. 1985, p. 36-40.

30. A expressão também é de Mario Pedrosa. Ver PEDROSA, Mario. Op. cit.

artigo 16 jorge czajkowski

A ARQUITETURA RACIONALISTA E A TRADIÇÃO BRASILEIRA

[1993]

A opção dos arquitetos brasileiros pela corrente racionalista da arquitetura moderna costuma ser avaliada de maneiras contraditórias – ora como uma ruptura com a tradição local, à semelhança da *imposição* do neoclássico um século antes, ora como o reencontro com essa mesma tradição.

A implantação do racionalismo no Brasil nas décadas de 1930 e 1940 beneficiou-se de fatores como o clima cultural gerado pela Semana de Arte Moderna de 1922 e o pioneirismo um tanto publicitário das primeiras obras de Gregori Warchavchik. Em outro plano, valeu-se também da popularização da imagem *futurista* por meio do cinema e da grande imprensa, que apresentavam cenários e realizações art déco e *international style* como a mais acabada expressão da modernidade e de uma nova ordem social, a reboque da *civilização maquinista*.

Comparadas ao ecletismo tardio então em vigor, as formas despojadas do racionalismo, suas estruturas arrojadas e a funcionalidade de seus espaços deviam realmente configurar-se como o atalho mais promissor para a atualização e o progresso do país. Daí, certamente, a ideia de *ruptura* – mais que evolução ou renovação – apoiada pela presença messiânica de Le Corbusier, em 1929 e 1936.

Em sua primeira visita, na volta de uma viagem à Argentina, Le Corbusier fez conferências em São Paulo e no Rio e entrou em contato com os mais destacados membros de nossa *inteligentsia* modernista. A escala de suas proposições urbanas utópicas e seus slogans propositalmente agressivos – "casa, máquina de morar" – confirmavam sua fama de visionário e situavam sua obra como referência obrigatória para a arquitetura da nova era.

A segunda estada adquiriu outro caráter: trouxe a consolidação efetiva de sua influência. Ultrapassando as limitações de "oráculo da modernidade", teve ocasião de transmitir diretamente a um grupo de jovens não só sua doutrina, mas também sua experiência prática – enfim, um sistema arquitetônico articulado e abrangente que serviu de embasamento para a arquitetura brasileira dos trinta anos seguintes.

Mas, se o racionalismo teve a seu favor a intervenção pessoal de um teórico do calibre de Le Corbusier, a corrente orgânica contou, no mesmo período, com a passagem não menos festejada e notória de Frank Lloyd Wright pelo Rio de Janeiro.

Mal aqui chegou para julgar uma das etapas do concurso para o Farol de Colombo, em agosto de 1931, Wright deparou-se com o rebuliço da greve dos alunos da ENBA (Escola Nacional de Belas Artes), que protestavam contra a demissão de Lúcio Costa da direção da Escola. Solidarizando-se com os estudantes, apoiou-os por meio de entrevistas, discursos e artigos em jornais. Pronunciou, também, conferências sobre sua *arquitetura orgânica,* ressaltando a necessidade de conceber a obra como um todo – espaço, forma e materiais indissoluvelmente ligados ao meio. Wright marcava, com isso, uma posição claramente antagônica à "objetividade" padronizadora e universalista do racionalismo. Essa posição iria estimular a Associação dos Artistas Brasileiros a promover o 1º Salão de Arquitetura Tropical, em 1933.

Não há dúvida de que, sob muitos aspectos, a arquitetura orgânica pareceria bem mais assimilável no Brasil do que a tendência racionalista. Por sua busca de integração com a natureza encontrava eco num vezo antiurbano do *establishment* da época; além disso, o pouco destaque dado às questões sociais e a discrição no uso – ou na expressão – de tecnologias avançadas iam ao encontro do conservadorismo predominante e da falta de qualificação da mão de obra disponível. Outro dado favorável seria a complexidade espacial e formal da arquitetura orgânica, que a aproximaria de uma suposta "prevalência barroca" de nossa arquitetura.

Aparentemente, portanto, não é descabido concordar com a tese que sugere que a adoção do racionalismo operou uma ruptura mais radical na tradição brasileira do que aquela que viria a ocorrer caso a preferência recaísse sobre o organicismo. Mas, antes de formar uma opinião mais definitiva sobre o assunto, valeria a pena investigar quais seriam os pressupostos dessa *tradição brasileira* e compará-los às características tanto do racionalismo quanto da arquitetura orgânica, particularmente no que diz respeito à relação arquitetura/natureza.

O obelisco e a gruta

Arquitetura da razão, arquitetura da emoção.

A diversidade da produção moderna, a multiplicidade de tendências que coexistem no mesmo momento e no mesmo lugar desde meados do século passado, torna essa classificação menos óbvia do que quando aplicada às arquiteturas do passado.

No entanto, feita a ressalva da dificuldade maior em se aproximar as diferentes tendências, é possível observar, principalmente, por meio da morfologia do espaço arquitetônico presente nas obras – mas também por meio de seu aspecto formal – que sempre vigora a possibilidade de se agrupar a arquitetura moderna em duas vertentes antitéticas.

É inegável que todas as grandes simplificações são perigosas, pois conduzem geralmente a uma superficialidade que não dá conta dos diferentes aspectos dos fenômenos que se quer estudar. Mas também apresentam a vantagem de sublinhar determinadas características do objeto em estudo de maneira mais marcante, facilitando o estabelecimento de relações que em outras circunstâncias não se colocariam com igual clareza.

Na categoria de "arquitetura da razão", cabe situar a obra de arquitetos como Loos, Perret, Le Corbusier, Mies Van der Rohe, Gropius, Terragni, Rietveld, entre tantos outros aos quais se poderia chamar genericamente de racionalistas, passando por cima das diferenças que identificam os movimentos individuais aos quais pertenceram.

Na categoria de "arquitetura da emoção", as correntes parecem ainda mais variadas, mas poderíamos – por exemplo – agrupar Poelzig, Taut, Gaudí, Scharoun, Bloc e Frank Lloyd Wright, representantes do expressionismo, do modernismo catalão, do neoexpressionismo, do informalismo e da arquitetura orgânica.

A pergunta que agora se coloca é: quais são as diferenças fundamentais entre os exemplos extremados das duas categorias?

A primeira se caracteriza por buscar uma ordem lógica e universal, agradável à razão, que pode ser, no fundo, ilógica, mas que é lida como objetiva, funcional e construtiva. É o classicismo em sua versão moderna, ao qual se aplica facilmente a definição de Wölfflin para a arquitetura renascentista[1].

O organicismo, por sua vez – entendido como uma manifestação da categoria anticlássica (ou barroca, ou romântica... os nomes de acordo, aliás, com o espírito da própria tendência, parecem sempre particularizantes) –, inscreve-se numa linhagem de obras que tentam expressar valores subjetivos, psicológicos, espirituais. É uma arquitetura sempre um pouco estranha à luz da lógica, muitas vezes um tanto aflitiva, que parece ter natureza própria e desafiar as leis da construção. Wölfflin pode ser citado de novo, falando sobre o barroco[2].

Quanto às características espaciais, o racionalismo produz espaços que tendem ao estático, ao contido, ao geometricamente definível, ao composto pela soma de unidades, enquanto o organicismo prefere os espaços dinâmicos, fluídos, complexos, amalgamados de tal forma que sua decomposição em unidades é impraticável.

O racionalismo procura o ideal, a superação do individual por meio de uma síntese que conduza ao universal. Já o organicismo evita o modelo, trabalha cada situação em sua peculiaridade, visando a uma obra que se constrói como um fragmento de uma natureza particular.

Pode-se afirmar, portanto, que a arquitetura racionalista tende à fixação do tipo *independentemente* do lugar, enquanto a arquitetura orgânica tende à *atipicidade* constante, à variação obrigatória *em dependência* do lugar.

A questão da arquitetura regional se infiltra como signo nas obras orgânicas e como símbolo nas obras racionalistas. Material e resposta ao meio no primeiro caso, elemento de uma identidade em construção, no segundo. Implícita e explícita.

As obras racionalistas, com suas formas geometricamente simples, se contrapõem ao entorno. Arquitetura e natureza se defrontam, íntegras em suas especificidades. Já as obras orgânicas são complementares ao entorno, ao qual se integram não mimeticamente, mas como resposta ao *genius locci*. As diferenças entre Villa Savoye e Casa da Cascata e entre Ville Radieuse e Broadacre City exemplificam perfeitamente as duas atitudes.

Ao jeito da terra

À luz do exposto acima insinuam-se alguns caminhos para a análise do *triunfo* da arquitetura racionalista no Brasil.

Em primeiro lugar, cabe considerar a relação da arquitetura com seu meio ambiente e a ideia da existência de uma tradição barroca na arquitetura brasileira.

Para D'Ors, "o barroco é secretamente animado pela nostalgia do paraíso perdido"[3].

À primeira vista e pela circunstância de seu descobrimento, o Brasil se apresentava realmente como um paraíso terreal. Esse fato inscreve desde logo a terra nos mitos edênicos da *idade do ouro e* do paraíso redescoberto e parece sustentar a possibilidade de uma "prevalência barroca". No entanto, a ilusão sobre a amenidade do sítio logo se desfaz, diante do que Miran Latif descreve como "um magma pulsante de vermes, insetos, répteis, miasmas"[4] que da floresta úmida e cerrada, quase impenetrável, ameaçam o homem em sua ocupação do território.

Também o campo aberto, o rio, a praia, tornam-se perigosos, pois são observados de dentro das sombras que se adensam por detrás da primeira fileira de árvores. As flechas atravessam essas clareiras como que vindas do nada. Além do perigo real, o índio, como o ladrão, representa o inconsciente, a invasão da ordem pelo inesperado, pelo incontrolável.

Não admira, portanto, que as mais antigas construções luso-brasileiras procurem fazer frente ao meio. São volumes densos e fortes, brancos, de paredes grossas e contornos adoçados, poucos traços e muito corpo. O cheio predomina sobre o vazio, a massa sobre o espaço, a matéria sobre a luz. Predomina o todo sobre o detalhe, o obelisco como marca da presença humana sobre a gruta como abrigo telúrico.

No entanto, quem observa essas construções plantadas na paisagem tropical percebe que se trata de um fenômeno diverso do da arquitetura grega. Não são elas o fruto de uma relação serena com o cosmos, a celebração do conhecimento humano frente à natureza, mas o oposto: são um refúgio diante do caos.

Essas obras, na verdade, trabalham civilizatoriamente, como batedores da cultura europeia e não como manifestação de uma cultura própria à terra. A peculiaridade dessa situação faz com que, ao olhá-las, percebamos o perigo ao qual se contrapunham. Elas acusam o território hostil, os índios, as flechas, as cobras, o veneno, os insetos, as matas, as onças, a solidão. E o mar, e o abandono.

Na vastidão despovoada da paisagem colonial não é a natureza que, vista do mar, assusta. Ao contrário: à distância ela encanta o olhar com seu viço. É a construção branca que a ela se contrapõe sempre em absoluto antagonismo que inspira medo, por negar de forma tão marcante o aparente edenismo da terra, por se impor à paisagem, por significar de forma tão sólida a necessidade de abrigo e proteção. Por ser um *mirante* de onde o homem pode olhar em redor e se sentir seguro.

Se existe o forte, a capela sobre a rocha, é que o homem precisa impor defensivamente sua presença e sua ordem. Em momento algum vai existir uma fusão entre a construção luso-brasileira e a paisagem – sua antiorganicidade é sempre firmemente expressada. É apenas na mirabolante talha interna que o paraíso almejado – dourado como o céu dos quadros pré-renascentistas – pôde se fazer presente e se espraiar ao abrigo das grossas paredes. Tivessem os portugueses menos susto daquilo que os rodeava, suas construções no Brasil teriam sido muito menos brancas e densas. Houvesse a possibilidade de um conúbio amoroso entre o homem e a terra, não teria se formado essa incompreensão ecológica que perdura até hoje, enraizada na alma brasileira.

Ao barroco, pois, e à sua linhagem, não parece promissor o solo brasileiro. E basta examinar com cuidado a história de nossa arquitetura para verificar que realmente é difícil encontrar exemplos de edifícios com volumes e espaços efetivamente barrocos.

Existe, sim, o barroco das decorações das igrejas e de suas frontarias, mas é um barroco contido dentro dos limites sóbrios de espaços estáticos ou desenvolvido sobre o plano, enquadrado nas superfícies. A talha é como um suvenir selvagem, uma floresta interna que sublima a selva, reduzindo seu espaço misterioso à textura bidimensional de uma *tapeçaria* em madeira dourada.

Descartada a ideia de uma "prevalência barroca", pode-se apontar o fato de que as preferências formais manifestadas durante o período colonial – os volumes e espaços contidos, compostos por justaposição, mas individualmente legíveis, e uma exuberância peculiar no tratamento de elementos aplicados ou recortados sobre o plano – permanecem válidas até hoje.

A obra de Oscar Niemeyer, por exemplo, encaixa-se perfeitamente nessa tradição. Das quatro *maneiras* recorrentes ao longo de toda a carreira do arquiteto, duas dizem respeito à articulação do plano, por meio do recorte sinuoso do perímetro da cobertura (Casa das Canoas, Edifício Copan) ou por meio de seu *arqueamento* (capela da Pampulha, fábrica Duchen); a terceira justapõe sólidos geométricos simples (Congresso, Universidade de Constantine) e a quarta coloca à frente de volumes primários um *plano* de colunas recortadas que formam um pórtico (Palácios da Alvorada e dos Arcos). O espaço tende a permanecer estático, embora às vezes irregular, e a volumetria, contida, enfatiza o contraste entre os vários volumes de um conjunto. A arquitetura dissocia-se de seu entorno, relacionando-se, idealmente, com um horizonte de fundo infinito, como em Brasília, ou contrapondo-se a uma paisagem de contornos dramáticos, como no Rio.

Construindo a tradição

A história da arquitetura brasileira pode ser lida como o percurso da contenda entre o homem e a natureza. Desenvolveu-se, basicamente, entre duas imagens: de um lado a romântica valorização europeia da natureza selvagem, do outro a realidade mesma dessa natureza que é preciso dominar.

O ecletismo da virada do século aparece em boa medida como um interlúdio na evolução dessa contenda. O crescimento das cidades, aliado à condição de exaltação da cultura que caracteriza o período, bem como a ausência de qualquer nostalgia nacionalista em relação ao que foi *o* país num passado (então) próximo, fazem da arquitetura eclética uma produção eminentemente voltada para o urbano. Seu rendilhado em madeira e ferro, seu detalhamento delicado, sua ornamentação em estuque, as fachadas em azulejos decorados, de escala miúda, são para serem vistos de perto – combinam com o jardim *hachurado* da chácara. Jardim de sombra, de palmeirinhas e grama barba-de-urso, escuro no colorido e gráfico na textura; jardim distante das folhas gordas, da volúpia da natureza primitiva e natural da terra. É o período em que a arquitetura brasileira se torna mais "tropical", de um tropicalismo mediterrâneo e bucólico, é verdade, não obstante adequado ao clima.

Na arquitetura residencial, hoje praticamente toda demolida, os espaços intermediários entre o jardim e o interior assumem importância vital. São comuns soluções em que a interligação entre diferentes partes da casa se faz através de galerias cobertas (como no Palácio Laranjeiras, onde as três alas se unem por um grande jardim de inverno), e os cômodos abrem-se para as varandas que circundam as casas através de numerosas portas-janelas. As paredes ao fundo dessas varandas muitas vezes recebem painéis com pinturas de paisagens locais, reproduzindo a flora, a fauna e vistas pitorescas, numa camuflagem que, se não faz propriamente o prédio sumir entre as árvores, fala muito de uma nova apreciação da natureza, domesticada e mantida à distância pela cidade.

O trópico, no Brasil, emerge fragmentariamente, menos tropical que o trópico imaginado na Europa. De certa forma, todo nativismo, seja romântico ou moderno, está fadado à impopularidade por se contrapor ao *ethos* civilizatório, que aqui afasta todo exotismo e que, no máximo, admite o trópico como o reflexo de um mito da civilização europeia. A apropriação do *local* é raramente direta, consumando-se usualmente por intermédio do recurso a uma *visão de estrangeiro*.

Não foi diferente a recuperação do nativo que se deu na década de 1920, tanto no caso da viagem dos modernistas paulistas ao interior de Minas, como na redescoberta dos viajantes do século 19, que são estudados e republicados no Rio de Janeiro. Variou, sim, a atitude: em São Paulo, já tingida pelo interesse pelo popular, ela iria se caracterizar pelo aspecto moderno, funcionalista, enquanto no Rio ainda se manifestava um *antiquarismo* nacionalista e conservador, formalista.

Na arquitetura, a manifestação desse nacionalismo foi o neocolonial. Em sua primeira fase, o neocolonial não se pautou por qualquer veleidade de recuperação ou reinterpretação de técnicas construtivas tradicionais. Do passado aproveitava as formas, aplicando-as, muitas vezes, sobre estruturas delgadas de concreto armado que eram revestidas por espessa massa de alvenaria, simulando a construção antiga.

Avesso à simplicidade da arquitetura civil da colônia, o neocolonial valia-se geralmente de uma colagem indiscriminada de elementos da arquitetura religiosa barroca, interpretados, no entanto, por meio do *olho* eclético: medidas, proporções e composições típicas da arquitetura acadêmica do fim de século, muito diferentes da escala colonial.

Confundiu-se também, desde logo, com o historicismo panamericano que atravessava as Américas a partir dos Estados Unidos. O Colonial espanhol, mais rebuscado, respondia melhor ao gosto da época que a nossa arquitetura tradicional. Os pavilhões neocoloniais da Exposição de 1922, por exemplo, foram muito mais espanhóis que portugueses ou brasileiros. Na construção residencial, o *californiano* ou *missões* teve a enorme importância de modernizar efetivamente a casa de moradia, propondo plantas mais funcionais, fachadas de poucos elementos decorativos, volumes mais baixos e esparramados, geralmente circundando um pátio.

Os estudos da arquitetura antiga brasileira desenvolvidos durante a década de 1920, aliados ao reemprego de material autêntico proveniente de demolições, conduziram a uma segunda fase do neocolonial, mais feliz na reedição do *espírito* colonial que a primeira. As obras desse período, como a casa de Rodolpho Siqueira, no Largo do Boticário, e a de Maria Cecília Fontes, no Alto da Boa Vista (projeto de Lúcio Costa), são mais convincentes em sua *veracidade* que as da fase anterior. Devem isso a um cuidado maior na referência aos precedentes, evitando os ornamentos excessivamente emblemáticos da primeira fase do neocolonial.

Essas construções mais sólidas e sóbrias, que se aproximam da arquitetura do século 17, inclusive em sua decidida contraposição à natureza, recuperam, assim, no início da década de 1930, no momento mesmo da chegada da arquitetura moderna, uma relação que se tinha diluído ao longo da virada do século.

Essa recuperação vai se manifestar também no paisagismo, no qual a flora local é readmitida e trabalhada naquilo que tem de mais exótico e decorativo, resultando em jardins luxuriantes onde a natureza tropical comparece em todo o seu viço, mas já convenientemente emoldurada pela expansão urbana. A restauração da Floresta da Tijuca, coordenada pelo mesmo Castro Maya que traz de volta para o Brasil os desenhos de Debret, é o conjunto mais significativo dessa fase antiquarista do neocolonial, a mais completa tentativa de recriação do mundo "primevo" brasileiro, conforme a documentação do início do século 19.

A readmissão da *natureza natural,* tanto como fato como enquanto ideia, consequência do nacionalismo e parceira do retorno a uma arquitetura mais cheia e com detalhes menos preciosos, vai ser mais um elemento propício à implantação do racionalismo internacional com seus volumes sólidos e suas fachadas de desenho claro e definido, "magnífico e sábio jogo de formas sob a luz" (Le Corbusier).

Assim é que, na verdade, a arquitetura racionalista não se constituiu numa ruptura, mas numa retomada da tradição brasileira. Não é de espantar, portanto, a genealogia legitimizadora montada pelos pioneiros do racionalismo brasileiro que, com Lúcio Costa, Mário de Andrade e Rodrigo Mello Franco de Andrade à frente, fundaram em 1937 o Serviço de Proteção ao Patrimônio Histórico e Artístico Nacional. Tratava-se de salvar no passado os antecedentes do que se propunha no presente.

Sob este prisma, a *ruptura* entre o colonial e o neoclássico também não foi, propriamente, uma ruptura: foi um avanço, um passo adiante na mesma direção que mais tarde conduziria ao modernismo racionalista – a passagem da lógica do senso comum, colonial, para a lógica geométrica, no neoclássico, e para a lógica científica, no racionalismo. É a mesma questão gradativamente aprimorada, destilando-se para planos de maior abstração e precisão metodológica.

A opção pelo racionalismo parece não ter significado, afinal, a adoção de princípios estranhos à terra. Pelo contrário: o apoio efetivo que recebeu por parte dos poderes constituídos só vem comprovar sua conveniência e sublinhar o fato de que se tratava de uma utopia bem menos ameaçadora que a utopia ecológica *avant la lettre* proposta pelo organicismo.

Notas

1. "Cada uma das formas ganha uma existência autônoma e se articula livremente; são partes vivas, absolutamente independentes. A coluna, o setor de parede, o volume de um simples setor de espaço, bem como do espaço total – nada além de formas nas quais o ser humano pode encontrar uma existência satisfeita em si mesma, que transcende a medida humana, mas que é sempre acessível à imaginação". WÖLFFLIN, Heinrich. *Conceitos fundamentais da história da arte*. São Paulo, Martins Fontes, 1984, p. 10.

2. "O barroco emprega o mesmo sistema de formas, mas em lugar do perfeito, do completo, oferece o agitado, o mutável; em lugar do limitado e concebível, o ilimitado e colossal. Desaparece o ideal da proporção bela e o interesse não se concentra mais no que é, mas no que acontece. As massas, pesadas e pouco articuladas, entram em movimento. A arquitetura deixa de ser o que fora no renascimento, uma arte da articulação, e a composição do edifício, que antes dava a impressão da mais sublime liberdade, cede lugar a um conglomerado de partes sem qualquer autonomia". Idem, ibidem.

3. D'ORS, Eugênio. *Du baroque*. Paris, Gallimard, 1968, p. 35.

4. LATIF, Miran de Barros. *O homem e o trópico, uma experiência brasileira*. Rio de Janeiro, Agir, 1959.

artigo 17 maria beatriz de camargo aranha

RINO LEVI: ARQUITETURA COMO OFÍCIO

[1993]

A historiografia sobre a arquitetura moderna brasileira é escassa e, na maioria das vezes, pontual. Nos últimos anos, alguns balanços dessa produção foram feitos[1]. Embora não explicitamente, indicam, quase todos, duas leituras que se diferenciam desde a sua formulação: uma trabalha com a noção de arquitetura moderna no Brasil, outra com a noção de arquitetura moderna brasileira. A diferença é muito mais profunda que mera questão semântica. Entre "no Brasil" e "brasileira" se divide praticamente toda a historiografia e a crítica da década de 1920 até hoje (nada mais contemporâneo no Brasil do que o falso debate arquitetura nacional *versus* arquitetura internacional).

Insisto no fato de que a historiografia sobre arquitetura brasileira é extremamente escassa. Sobre o período que se convencionou chamar de arquitetura moderna, a historiografia é mínima, o que é um tanto paradoxal, afinal a produção arquitetônica brasileira no período é vastíssima, sua repercussão é enorme, podendo-se até falar em um quase consenso entre críticos e historiadores internacionais sobre sua qualidade. No entanto, contamos com apenas dois livros, publicados no período, que se propõem ao levantamento sistemático da produção nacional: *Brazil Builds*, de Philip Goodwin (1943), e *Modern Architecture in Brazil*, de Henrique Mindlin (1956)[2].

Significativamente, os dois volumes trazem Brasil com "z". Não cabe, no momento, a análise das circunstâncias que levaram um historiador americano, Goodwin, a escrever a primeira obra sobre o tema; ou as razões que levaram o arquiteto brasileiro Henrique Mindlin a escrever e publicar em inglês o segundo levantamento de arquitetura moderna brasileira. De qualquer maneira, tornam-se evidentes os problemas e as peculiaridades da produção dessa historiografia.

Tenho plena consciência de que a minha preocupação é absolutamente datada[3]. Atualmente a discussão sobre a produção historiográfica (não só a arquitetônica) e sobre diferentes conceitos de história ocupa um espaço enorme em diferentes áreas do conhecimento. Se na maioria delas podemos falar em uma certa resistência ao conceito de história linear, factual, periodizada, na arquitetura moderna brasileira, mesmo onde parece haver divergência, o conceito de história é o mesmo. Tomemos como exemplo o confronto entre Lúcio Costa e Geraldo Ferraz. Em 1948, em dois artigos de jornal[4], a polêmica nacional *versus* internacional se explicita. Geraldo Ferraz contesta a qualificação de "pioneiro da arquitetura moderna brasileira" dada a Lúcio Costa: Ferraz reivindica para os arquitetos Gregori Warchavchik e Flávio de Carvalho a introdução, já na década de 1920, em São Paulo, da "corrente de arquitetura mais avançada do mundo". Costa rebate a argumentação de Ferraz, apontando para a "feição tão peculiar e tão desusado e desconcertante vigor" da arquitetura moderna brasileira e para o "advento do arquiteto Oscar de Almeida Soares" como seu responsável. As duas posições, obviamente, são diferentes. Mas a divergência se restringe à eleição de diferentes *fatos históricos*: a concepção de história é semelhante. Ambos trabalham com a noção de periodização, de marcos arquitetônicos, de arquitetos inaugurais. Para Ferraz, o arquiteto precursor é Warchavchik e o marco é a casa da rua Santa Cruz, de 1927, em São Paulo. Lúcio Costa elege Niemeyer e o projeto do MEC, de 1936, no Rio de Janeiro. Nem a Costa, nem a Ferraz ocorre considerar a história como processo, no qual marcos e autores teriam papel secundário.

O exemplo do embate entre Lúcio Costa e Geraldo Ferraz, além de marcar o conflito entre arquitetura moderna brasileira *versus* arquitetura moderna no Brasil, aponta outra circunstância importante da nossa historiografia: a extrema valorização das individualidades. Não há o menor constrangimento em trabalhar com a noção de gênio para qualificar arquitetos (outra vez, nada mais contemporâneo no Brasil, como demonstra a recente eleição dos "papas da arquitetura" no XIII Congresso Brasileiro de Arquitetos, em junho de 1992). Delineia-se aqui a questão que me proponho examinar: a dualidade arquitetura de gênio *versus* arquitetura de ofício.

Outra vez, tenho plena consciência de que esta preocupação é absolutamente datada. Todas as reavaliações que o ideário e as realizações modernas estão sofrendo no momento, esbarram nos conceitos de genialidade e ofício. Minha hipótese é que, mais do que pela explicitada dualidade entre nacional e internacional, a arquitetura moderna brasileira é marcada pela dualidade gênio *versus* ofício.

No artigo já citado, Lúcio Costa, se referindo a Oscar Niemeyer, diz que "foi nosso gênio nacional que se expressou por meio da personalidade eleita desse artista". Essa análise de Costa não é gratuita; ao contrário, é respaldada pela própria atitude de

Oscar perante a produção da arquitetura: os grandes gestos, o projeto definitivo nos croquis iniciais, a *inspiração*. O oposto da noção de arquitetura como ofício: trabalho interdisciplinar, o projeto definitivo como resultado de um processo, o *conhecimento*. Postura perfeitamente caracterizada por um arquiteto como Rino Levi.

Há aqui o risco de incorrer na mesma questão que apontei para a dualidade nacional *versus* internacional: a opção por um dos termos da equação que pressupõe a exclusão do outro. O que me interessa não é contrapor a postura de Rino Levi à postura de Oscar Niemeyer, valorando-as no sentido de eleger uma delas. Ao contrário, a minha proposta é perceber como de posturas diferentes perante a produção de arquitetura resultam ideários e realizações também diferentes. Isso só é possível por meio da análise dos projetos.

Como observa Nestor Goulart Reis Filho, Rino Levi, "trabalhando desde cedo em equipe, conseguiu realizar um número excepcional de obras de qualidades e evitar, ao mesmo tempo, arroubos individualistas"[5]. O mesmo tipo de atitude pode ser observado em escritórios como o de Oswaldo Bratke em São Paulo ou o dos irmãos Roberto no Rio de Janeiro. Aliás, não é por acaso que os escritórios desses arquitetos sobrevivem a eles mesmos: são concebidos quase como centro de estudo e divulgação de soluções arquitetônicas. É no mínimo curioso que a historiografia trate esses arquitetos como à margem das "escolas": Rino Levi em relação à paulista, irmãos Roberto em relação à carioca.

O escritório de Rino Levi conseguiu equilibrar perfeitamente interdisciplinaridade e qualidade, evitando o que acontece em grandes firmas onde, como diz Nestor, "muitas vezes, a quebra do individualismo tende a se confundir com a mediocridade e a falta de caráter arquitetônico"[6]. Se esse caráter na arquitetura de gênio é dado exatamente pelo gesto criador, para Rino Levi a questão é diferente. É ele quem diz que "a ampliação constante dos conhecimentos e da cultura representa estímulo permanente, que vivifica e enriquece a força criadora. É errado supor que a bagagem de conhecimentos indispensáveis ao arquiteto possa limitar sua capacidade criadora"[7]. Essa convicção fica mais clara quando ele afirma que "um projeto de arquitetura adquire sua fisionomia definitiva aos poucos, num trabalho lento que às vezes se prolonga por meses. No seu início, existem apenas alguns dados mais ou menos vagos sobre o tema. Este se desenvolve paulatinamente, com os primeiros esboços, os estudos preliminares e o anteprojeto"[8].

Essas colocações nos permitem deduzir que duas questões vão ser fundamentais na produção do escritório: o detalhe e o programa. Ao contrário da noção vulgar de entender detalhe com coisa sem importância, a postura de Rino conduz a enxergá-lo como a escala menor do projeto. Todas as instâncias são definidas, estudadas e resolvidas pela equipe interdisciplinar. Ao contrário da atitude habitual, o programa é tão importante quanto o partido, ou mais. Não há a preocupação de que certos procedimentos generalizados se imponham às necessidades particulares de cada "tema", para usar um termo caro a Rino. Isso lhe permite diferentes diálogos, inúmeras referências. Como comenta Bruno Zevi, "a arquitetura de Levi é um discurso sobre o discurso de Mendelsohn, Gropius e Le Corbusier"[9].

Embora a minha hipótese apareça aqui como deduzida das falas de e sobre Rino Levi, ela só se sustenta pela análise dos projetos. Em seus mais de sessenta anos de atividade, o escritório de Rino Levi Arquitetos Associados desenvolveu quase quatrocentos projetos[10]. Cobriu praticamente todas as áreas do trabalho profissional: desde casas isoladas até complexos industriais, edifícios comerciais, escritórios, apartamentos e hospitais. Das soluções técnicas de acústica para cinema e teatro até a racionalidade de programas hospitalares, cada projeto se qualifica, inclusive, no seu detalhamento[11].

Outras circunstâncias não explicariam, por exemplo, a solução estrutural do Galpão para a fazenda da Tecelagem Parayba, em São José dos Campos (1951-1955)[12], resolvida com a combinação de três materiais: ferro, madeira e concreto, utilizados de maneira a renderem ao máximo dentro das suas diferentes características. O programa é muito simples: abrigo de caminhões e máquinas agrícolas da fazenda e posto de gasolina – ou seja, grandes espaços livres. Em um momento em que os grandes vãos na arquitetura brasileira são sistematicamente resolvidos em concreto armado, Levi, Cerqueira César e Carvalho Franco optam por uma cobertura leve, de estrutura mista: duas abóbadas de 22,50 metros de vão feitas com arcos de ferro perfilado e ferro redondo, apoiados sobre estrutura de concreto, que absorve os empuxos. O contraventamento no sentido longitudinal é feito por terças de madeira, ligadas duas a duas por cruzetas de ferro redondo. A cobertura é realizada com telhas onduladas de alumínio, que não chegam até o chão. Os pilares centrais são mais altos que os laterais, o que quebra a simetria do arco e marca a elegância do seu perfil. Apenas uma das quatro faces do galpão é vedada: a suave curva do lado inferior do anteparo e o rasgo entre o lado superior e a cobertura, que não é tocada, acentuam a assimetria e a elegância. Uma cobertura plana, no mesmo sistema construtivo, anexa às abóbadas, abriga o posto de gasolina. Neste, um painel de ladrilhos esmaltados de autoria de Roberto Burle Marx atesta a preocupação com os detalhes.

Outra vez, não deve ser mera coincidência a realização do mesmo tipo de experiência no escritório dos Irmãos Roberto, em projetos como, por exemplo, a Indústria Caterpillar (Rio de Janeiro, 1953). Também lá a hegemonia do concreto armado é quebrada e o salão de exposição das máquinas à venda é estruturado por grandes arcos de madeira com 44 metros de vão, apoiados em pilares de concreto armado e cobertos por telhas de fibrocimento que não chegam até o chão. Novamente há a correta exploração de diferentes materiais, adaptados às características do programa. Poderia-se argumentar que essas características nos dois projetos apontados conduziriam naturalmente ao tipo de solução estrutural adotada. O próprio Niemeyer desmonta a argumentação: o seu projeto para a fábrica Duchen (São Paulo, 1950) é resolvido com pórticos rígidos de concreto armado, num raciocínio recorrente no partido que ele adota, independentemente do programa.

Bruno Zevi comenta que "em uma época de consumo rápido e redescobertas, a abordagem brilhante e gestual de Niemeyer foi rapidamente contestada por suas inclinações evasivas e monumentais. A figura de Rino Levi não representa a antítese: o seu puritanismo racionalista apareceu como uma âncora segura num clima cultural muito incerto e fragmentado"[13]. Concordo com Zevi no sentido de que Levi não é a antítese de Niemeyer. Insisto em que a questão não é contrapor a arquitetura de gênio à arquitetura de ofício no sentido de optar por uma delas. Mas o reconhecimento dessas diferentes posturas e consequentemente das suas diferentes realizações me parece importante nesse momento, quando tudo indica que o debate sobre arquitetura no Brasil corre o risco de escorregar, outra vez, para o embate nacional *versus* internacional.

Notas

1. Dois exemplos desses exames historiográficos me parecem particularmente interessantes: MARTINS, Carlos Alberto Ferreira. *Arquitetura e Estado no Brasil: elementos para uma investigação sobre a constituição do discurso moderno no Brasil; a obra de Lúcio Costa (1924-1952)*. Dissertação de mestrado. São Paulo, FFLCH USP, 1977; FARIAS, Agnaldo Aricê Caldas. *Arquitetura eclipsada: notas sobre história e arquitetura a propósito da obra de Gregori Warchavchik, introdutor da arquitetura moderna no Brasil*. Dissertação de mestrado. Campinas, IFCH Unicamp, 1990. Extratos dos dois trabalhos estão republicados no volume 1 desta coletânea.

2. GOODWIN. Philip L. *Brazil Builds: Architecture. New and Old, 1652-1942*. Fotografias de O. E. Kidder Smith. Nova York, The Museum of Modern Art, 1943; MINDLIN. Henrique E. *Modern Architecture in Brazil*. Rio de Janeiro, Colibris, 1956. Versão brasileira: MINDLIN, Henrique E. *Arquitetura moderna no Brasil*. Tradução de Paulo Pedreira. Prefácio de S. Giedion. Apresentação de Lauro Cavalcanti. Rio de Janeiro, Aeroplano/ Iphan, 1999.

3. É comum dar-se ao termo *datado* um caráter pejorativo, opondo-o às questões fundamentais, atemporais, universais, globalizantes. Uso aqui a noção de *preocupação datada* no sentido de estar em fase com as discussões, questões e problemas contemporâneos a ela, que é exatamente o que lhe confere interesse.

4. FERRAZ, Geraldo. Falta o depoimento de Lúcio Costa. *Diário de São Paulo*, São Paulo, 01 jan. 1948; COSTA, Lúcio. Carta depoimento. *O Jornal*, 14 mar. 1948. Artigos republicados in XAVIER, Alberto (org.). *Lúcio Costa: sobre arquitetura*. Textos de

Lúcio Costa. Porto Alegre, Centro de Estudantes Universitários de Arquitetura, 1962; e, posteriormente, in GUERRA, Abílio; ARANHA, Maria Beatriz Camargo (org.). *Caderno*, n. 3, Campinas, CAD FAU PUC-Campinas, maio 1991.

5. REIS FILHO, Nestor Goulart. Introdução. In LEVI, Rino. *Rino Levi*. Introdução de Roberto Burle Marx e Nestor Goulart Reis Filho. Milão, Edizion di Comunità, 1974, p. 16.

6. Idem, ibidem, p. 16.

7. Apud REIS FILHO, Nestor Goulart. Introdução (op. cit.), p. 16.

8. LEVI, Rino. A arquitetura é arte e ciência. *Óculum*, n. 3, Campinas, PUC-Campinas, mar. 1993, p. 42.

9. ZEVI, Bruno. Brasília che non ci fu, Milão, 1974. O artigo é uma resenha crítica do livro *Rino Levi* (op. cit).

10. O escritório foi fundado em 1927, quando o arquiteto Rino Levi iniciou suas atividades profissionais. Em 1941, o arquiteto Roberto Cerqueira César associa-se ao escritório. Em 1951, junta-se a eles o arquiteto Luis Roberto Carvalho Franco. O fundador faleceu em 1965. O escritório continuou suas atividades sob a denominação de Rino Levi Arquitetos Associados S. C. Ltda. Em 1972 é o arquiteto Paulo J. V. Bruna quem se associa, e em 1986 é a vez do arquiteto Antonio Carlos Sant'Anna, que começara a trabalhar no escritório como estagiário em 1974.

11. Sobre os cinemas de Rino Levi, ver ANELLI, Renato. Arquitetura de cinemas em São Paulo – o cinema e a construção do moderno. *Óculum*, n. 2, Campinas, PUC-Campinas, set. 1992. Artigo republicado no volume 1 desta coletânea.

12. Projeto publicado em: *Acrópole*, n. 241, São Paulo, nov. 1958; *Habitat*, n. 50, São Paulo, set./out. 1958; *Informes de la Construcion*, n. 112, Madri, jun./jul. 1950; *L'Architecture d'Aujourd'Hui*, n. 90, Paris, jun./jul. 1960; LEVI, Rino. *Rino Levi*. Milão, Edizion di Comunità, 1974.

13. ZEVI, Bruno. Op. cit.

artigo 18 carlos eduardo dias comas

TEORIA ACADÊMICA, ARQUITETURA MODERNA, COROLÁRIO BRASILEIRO

[1994]

Corbusier descreve sua visita de 1929 a São Paulo e Rio como "corolário brasileiro"[1]. Profecia pura. Uma série de obras exemplares consolida o prestígio da arquitetura nacional entre 1936 e 1945. Não é segredo a filiação corbusiana do Pavilhão de Nova York, Grand Hotel de Ouro Preto, Pampulha, Parque Hotel de Friburgo. Nenhuma delas se pode dizer derivativa. Sua originalidade vai além da superfície. Implica total domínio da sintaxe geométrica e construtiva da arquitetura moderna em sua vertente mais sofisticada. É com total conhecimento de causa que Lúcio Costa chama Le Corbusier de Brunelleschi do século, o gênio cuja obra cristaliza um estilo autêntico e se constitui herdeira legítima da melhor tradição acadêmica[2].

A importância da Escola de Belas Artes francesa na produção arquitetônica do século 19 dispensa comentários. Sua influência sobre a gênese da arquitetura moderna é reconhecida há bastante tempo (Reyner Banham[3], Colin Rowe[4], Alan Colquhoun[5]). Dada a educação de Lúcio e sua distância das polêmicas europeias da década de 1920, não lhe era difícil observar as raízes acadêmicas de muitas expressões, argumentos e projetos em *Vers une architecture*, *Œuvre complète* e *Précisions*.

Nesta perspectiva, estilo deve ser entendido como conjunto organicamente consistente incluindo tanto elementos de arquitetura quanto elementos e princípios de composição arquitetônica. O entendimento pressupõe, em teoria, a plausibilidade de distinguir entre geometria e materialidade do edifício, entre os espaços e volumes que contêm e os elementos técnico-funcionais que o concretizam – paredes, colunas, entrepisos, coberturas e demais componentes construtivos isoladamente incapazes de fechar espaço ou volume. A redução desses elementos de arquitetura a seus fundamentos geométricos essenciais é postulado formal básico da arquitetura moderna. Composição pode traduzir-se por coordenação dos elementos de arquitetura e dos espaços e volumes que os mesmos constituem, para conformar proposição artisticamente válida.

Lúcio sabia que a estrutura independente era o fundamento técnico do estilo e possivelmente intuía que seu fundamento geométrico-construtivo se havia batizado Dom-ino para assinalar tanto o caráter combinatório e casual do jogo arquitetônico quanto, com ajuda da etimologia, a autoridade da regra sem a qual nenhum jogo pode começar.

Ostensivamente, Dom-ino é imagem que acompanha a predicação de uma independência funcional e formal entre vedação e estrutura, possibilitada pela construção em esqueleto: uma planta livre em que a configuração da vedação obedece a raciocínios primariamente topológicos e não necessariamente idênticos em pavimentos diferentes, a configuração da estrutura obedecendo a raciocínios primariamente geométricos e unitários. Como diz Lúcio Costa em "Razões da nova arquitetura":

> Livres do encargo rígido de suportar, as paredes agora deslizam ao lado das colunas impassíveis, param a qualquer distância, ondulam acompanhando o movimento do tráfego

e permitem outro rendimento ao volume construído, concentrando o espaço onde ele se faz necessário, reduzindo-o ao mínimo onde ele se apresente supérfluo[6].

Por outro lado, Dom-ino é também uma precisão sobre essa estrutura independente que se postula condição arquitetônica normativa. Não se trata de uma estrutura qualquer, mas de um sistema de lajes paralelas repousando sobre fileiras paralelas de suportes e prolongando-se em balanço, sem o concurso de vigas aparentes. Vigas aparentes interromperiam a continuidade horizontal do espaço e comprometeriam a liberdade visível das paredes. O emprego de balanços implica incongruência entre o perímetro das lajes e o perímetro da malha de suportes, permitindo que uma *fachada livre* fosse completamente correspondente à *planta livre*. Especificando lajes e vedações de superfície contínua e considerando a possibilidade de gerar superfícies virtuais pela percepção de suportes alinhados, Dom-ino privilegia a apresentação do edifício como um construto multiplanar. Com o recurso ao balanço, o princípio de independência entre vedação e estrutura se desdobra em independência entre vedação e suporte, entre vedação e laje, entre suporte e laje.

Dom-ino proclama uma condição normativa que tem horizontalidade, regularidade, ortogonalidade e repetividade como atributos, mas que qualifica a sua hegemonia por meio de um vazio vertical, um intercolúnio diferenciado e balanços distintos nos lados compridos e estreitos de cada laje. Nem constância dimensional se diz requisito obrigatório para os intercolúnios do sistema de suportes, nem congruência de projeção se vê imperativa no sistema de lajes. A configuração de intercolúnios diferenciados abre a possibilidade de enriquecimento rítmico. A configuração independente de lajes distintas permite introduzir acentos verticais no espaço. Se a presença de irregularidade e singularidade pode justificar-se na configuração de lajes ou malha de suportes, a ausência de ortogonalidade tampouco fica fora de cogitação. Dom-ino postula uma sintaxe geométrico-construtiva aberta a uma considerável variedade de possibilidades compositivas, dentro de um marco em que prevalece a ideia de arquitetura como um debate entre elementos construtivos relativamente independentes.

O debate se podia manifestar em interior e exterior. Dom-ino insinuava a possibilidade de fundir, em uma única doutrina, uma concepção plástico-ideal da forma arquitetônica, de severidade clássica, uma concepção orgânico-funcional associada ao informalismo pitoresco. Como diria Lúcio, o cristal podia conter a flor ou vice-versa; como diria Corbusier, "o prisma puro" podia alternar com o "jogo de volumes". Dentro de um repertório de partidos, composições volumetricamente subtrativas ou subdivisas – de fora para dentro – eram tão lícitas como composições aditivas ou multiplicativas – de dentro para fora. Por outro lado, os novos princípios compositivos da "planta e fachada livres" levavam certamente à dispersão centrífuga de interesses focais que Rowe chama de "composição periférica"[7]. Não implicavam, no entanto, conforme notou o mesmo Rowe, a negação radical de princípios compositivos tradicionais, como frontalidade, axialidade, simetria e centralização. Em qualquer plano, cabia reiterar um debate ambivalente e mesmo ambíguo, em que a insistência em uma paridade inclusiva de termos polares contrastados importava muito mais que a síntese de contrários ou a afirmação de hierarquias.

Tudo isso posto, cabe notar que algum pragmatismo e muita preocupação com a "satisfação do espírito" por parte de Corbusier favoreciam a contenção e a internacionalização da variedade formal implícita em Dom-ino. A comparação entre a obra do mestre francês até 1945 e a série de obras brasileiras citadas revela que a adesão de Lúcio e Oscar à composição moderna se dá sob o signo da exuberância e da extroversão. Exuberância, nos diz o dicionário, é superabundância que se manifesta prolífica, plenitude que transborda, animação, vivacidade. Vigor e viço quase excessivos. A extroversão corresponde a uma sinalização expansiva dessa exuberância, marcada e marcante em qualquer apreciação da obra desde fora.

A exuberância não se evidencia apenas na multiplicação de soluções formais para os mesmos elementos de arquitetura, nem na multiplicação de revestimentos que contrasta com a pureza franciscana das vilas brancas, nem nas curvas notórias que fazem contraponto a ortogonais e oblíquas quase em pé de igualdade. É qualidade que transparece na deliberada predileção pela composição que multiplica volumes, ainda quando programa e situação permitiriam ou favoreceriam o "prisma puro". O Ministério pode ser lido como dois blocos que se cruzam em T ou como um bloco elevado flanqueado por dois blocos baixos de eixo longitudinal alinhado; seu auditório é como cunha trapezoidal semiencaixada que tenciona os extremos de um bloco horizontal. Piso e canteiros paralelos ao bloco ou blocos baixos insinuam volumes adicionais. No pequeno hotel serrano, o corpo de serviço se justapõe, esparramado, a um bloco principal, cuja integridade volumétrica desde a entrada se dissolve em volumes virtualmente superpostos na fachada para o parque. No hotel mineiro, as elevações laterais sugerem um geodo rompido ao meio, a fachada principal acusa uma decomposição do bloco em volumes superpostos, as habitações e seus balcões coroam o conjunto de espaços coletivos. A multiplicação volumétrica e as ambivalências e ambiguidades aí observadas são ainda mais espetaculares no Pavilhão de Nova York, onde a estratificação horizontal observada desde a rua aparece transformada, do jardim, em palácio de ordem colossal acompanhado de uma profusão de edículas. A composição aditiva informa os edifícios que integram a Pampulha, independentemente de seu porte. Até a Casa do Baile se desdobra em dois corpos, salão e coreto, tenuemente unidos pela marquise cujo contorno reproduz grafismo de nuvens ou projeção de copas reunidas.

A extroversão se registra recorrente na externalização acentuada dos princípios de independência entre vedação, suporte e laje. A externalização é relativamente discreta no Ministério. Faz-se presente na ordem colossal do bloco do salão de exposições, que envolve o desalinhamento de bordos de laje de entrepiso e cobertura. A ordem colossal reaparece no Pavilhão, onde a externalização do debate vedação-suporte-laje atinge paroxismo virtuosístico, já exaustivamente analisado[8]. A obra corbusiana revela duas soluções típicas de pavimento térreo, exemplificáveis por meio de Garches e Savoye. Em Garches, o pilotis está totalmente recoberto, sua presença se inferindo por trás da janela horizontal. Em Savoye, ou em Cartago, as colunas periféricas do pilotis se deixam totalmente à mostra e as vedações dispõem-se recuadas.

Não há precedente para um pavimento térreo como o do Pavilhão, em que a exibição da profundidade total do pilotis se alterna com episódios onde paredes ocultam colunas periféricas e episódios onde paredes se dispõem por trás dessas colunas a distintas distâncias. O mesmo motivo se repete nos dois hotéis, acompanhado de fragmento de ordem colossal em Ouro Preto. No Cassino da Pampulha, a fachada principal é verdadeira radiografia de uma seção que comporta salão de pé-direito duplo e mezanino lateral.

A exuberância se combina com porosidade também sem precedentes, e a combinação resulta na extroversão da experiência de *promenade architecturale* patrocinada pela "planta livre". Poroso é o térreo do Ministério, com seu pórtico vazio entre extremos sólidos, porosos igualmente o térreo e o andar nobre do Pavilhão, porosas a base do Grand Hotel e a fachada traseira de Friburgo, a Capela e a Casa do Baile da Pampulha. Não se trata apenas de uma interpenetração exterior/interior explícita, mas de estratégia sofisticada. O percurso de acesso se dilata, antecipando e exacerbando a percepção dos interiores ou contrastando, eventualmente, com sua simplicidade tranquila.

Essas diferenças não se justificam apenas por idiossincrasias de arquitetos. Na tradição acadêmica, a composição correta – aderindo aos postulados vitruvianos de firmeza, solidez e beleza – devia conjugar-se à caracterização apropriada.

Caracterização, diz Quatremère de Quincy, é a arte de tornar sensíveis, pelas formas materiais, as qualidades intelectuais e as formas morais que podem ser expressas por meio da arquitetura, ou de tornar conhecidas a natureza, propriedade, uso e propósito de um edifício por meio da harmonia ou conveniência de suas partes constitutivas[9]. Simplificando uma longa tradição, Guadet fala da expressão de caráter como fonte legítima de diversidade arquitetônica e distingue um caráter genérico, representativo de cultura ou civilização[10].

Em qualquer caso, as estratégias de caracterização se podiam dizer similares, envolvendo as especificidades compositivas de plantas, elevações e disposição de massas construídas, questões de tratamento de superfícies como a medida, seleção e conformação dos ornamentos e decoração, assim como a escolha de materiais e técnica construtiva. Dada a aliança implícita entre caracterização e uma memória prévia, cabe falar de estratégias de caracterização substantiva e estratégias de caracterização adjetiva. As primeiras envolvem a reprodução, em um projeto novo, de precedentes arquitetônicos culturalmente associados ao problema em questão, quer na acepção abstrata de estilos ou tipos, quer em termos de detalhes, fragmentos ou obras concretas. As segundas correspondem à inclusão, em um projeto novo, de atributos culturalmente associados a soluções típicas para o problema em questão – severidade, graça ou rusticidade, por exemplo[11]. Caráter – expressão de uma anatomia, uma fisiologia, uma fisionomia.

Não cabe dúvida que a aspiração explícita de expressão do espírito da época por parte da vanguarda moderna europeia podia traduzir-se, academicamente, como a caracterização genérica do espírito da época. Mudanças sociais, econômicas e técnicas validavam a renovação do repertório de elementos, princípios e esquemas compositivos que informavam a práxis arquitetônica. Dado o seu anti-historicismo, não surpreende que buscasse referências fora do território tradicional da arquitetura: na engenharia civil e na construção vernacular, nos artefatos industriais e na pintura. Silos, fábricas, pontes, hangares, arranha-céus, transatlânticos, aeroplanos e automóveis eram os produtos emblemáticos da era, tanto como as abstrações de Kandinsky, o cubismo de Picasso e Braque, os experimentos suprematistas e neoplásticos. A racionalidade técnica, a verdade dos materiais, o despojamento e simplicidade formais de componentes claramente articulados distinguiam os primeiros; a revalorização da planeza e da multiplicação dos pontos de vista eram a contrapartida da rejeição do modelado e da perspectiva pelos outros. Movimento, seriação e contraste tinham relevância. Estabilidade, centralização e hierarquia não faziam mais sentido. Construção, indústria e pintura avalizavam a simplificação e a minimização formal dos elementos de arquitetura, o repúdio do ornamento mentiroso e uma composição centrífuga em que a assimetria dinamicamente equilibrada substituía a simetria hierática.

Contudo, o entendimento da arquitetura como construção qualificada persistindo é a estrutura em esqueleto – justificadamente apontada condição normativa da construção na era maquinista – que vai ancorar a postulação de renovação compositiva corbusiana.

A postulação inclui renovação do conteúdo das quatro estratégias apontadas por Quatremère, em termos substantivos e adjetivos. Sob outro ângulo, a obra corbusiana bem se pode considerar intento de caracterização apropriada dos tipos arquitetônicos da era da máquina, quer respondendo a programas sem precedente histórico ou a programas de antiga linhagem. Em qualquer caso, alusões tipológicas ou iconográficas e efeitos sensacionais programaticamente consistentes ocorrem com frequência, mesmo que as alusões sejam fragmentárias ou subversivas. Por último, tanto na invenção do brise-soleil, versão moderna do muxarabi, quanto no Palácio dos Sovietes ou na casa Errazuris se pode ver que Corbusier não era alheio à preocupação de caracterizar o espírito do lugar.

A caracterização do espírito da época obcecava a vanguarda moderna europeia, que tinha como problema a afirmação de modernidade assente na tradição conjugada com a afirmação de nacionalidade dentro da comunidade internacional. Em 1936, a opção pelo estilo moderno – de cunho internacional – já *per si* conotava, para políticos e intelectuais como Capanema, uma opção pela modernização técnica e social que não conhecia fronteiras, em forma análoga à conotação de religiosidade associada ao estilo gótico. Ao mesmo tempo, os exemplos corbusianos mostravam como o estilo se podia infletir para fazer transparecer a especificidade de uma geografia em fiel acordo com estratégias de caracterização já codificadas, em substância, pela teoria acadêmica.

Não é inocente que, no final da memória da Universidade do Brasil, Lúcio fale em *caráter local* parafraseando Quatremère de Quincy[12]. Nem era inconveniente, para a sinalização desse caráter, que os elementos de arquitetura preconizados por Corbusier parecessem concebidos expressamente para os trópicos e fossem tão facilmente assimiláveis a uma tradição construtiva racional e nacional, em particular ao colonial mineiro do século 18. Afinal, a essa primeira cultura urbana brasileira estavam associados as primeiras reivindicações de independência política do país, motivadas pela aspiração de deixar na terra a riqueza aqui encontrada.

Diversidade formal, exuberância, extroversão, porosidade e o epicurismo dialético aí implícito foram oferecidos e aceitos como atributos de uma paisagem, um clima e um temperamento barrocos, mas não engalanado. A multiplicação de alusões tipológicas e iconográficas que se encontram em Ministério, Pavilhão, hotéis e Pampulha pode ser lida como reivindicação de herança, em que uma tradição moderna dada por assente se enlaça com a tradição disciplinar mais antiga. A mensagem assinalava uma terra risonha e franca povoada por homens cordiais, com o pé no chão e a mentalidade aberta. Ficção pura, mas enormemente atrativa, "uma amável aparição enviada para ornamento de um momento", como diz o poema de Woodsworth[13].

Concorde-se ou não com esse discurso genérico, é preciso reconhecer que essas realizações impressionam enquanto caracterização apropriada de programa e sítio. É deles que, em última instância, o impulso à diversificação formal extrai legitimidade.

A coluna de seção redonda do Ministério é vestígio clássico adequado à representação monumental; a coluna metálica em H do Pavilhão evoca a realização miesiana em Barcelona; a seção quadrada dos pilares de Ouro Preto se assimila à estrutura de pau-a-pique corrente no entorno; o pau-roliço de Friburgo reforça a rusticidade da implantação. A opção pelo brise no Ministério visava a evitar um aspecto comum de apartamentos[14]. Cortinas de enrolar não propiciariam o mesmo vigor de definição de uma elevação classicamente tripartite. As placas horizontais de cimento no Ministério dão lugar ao brise vertical em treliçado de madeira azul em Ouro Preto, que atende à orientação distinta e presta homenagem à tradição colonial sem deixar de conotar modernidade, como o telhado inclinado de uma água que exibe francamente sua planaridade. Na Capela da Pampulha, o brise é vertical mas de alumínio, toque industrial que atualiza a tradicionalidade do encargo. Nos edifícios profanos da Pampulha, o azulejo é de série; na Capela, integra painel pintado à mão, como nos velhos claustros da Bahia.

O partido do Ministério reforça a hierarquia diferenciada das ruas limítrofes e deixa clara a distinção entre espaços cerimoniais coletivos e espaços de trabalho. O rendilhado e o refrão curvilíneo do Pavilhão tudo devem à ratificação de uma situação[15]. O hotel urbano faz jus ao nome e assume foros de *palace*. O hotel serrano se dá ares de casa-grande e senzala. Na Pampulha, o Cassino é uma *villa* moderna, espelhos e cetins constituindo cenário conforme um ritual mundano. O Iate Clube é casa-barco; a Casa do Baile, um cilindro arcaico. Na Capela, evocações de hangar se mesclam com a linearidade de rememoração religiosa de arco e abóbada.

Alusões palacianas se encontram no Ministério e no Pavilhão, a severidade dórica do primeiro contrastando pertinentemente com a elegância jônica do segundo. A superestrutura do Ministério apresenta-o como um navio cujo fundo é a Baía de Guanabara, metáfora associável não só à locação como a aspiração da instituição de avançar na cristalização de um destino brasileiro. As ambiguidades do Pavilhão são teatrais como convém a uma Feira impermanente e dão testemunho, sem complexo, de um moderno de múltiplos filões, construtivismo e racionalismo italianos compreendidos. O apalacetado do hotel mineiro se contrapõe à rusticidade contemporânea de Friburgo. O garbo masculino do Iate se opõe à rotundidade da Casa do Baile; as curvas da fachada terrestre da Capela são ideograma dos morros circundantes.

A exemplificação não se pretende exaustiva. É suficiente, no entanto, para mostrar a fecundidade de uma caracterização teórica que postulava a boa arquitetura como composição correta com caráter apropriado, assim como um entendimento evolucionário da obra corbusiana. A vanguarda moderna europeia desprezava a palavra composição, porque conotava dependência e manipulação deliberada de precedentes formais. O tabu imposto sobre a caracterização era ainda mais forte, porque esta pedia reconhecimento e manipulação deliberada dos significados convencionais que o tempo e o hábito haviam emprestado àqueles precedentes. Estudos recentes mostram que composição e caracterização não eram necessariamente instrumentos de um conservadorismo esterilizante no século passado. O *corolário brasileiro* demonstra que o mesmo se pode dizer do papel que desempenharam no século 20.

Notas

1. CORBUSIER, Le. *Precisions sur un état present de l'architecture et l'urbanisme*. Paris, Crès, 1930. Versão brasileira: CORBUSIER, Le. Precisões. Sobre um estado presente da arquitetura e do urbanismo. Tradução de Carlos Eugênio Marcondes de Moura. Posfácio Carlos Alberto Ferreira Martins. Coleção Face Norte. São Paulo, Cosac Naify, 2004.

2. COSTA, Lúcio. Razões da nova arquitetura. In XAVIER, Alberto (org.). *Lúcio Costa: sobre arquitetura*. Textos de Lúcio Costa. Porto Alegre, Centro dos Estudantes Universitários de Arquitetura, 1962. Republicado in COSTA, Lúcio. *Lúcio Costa: registro de uma vivência*. São Paulo, Empresa das Artes, 1995.

3. BANHAM, Reynard. *Theory and Design in the First Machine Age*. Londres, Architectural Press, 1960. Versão brasileira: BANHAM, Reynard. *Teoria e projeto na primeira era da máquina*. Tradução de Ana Maria Goldberger Coelho. São Paulo, Perspectiva, 1975.
4. ROWE, Colin. *The Mathematics of the Ideal Villa and other Essays*. Cambridge, The MIT Press, 1978.
5. COLQUHOUN, Alan. *Essays in Architectural Criticism: Modern Architecture and Historical Change*. Cambridge, The MIT Press, 1981.

6. COSTA, Lúcio. Razões da nova arquitetura (op. cit.).
7. ROWE, Colin. Op. cit.
8. COMAS, Carlos Eduardo Dias. Arquitetura moderna, estilo Corbu, Pavilhão Brasileiro. *AU – Arquitetura e Urbanimo*, n. 26, São Paulo, out./nov. 1989, p. 92-101. Artigo republicado no volume 1 desta coletânea.
9. QUATREMÈRE DE QUINCY, Antoine-Chrysostome. *Encyclopédie méthodique*. Paris, 1799.
10. GUADET,. Julien. *Eléments et théorie de l'architecture*. Paris, 1904.
11. Ver COMAS, Carlos Eduardo Dias. Protótipo, monumento, um ministério, o Ministério. *Projeto*, n. 102, São Paulo, ago. 1987, p. 136-149. Artigo republicado no volume 1 desta coletânea; COMAS, Carlos Eduardo Dias. Arquitetura moderna, estilo Corbu, Pavilhão Brasileiro (op. cit.).
12. COSTA, Lúcio. Memória da Universidade do Brasil. In XAVIER, Alberto (org.). *Lúcio Costa: sobre arquitetura*. Porto Alegre, Centro dos Estudantes Universitários de Arquitetura, 1962.
13. A citação é de *She Was a Phantom of Delight*, de William Woodsworth (1770-1850).
14. Idem, ibidem.
15. Idem, ibidem.

artigo 19 paul meurs

MODERNISMO E TRADIÇÃO. PRESERVAÇÃO NO BRASIL[1]

[1995]

A herança cultural do Brasil não foi descoberta por historiadores ou arqueólogos, mas por escritores, arquitetos e artistas plásticos do movimento moderno. Eles foram sobretudo os primeiros a empenhar-se pela conservação de monumentos do passado colonial. A interação entre a preservação histórica e a vanguarda contribuiu para que a arquitetura moderna no Brasil se tornasse irrefutavelmente brasileira. Além disso, significou que a preservação passou a ser importante no contexto da cidade moderna. Lúcio Costa (1902) corporifica a síntese entre tradição e modernidade. Ele projetou a cidade de Brasília (1957) e é considerado o grande mentor da arquitetura moderna brasileira[2]. Um fato menos conhecido é que ele deixou sua marca também na preservação de monumentos.

Em 1924, um grupo de artistas modernistas viajou pelas cidades históricas da antiga região mineradora de Minas Gerais. A viagem foi organizada pelos escritores Mário de Andrade e Oswald de Andrade por ocasião da visita do também escritor suíço-francês Blaise Cendrars ao Brasil. Parece curioso que esses artistas, voltados para o futuro, de repente mostrassem interesse por uma região onde existia apenas um passado meio morto. Passeios a esses lugares esquecidos da história colonial formavam, porém, uma importante fonte de inspiração para a vanguarda.

As cidades mineradoras não eram vistas como algo provinciano e pitoresco, mas como um puro primitivismo na figura do barroco do século 18[3]. A curiosidade vinda da Europa acerca do exótico e do longínquo pôs os brasileiros cara a cara com o que lhes era próprio, porém desconhecido. O passado colonial ofereceu o elo que faltava entre a brasilidade de tribos indígenas que ainda viviam na idade da pedra e a modernidade das cidades de migrantes, como São Paulo. A descoberta da tradição no Brasil teve o mesmo efeito alienador que a ruptura com as tradições havia produzido na Europa[4].

Após a independência em 1822, o Brasil manteve-se fixado por quase um século pela Europa. Os imperadores vinham de Portugal, a arte da França, edifícios pré-fabricados e mercadorias da Inglaterra. Os brasileiros viam seu país como bárbaro e sentiam-se dependentes da Europa para a civilização. Já em 1816 foi levado ao Rio de Janeiro um grupo de artistas franceses. O arquiteto Auguste Grandjean de Montigny, que fazia parte dessa missão, projetou a Escola Nacional de Belas Artes e foi o primeiro a ocupar a cátedra de Arquitetura. O modo extremo como os hábitos europeus eram copiados pode ser ilustrado pelos chalés, sem sentido nos trópicos, que fizeram sua aparição com os neoestilos. A negação da riqueza nativa teve seu exemplo máximo na construção de jardins paradisíacos, como o Jardim Botânico do Rio de Janeiro. Talvez o medo da imponente floresta tropical tenha feito com que se importassem plantas e árvores da Europa, África, Antilhas e Austrália[5]. Mesmo a palmeira-imperial, por excelência o símbolo do jardim do Éden, não pertence à vegetação original. O oásis de civilização humana importada nas cidades brasileiras e ao seu redor era tragado pela natureza igualmente paradisíaca, mas sufocante, do país infinitamente vasto[6].

Também o modernismo brasileiro teve sua origem na Europa. Graças ao interesse da vanguarda europeia pela arte primitiva das tribos africanas e indígenas, a arte nativa apareceu como que naturalmente, e foi-se à procura da força nacional do Brasil. Diversos artistas brasileiros, que após a Primeira Guerra Mundial trabalharam em Paris, *se abrasileiraram*. A pressão por ser nacional era tanta que Mário de Andrade qualificava seus compatriotas que ainda associavam-se à arte internacional ou estrangeira como burlescos[7].

Ele considerava as pessoas que em São Paulo ou Belo Horizonte copiavam as culturas francesa ou alemã menos civilizadas que os índios tupi, que um dia povoaram as costas brasileiras. Oswald de Andrade resumia o problema da identidade brasileira como *tupi or not tupi*[8].

Ao interpretar a desvantagem cultural como um triunfo, Oswald esperava estimular um florescimento das raízes primitivas da cultura brasileira e ao mesmo tempo dar um impulso, a partir do Novo Mundo, à desgastada arte da Europa[9]. A necessidade de reconhecimento na Europa indica que a arte brasileira ainda não tinha condições de sustentar-se independentemente.

A contribuição à identidade nacional de tribos indígenas, que há muito haviam sido erradicadas, permaneceu naturalmente limitada; a influência da Europa e da África era muito mais forte. Com a descoberta da história colonial fez-se justiça a essas origens. Devido à antiga fixação pela Europa, o passado brasileiro pareceu aos modernistas tão novo e original quanto as culturas indígenas. Eles davam, de acordo com visão própria, um significado a esse passado, e viam as cidades mineradoras como símbolo da riqueza nacional, miscigenação cultural e independência. Os trabalhos do escultor e arquiteto mulato Aleijadinho (1730-1814) sintetizam esse espírito; ele tornou-se uma legenda nacional. A brasilidade colonial serviu como modelo para a música, a literatura e a pintura modernas. Assim, a pintora Tarsila do Amaral deu vida, em suas telas, à paisagem desse mundo intacto. Alexandre Eulálio compara *Negra mítica* com *La création du Monde* de Léger e o balé africano de Milhaud e Cendrars[10]. Ao mesmo tempo, o fato da existência de tesouros artísticos em Minas Gerais tocava os modernistas no coração. Tarsila declarou tristemente em Ouro Preto que gostaria de voltar a Paris, desta vez não para trabalhar com Fernand Léger, mas para aprender restauração e assim poder ajudar na conservação de pinturas[11].

O interesse dos arquitetos pelo passado não ia além, nos anos 1920, da imitação de estilos. Principalmente no Rio de Janeiro a arquitetura neocolonial era popular, entre outros motivos, pelos prêmios que José Mariano Filho tinha instituído. Lúcio Costa ligou-se a esse movimento enquanto estudante e construiu alguns projetos neocoloniais Após uma viagem à remota localidade mineradora de Diamantina, em 1922, ele aos poucos concluiu que de fato o neocolonial era tão superficial quanto o abominado ecletismo[12]. Costa procurou mais tarde a verdadeira força da tradição não na aparência externa, mas na funcionalidade, construção racional e sensibilidade pelas circunstâncias locais. Segundo ele, a beleza da arquitetura colonial é determinada pela perfeita simplicidade[13]. O tipo de arquitetura que defendia deveria refletir essa simplicidade, porém sem perder de vista as transformações na sociedade e o processo de produção. Tal arquitetura contemporânea e regional surgiu finalmente sob influência da arquitetura moderna europeia, que acabou encontrando através de diversos caminhos sua entrada no Brasil.

Modernismo, nacionalismo e paternalismo

Somente depois que os modernistas passaram a ganhar influência política é que a arquitetura começou a ter um papel proeminente no movimento moderno brasileiro. Em pouco tempo a arquitetura desenvolveu-se como um dos pilares da cultura nacional. O responsável por isso foi Gustavo Capanema, ministro da Educação e Saúde de Getúlio Vargas de 1934 a 1945. Este jurista de Minas Gerais tinha contatos estreitos com os modernistas; o escritor e poeta Carlos Drummond de Andrade era um amigo de infância que ele nomeou como seu chefe de gabinete. Vargas havia tomado o poder com a Revolução de 1930 e instituiu em 1937 o Estado Novo. A política do governo visava a uma modernização conservadora do país, em que indústria, cultura e tecnologia desenvolveriam-se sob a égide de uma autoridade central[14]. A ambivalência do regime autoritário revela-se pelas realizações de Capanema. De um lado ele era responsável pelo florescimento da arte moderna, construção de universidades e por programas revolucionários no campo de atendimento sanitário e de ensino. Por outro lado era ele quem respondia pela censura, pela propaganda política, pelos movimentos juvenis nacionalistas e pelo fechamento de organizações de oposição.

A primeira realização de Capanema pela arquitetura foi a organização de um concurso público, tendo seu próprio ministério como tema. A segunda foi, por insistência dos modernistas, não considerar o resultado do concurso. A obrigação legal de escolher os arquitetos para projetos de edifícios públicos por meio de concurso foi ignorada, entregando-se a tarefa daquele projeto a Lúcio Costa. Desde um curto e tumultuado período em que havia sido diretor da Escola Nacional de Belas Artes em 1930, Costa passou a ser o líder dos modernistas no Rio de Janeiro. Ele empregou um time de cinco jovens arquitetos e convenceu Capanema e Vargas em 1936 a autorizar a vinda de Le Corbusier ao Brasil, como consultor do projeto. Na verdade, esse projeto não deve ser creditado a estrangeiros. Na sua elaboração aparece o talento de Oscar Niemeyer. Capanema teve mais tarde uma importante participação no desenvolvimento profissional de Niemeyer, pois foi ele quem o pôs em contato com o então prefeito de Belo Horizonte, Juscelino Kubitschek.

A colaboração entre esses dois teria repercussão pelas próximas décadas em diversos projetos, em Minas Gerais e com a construção de Brasília.

Capanema partia do princípio de que o Brasil não poderia ser moderno sem uma identidade nacional[15]. Mesmo que esta já existisse, estava sendo minada com a crescente chegada de imigrantes de países como Itália, Alemanha, Espanha e Japão. Naquele tempo considerava-se pluralidade cultural algo inaceitável e perigoso; integração era caso de segurança nacional. Como resultado desse modo de ver, o nacionalismo brasileiro não teve uma base racista, mas cultural. A política cultural de Capanema teve um papel importante e procurou estimular a historiografia, o folclore, a arte popular, a geografia, a língua portuguesa e os mitos da independência, riqueza natural e futuro utópico (Brasília). O modernismo pôde ser bem utilizado para o desenvolvimento da mentalidade desejada.

Naturalmente, Capanema queria se distanciar das histórias indígenas dos primitivistas. Mas, com o movimento moderno, a brasilidade deveria ser explicada também como católica e portuguesa. Desta forma, projetos modernistas, como a descoberta do passado ou a procura por uma arte brasileira, tornaram-se parte da política nacionalista. A arquitetura recebeu um papel proeminente, porque com ela o progresso das cidades tornava-se visível. Rapidamente viria o reconhecimento internacional, graças ao edifício do ministério de Capanema e ao pavilhão na exposição mundial de 1939, em Nova York[16].

O passado exemplar

Logo após assumir em 1934, Capanema solicitou a Mário de Andrade que fizesse um plano para a proteção da arte brasileira. Ainda faltavam aqui parâmetros legais, apesar de que um ano antes a cidade de Ouro Preto havia sido declarada monumento nacional por decreto presidencial. Mário considerou em sua proposta a conservação cultural como algo bem amplo, incluindo aspectos imateriais, como canto, idioma e folclore. Na lei do Patrimônio Histórico de 1937 definiu-se o patrimônio histórico e artístico de maneira mais prática, como "a totalidade de objetos móveis e imóveis cuja manutenção é de interesse geral, devido a acontecimentos históricos ou a um valor arqueológico, etnográfico, bibliográfico ou artístico excepcional"[17].A ideia era incluir na sociedade moderna imagens e representações. Uma maneira efetiva era a conservação da arquitetura. Edifícios e cidades coloniais ofereciam literalmente espaço à história nacional e serviam como legitimação desses ato[18]. Mário de Andrade seguia estes princípios em seus projetos de conservação cultural no Estado de São Paulo, também focando na tangibilidade da arquitetura. Essa linha foi retomada em 1937 por Rodrigo Melo Franco de Andrade, diretor do Sphan, o Serviço do Patrimônio Histórico e Artístico Nacional[19].

Segundo Rodrigo, o patrimônio brasileiro justificava a reivindicação pelo território nacional[20]. A identidade coletiva faria da população um povo, e do território, uma nação. Para poder proteger um passado nacional, o Sphan deveria antes conceber esse passado. Diferentemente da Europa, não era a história, mas a natureza virgem que proporcionava o contexto em que as relações humanas se formavam. A escassez de monumentos brasileiros não significava para Rodrigo que preservação fosse algo supérfluo. Segundo ele, isso indicava que a cultura não estava cristalizada. O Brasil ainda deveria descobrir-se; era um país em que a história formava um território tão desconhecido quanto a floresta tropical. A preservação histórica poderia apresentar às futuras gerações um espelho de suas origens e se mostraria como sinal de civilização ao resto do mundo. Apesar da sua simplicidade, os monumentos reforçariam o sentimento de autoestima. Rodrigo: "A poesia de uma igrejinha do tempo colonial significa mais para nós do que o Partenon"[21].

A história nacional criada pelo Sphan enfatizou o período relativamente curto da descoberta de ouro no Estado de Minas Gerais. José Reginaldo

Gonçalves fala da criação de um "passado exemplar"[22]. O Sphan defendia a herança histórica sempre apontando para uma ameaçadora "perda irreparável". Evidentemente existia algo, como uma antiga coleção, que corria perigo. Essa argumentação é curiosa porque este chamado passado íntegro havia sido inventado por eles próprios. A versão do Sphan de "identidade nacional" era, de fato, nada menos que a ideia de que esta se perderia[23]. A ênfase em Minas tem a ver sobretudo com ponderações políticas. Ao fim do século 18, aconteceu lá uma revolta contra Portugal, que mais tarde seria explicada como um momento decisivo para o Brasil. As cidadezinhas mineradoras passaram a ser protegidas como testemunhas caladas da Inconfidência Mineira. Outros argumentos para cuidar dos monumentos de Minas com mais desvelo eram o significado simbólico do ouro e o fato de que políticos influentes, entre eles Capanema, vinham de lá. Em 1982, da lista de monumentos nacionais, 70% encontrava-se em Minas. A arquitetura religiosa, por motivos similares, era fortemente representada, com 40% do total dos monumentos.

Graças aos modernistas, o Sphan não se tornou uma organização romântica ou conservadora. Pelo contrário, a preservação visava a contribuir para a cidade moderna. Arquitetos como Lúcio Costa, Affonso Eduardo Reidy, Carlos Leão ou José Reis usaram o Sphan para fortalecer suas posições. A ligação com o passado legitimava o modernismo. Este se tornou mais brasileiro que o movimento concorrente *beaux-arts*. Costa comparou o pau-a-pique com concreto armado, e descreveu as insignificantes casas coloniais em termos líricos como um tipo de arquitetura moderna *avant la lettre*[24]. Em novos projetos apareciam elementos tradicionais, como azulejos pintados (por Portinari, entre outros) e treliças de madeira. Oscar Niemeyer era de preferência apresentado como o Aleijadinho contemporâneo. A atenção obsessiva de ambos pelas curvas sensuais era considerada pelos brasileiros como algo autenticamente nacional.

A procura de uma síntese entre passado e presente, principalmente por Lúcio Costa, pode ser encontrada nas conclusões do congresso Ciam de Atenas, em 1933. Além de moradia, lazer, trabalho e trânsito, os sítios históricos formavam o quinto ponto daquele manifesto. O Ciam pronunciou-se pela conservação de objetos históricos quando estes como "pura expressão de uma forma de vida precedente forem de interesse geral"[25]. Naturalmente, as exigências de uma habitação popular (higiênica) tinham prioridade, e a conservação não poderia deter o desenvolvimento, obstruindo o crescimento do sistema viário ou o deslocamento de pontos negros da vida da cidade. O congresso sentenciou que novas construções em centros históricos nunca deveriam ser uma adaptação estética e aconselhou, do ponto de vista de higiene, a demolição de moradias deterioradas ao redor de monumentos históricos e a substituição por áreas verdes. Este parágrafo do manifesto do Ciam encaixou-se perfeitamente com o caráter regional do modernismo no Brasil. As intervenções do Sphan seriam, por influência de Costa, determinadas por décadas pelo espírito desse manifesto.

Projetos

A partir de suas consultorias ao Sphan, conclui-se que Lúcio Costa via de três maneiras o papel dos monumentos protegidos na vida moderna.

Primeiramente, ele procurava um modo adequado para expressar o significado simbólico de monumentos em ruínas ou mesmo daqueles já desaparecidos. Em segundo lugar, era de opinião de que um monumento é antes uma obra de arte que um documento histórico, e que por isso deve-se aceitar a presença de outras obras de arte (contemporâneas), mas não de construções novas historicizadas. Em terceiro lugar, fazia uma distinção entre cidades puramente históricas e história na cidade moderna. Em um caso se poderia introduzir objetos à velha estrutura; no outro caso os elementos históricos deveriam ser incorporados ao novo contexto. Costa não defendia por si só a conservação de centros históricos, mas olhava pelo que poderia ser usado na cidade moderna. É interessante notar que ele insistiu desde o início na conservação de casas em sua forma mais primitiva, e não considerava os estilos importados do século passado importantes[26]. Em trabalhos de restauração, as modificações posteriores feitas em janelas, coberturas e ornamentos eram sempre desfeitas para que se restabelecesse o estado original.

No projeto para um museu próximo às ruínas de São Miguel das Missões (1937), Costa relembrou a tentativa dos jesuítas de civilizar os índios[27]. Há muito tempo as aldeias missionárias na região de fronteira com Argentina e Paraguai foram destruídas, e os padres tiveram de deixar a colônia. A igreja em ruínas de São Miguel foi praticamente a única que restou. O local simboliza atualmente a convivência pacífica de europeus e indígenas. O museu guarda o resultado artístico dessa simbiose. No edifício estão representados os blocos de moradias e a concepção de traçado da aldeia. Com um único volume, Costa mostra o que desapareceu, sem de fato tê-lo reconstruído. O museu fica sobre os eixos dos blocos de moradias dos índios. Existem quatro salas, tendo cada uma as dimensões de uma dessas moradias. As fachadas anterior e posterior são substituídas por um painel de vidro. O edifício toma um canto da praça que ficava em frente à igreja, fazendo com que se sinta o tamanho da praça.. De longe parece histórico, com o telhado e a arcada, que foi construída usando-se velhas colunas. De perto, porém, os painéis de vidro chamam a atenção. Interessante é a casa com pátio do administrador, que de fora parece apenas um volume de pedras fechado.

Uma outra proposta de Costa para tornar visível o passado desaparecido envolve um fragmento da Escola Nacional de Belas Artes no Rio de Janeiro, demolida em 1938. O Sphan havia guardado o pórtico central da fachada pensando em reconstrui-lo em algum outro local da cidade. Por proposta de Costa, isto aconteceu no eixo de uma alameda de palmeiras no Jardim Botânico, contra um fundo de verde crescente. Ao colocar a fachada demolida não no tecido urbano, mas em um parque, não se fez uma preservação apenas aparente. Os restos da escola neoclássica sendo colocados no paradisíaco jardim estão em seu lugar certo, pois ambos pertencem ao legado cultural do rei Dom João VI. O projeto tem um traço irônico: a Escola de Belas Artes, tão vilipendiada pelos modernistas, foi literalmente relegada à floresta. Nesse mesmo período, o símbolo do modernismo, o prédio do Ministério da Educação, que os brasileiros juntamente com Le Corbusier haviam projetado para Capanema, tinha seu lugar na lista de monumentos tombados apenas três anos após sua inauguração. Como motivo o Sphan alegou, por meio de Rodrigo, que o edifício era visto mundialmente como um "passo decisivo na história da arquitetura universal"[28].

Novas obras de arte características que surgiram com o aconselhamento de Costa em pequenas cidades históricas são, por exemplo, a caixa d'água de Olinda, de Luis Nunes (1937) e um hotel em Ouro Preto, de Oscar Niemeyer (1942). A caixa d'água une-se à silhueta de Olinda como um impassível volume branco entre uma dúzia de torres de igrejas, no ponto mais alto da cidade. Também o hotel integra-se, com seu telhado colonial e os materiais tradicionais, na visão panorâmica de Ouro Preto, sem parecer histórico. A articulação espacial é contemporânea e o prédio apresenta uma quantidade de detalhes modernos. Segundo Costa, foi uma surpresa que Niemeyer tivesse recebido esse projeto, porque ele não era particularmente conhecido por integrar cuidadosamente a história em seus edifícios. A amizade entre Rodrigo e Niemeyer explica porque mesmo assim ele foi convidado pelo Sphan. O projeto foi adaptado ao contexto histórico por indicação de Costa.

O que a preservação histórica pode ou não atingir em uma metrópole se vê no Rio de Janeiro. A cidade tem uma rica história como Capital colonial, real, imperial e republicana. Com as obras de ampliação, produto do crescimento de toda grande cidade, o Sphan não se incomodou ao menos em tentar evitar a demolição de uma grande quantidade de monumentos. Diversos edifícios e bairros foram demolidos, com o consentimento do Sphan. Todavia em cada novo plano urbanístico consideravam-se os monumentos. Dessa forma, objetos que foram poupados puderam aparecer em um entorno completamente modificado. Isto aconteceu principalmente com igrejas que se tornaram pontos de referência na nova cidade. A igreja de Santa Luzia, por exemplo, fica no meio de arranha-céus, entre eles o Ministério da Educação. Segundo a arquiteta Ceça de Guimarães, do Sphan, o prédio ganhou destaque desta forma, porque antes ele desaparecia com as montanhas de fundo. Também a igreja da Candelária ganhou um novo contexto. Todos os quarteirões em volta foram derrubados para a construção de uma larga avenida (av. Presidente Vargas). A igreja está agora, de costas, no eixo dessa avenida quilométrica. As vias de trânsito do aterro do Flamengo, que passam ao longo da Baía de Guanabara, têm como ponto de referência a igreja da Glória no cume do morro. No tempo da construção dessas vias, o Sphan comprou as casas vizinhas e as demoliu, para que a vista do monumento fosse desobstruída. Lúcio Costa e Roberto Burle Marx redesenharam o entorno, e antigos muros do embarcadouro passaram a ser usados como escadarias.

No projeto de Affonso Eduardo Reidy de 1948 para a Esplanada de Santo Antônio encontram-se modernismo e preservação histórica de modo espetacular[29]. Reidy queria fazer um projeto corbusiano para o imenso terreno que apareceria com a derrubada de um morro, com vias elevadas, um nível de pedestres e uma concentração de edifícios altos. Nesse grande centro urbano, Le Corbusier projetaria o Museu da Cidade. Os monumentos existentes estariam pomposamente expostos ao longo do nível dos pedestres: o aqueduto (Arcos da Lapa), o Mosteiro de Santo Antônio, a igreja da Lapa e o Passeio Público. Reidy queria inclusive estender o nível de pedestres até as ruazinhas coloniais próximas. Assim, uma parte da malha urbana histórica seria mantida, com perspectivas econômicas favoráveis.

Desse plano realizou-se muito pouco. A região ainda está um pouco indefinida, porém os monumentos permanecem conservados. No confuso contexto de demolição e altos edifícios, eles trazem um sentido de direção e alguma profundidade histórica.

Preservação e poder

Nos anos 1960 diminuiu a influência dos modernistas sobre o patrimônio histórico no Brasil. O papel deles no Sphan tem sido criticado atualmente[30]. Eles são considerados culpados pelo fato de a preservação histórica ter se limitado ao passado exemplar, enquanto aspectos como terreiros de umbanda e arquitetura do século 19 foram negligenciados. Reprova-se também o fato de que, em trabalhos de restauração, todos os elementos acrescentados aos edifícios coloniais posteriormente tenham sido removidos. Na Europa sucedia então, porém, praticamente o mesmo. Os tradicionalistas também protegiam apenas uma pequena seleção de monumentos e corrigiam a história. Os brasileiros diferenciavam-se, entretanto, por sua concepção sobre harmonia, que levava a acréscimos ingênuos, e na qual o antigo mantinha o seu valor. Uma outra diferença foi a estratégia de envolver a preservação histórica nos planos de saneamento. Devido a isto, o Rio de Janeiro manteve uma surpreendente quantidade de conjuntos históricos incorporados ao centro metropolitano. A compatibilização entre renovação e conservação tornou efetiva a preservação histórica no Brasil.

A colocação de objetos em um espaço moderno significava, no entanto, que o Sphan deixava de lado espaços históricos. No Rio de Janeiro nota-se isso na Praça XV, talvez a praça mais histórica do Brasil. Lá ainda estão importantes monumentos, como o Palácio Imperial e a igreja do Carmo, mas da praça propriamente dita pouco restou depois da construção de dois *boulevards*, uma via elevada e uma passarela, de resto supérflua. As fachadas que davam para a praça foram destruídas e a relação com a Baía de Guanabara desapareceu da vista. Logo atrás do palácio foi construído o Edifício Cândido Mendes, com concordância do Sphan. A torre negra dificilmente pode ser considerada como um complemento artístico do palácio. O fato de que Costa elogiou a construção deste colosso no âmbito da preservação ilustra o uso impróprio do passado autorizado. O Sphan tinha o poder de dizer onde poderia ser demolido ou construído, e onde não. A organização poderia parecer ideal, mas fazia parte do jogo de poderes político e econômico.

Os modernistas serviam simultaneamente à preservação histórica, à cidade moderna e a seus interesses próprios. Em locais onde o Sphan autorizava demolições, frequentemente eram construídos projetos de arquitetos que davam consultoria ao mesmo Sphan. Naturalmente, a ordem estabelecida tinha interesses além de manter as igrejas coloniais e acertar as contas com o século 19, apesar de este talvez refletir melhor a miscigenação cultural. Agora que a preservação no Brasil tenta soltar-se do modernismo, há mais atenção para as artes africana e eclética e desaparece o interesse pelo passado recente. Desta forma, passa-se ao largo de um dos períodos mais importantes da cultura nacional. O Brasil sofre de um problema típico do Novo Mundo: a cultura tem na verdade raízes universais, mas o país tem de privar-se de um passado civilizado. A brasilidade é, assim, condenada ao futuro, e esta era exatamente a mensagem do modernismo.

Notas

1. A pesquisa feita no Brasil foi possível graças aos subsídios da Fundação para Artes Visuais, Design e Arquitetura de Amsterdã. Este artigo foi baseado em parte nas entrevistas com Lúcio Costa, Cêça de Guimarães, Oscar Niemeyer, Margareth da Silva Pereira, Cecília Rodrigues dos Santos, Hugo Segawa, Vladimir Stello e Matilde Villegas. Tradução de Maurício Masson, a partir do original holandês.

2. Ver, entre outros: PETRINA, Alberto. Uma inspiração latino-americana. *AU – Arquitetura e Urbanismo*, n. 38, São Paulo, out. 1991, p. 61-68; KATINSKI, Júlio. Lúcio Costa. *Revista do Instituto de Estudos Brasileiros*, n. 12, São Paulo, 1972, p. 33-58.

3. Observação de Brito Broca (1952). *Apud* SANTIAGO, Silvio. Permanência do discurso da tradição no modernismo. In BORNHEIM, Gerd et al. *Cultura brasileira. Tradição/contradição*. Rio de Janeiro, Jorge Zahar, 1987, p. 124-125.

4. LUCAS, Fábio (1928). O cinquentenário de uma revolução (publicado originalmente na *Veja SP*, 1978). In XAVIER, Alberto (org.). *Arquitetura moderna brasileira: depoimento de uma geração*. São Paulo, Pini, 1987, p. 15.

5. REGO, José Lins do. O homem e a paisagem. In XAVIER, Alberto (org). Op. cit., p. 300. Publicado originalmente in *L'Architecture d'Aujourd'Hui*, n. 42/43, Paris, 1952.

6. PEREIRA, Margareth da Silva. A arquitetura brasileira e o mito: notas sobre um velho jogo entre afirmação-homem e presença-natureza. *Gávea*, n. 8, Rio de Janeiro, PUC-Rio, dez. 1990, p. 2-21. Artigo republicado no volume 1 desta coletânea.

7. ANDRADE, Mário de. *Ensaio sobre a música brasileira*. São Paulo, I Chiarato & Cia. Editores, 1928.

8. ANDRADE, Oswald de. Manifesto antropofágico (1928). In TELES, Gilberto Mendonça. *Vanguarda europeia e modernismo brasileiro*. Rio de Janeiro, Record, 1987, p. 353.

9. SCHWARTZ, Roberto. Nacional por subtração. In BORNHEIM, Gerd. Op. cit., nota 2, p. 100.
10. EULÁLIO, Alexandre. *Blaise Cendrars, Etc..., etc... (um livro 100% brasileiro)*. São Paulo, Perspectiva, 1976, p. 93.
11. Cf. ANDRADE, Mário de. Crônicas de Malazarte VIll (1924). Apud BATISTA, Marta Rossetti et al. *Brasil, 1º tempo modernista 1917-1929*. Documentação S. Paulo. São Paulo, IEB, 1972, p. 111.
12. COSTA, Lúcio. Uma escola viva de Belas-Artes (1931). In XAVIER, Alberto (org.). Op. cit., nota 3, p. 47-51.
13. COSTA, Lúcio. Depoimento de um arquiteto carioca (1951). In XAVIER, Alberto (org.). *Lúcio Costa: sobre arquitetura*. Textos de Lúcio Costa. Porto Alegre, Centro dos Estudantes Univertários de Arquitetura, 1962, p. 169-201.
14. SCHWARTZMAN, Simon et al. *Tempos de Capanema*. Rio de Janeiro, Paz e Terra, 1984, p. 19.
15. ORTIZ, Renato. *A moderna tradição brasileira*. São Paulo, Brasiliense, 1988, p. 35.
16. O Pavilhão Brasileiro para Nova York foi confiado a Costa e Niemeyer. A abertura internacional para a arquitetura brasileira veio com a exposição no Museu de Arte Moderna de Nova York em 1943 e a publicação-catálogo de GOODWIN, Philip. *Brazil Builds. Architecture New and Old*. Nova York, MoMA, 1943.
17. Decreto-Lei n. 25, 30 nov. 1937. Organização e proteção do patrimônio histórico e artístico nacional.
18. RUBINO, Silvana. Gilberto Freyre e Lúcio Costa, ou a boa tradição. *Óculum*, n. 2, Campinas, PUC-Campinas, 1992, p. 78. Artigo republicado no volume 1 desta coletânea.
19. O Sphan – Secretaria do Patrimônio Histórico e Artístico Nacional – foi fundado em 1937 para implementar a lei sobre edifícios históricos e monumentos antigos. A instituição veio a ser posteriormente Departamento, Instituto, Secretaria e, de novo, Instituto do Patrimônio Histórico e Artístico Nacional – Iphan, como se chama atualmente.
20. Apud LEITE, João de Souza (ed.). *Rodrigo e o Sphan*. Rio de Janeiro, MinC-Sphan, 1987, p. 21.

21. ANDRADE, Rodrigo Mello Franco de. Defesa de nosso patrimônio artístico e histórico (1936). In LEITE, João de Souza (ed.). Op. cit., p. 48.

22. GONÇALVES, José Reginaldo. *Rediscoveries of Brazil: Nationalism and Historic Preservation as Narratives*. Charlottesville, University of Virginia, 1990, p. 93.

23. Idem, ibidem, p. 121.

24. Diamantina. *AU – Arquitetura e Urbanismo*, n. 38, São Paulo, 1991, p. 48; COSTA, Lúcio. Documentação necessária (1937). *MEC-Iphan Arquitetura civil II*. São Paulo, USP, 1975, p. 89-98.

25. In WOULD, Auke van der. *Het Nieuwe Bouwen Internationaal*. Delft DUP, 1983, p. 166-167.

26. COSTA, Lúcio. Documentação necessária (op. cit.), nota 23, p. 93; Razões da nova arquitetura (1931). In XAVIER, Alberto (org.). *Lúcio Costa: sobre arquitetura*. Op. cit., nota 4, p. 34.

27. COSTA, Lúcio. A arquitetura jesuítica no Brasil (1941). *Arquitetura religiosa*. Rio de Janeiro, MEC/Iphan, p. 9-98; LEAL, Fernando Machado. São Miguel das Missões, estudo de estabilização e conservação das ruínas da igreja. *Revista do Instituto do Patrimônio Histórico e Artístico Nacional*, n. 19, Rio de Janeiro, 1984, p. 71-96.

28. ANDRADE, Rodrigo Mello Franco de. Zelar pelo patrimônio é obrigação constitucional. In LEITE, João de Souza (ed.). Op. cit., nota 19, p. 40.

29. REIDY, Affonso Eduardo. Estudo de urbanização da área resultante do desmonte do Morro de Santo Antônio. *Revista da Prefeitura do Distrito Federal*. Volume 14, n. 4, Rio de Janeiro, 1942, p. 204-210. Esse projeto foi descrito em MEURS, Paul. Rio de Janeiro, proeftuin van modernistische stedebouw. *Archis*, n. 5, Roterdã, 1992, p. 39.

30. Ver por exemplo MOTTA, Lia. Sphan em Ouro Preto, uma história de conceitos e critérios. *Revista do Patrimônio Histórico e Artístico Nacional*, n. 22, Rio de Janeiro, 1987, p. 108-122; GONÇALVES, José Reginaldo. Op. cit., nota 21.

artigo 20 nabil bonduki

HABITAÇÃO SOCIAL NA VANGUARDA DO MOVIMENTO MODERNO NO BRASIL

[1996]

Passados quase sessenta anos do início da produção dos conjuntos habitacionais dos Institutos de Aposentadoria e Pensões, eles ainda não receberam um estudo aprofundado revelando sua importância na arquitetura moderna brasileira.

Apenas a falta de destaque que o tema da habitação social tem tido no estudo da história da arquitetura brasileira e que os aspectos ligados à arquitetura e urbanismo têm tido nas análises referentes à política habitacional pode explicar esta lacuna, a qual temos procurado cobrir por meio de um amplo trabalho de pesquisa, que teve como um de seus produtos a tese de doutorado *Origens da habitação social no Brasil*[1], base da reflexão aqui desenvolvida.

A exceção são os famosos e amplamente divulgados conjuntos habitacionais projetados por Reidy – Gávea e Pedregulho – realizados no início dos anos 1950, sob promoção do Departamento de Habitação Popular da Prefeitura do Distrito Federal. Apontados nos compêndios como obras de exceção, elas são, ao nosso ver, integrantes de uma produção muito mais ampla de projetos habitacionais, de grande interesse do ponto de vista da arquitetura e do urbanismo. Os carros-chefe desta produção foram os empreendimentos realizados dos IAP's.

Embora Pedregulho se destaque pelo caráter inovador, sua repercussão tendeu a obscurecer outras realizações, no marco de um *ciclo de projetos de conjuntos habitacionais* de grande relevância para a arquitetura brasileira. Sobre este aspecto, vale citar uma declaração da engenheira Carmen Portinho que, como diretora do Departamento de Habitação Popular do Distrito Federal, foi responsável pela obras do conjunto: "Pedregulho foi feito para chamar a atenção do mundo inteiro. Só assim, aqui no Brasil, aceitariam a ideia. Le Corbusier, em sua visita de 1962, fez os maiores elogios: "Fiquei admiradíssimo, nunca tive ocasião de realizar obra tão completa, dentro dos meus princípios, como vocês realizaram. Isso chamou a atenção de nossos administradores, porque nos projetou internacionalmente. Ninguém faz milagres dentro de casa"[2]. A tática deu certo. Lamentavelmente os historiadores da arquitetura brasileira não perceberam que Pedregulho não foi uma obra isolada, mas colheu o resultado de uma série de projetos e obras anteriores, elaboradas no período de 1937-50, que enfrentaram o problema habitacional de uma forma totalmente inovadora em relação ao que se fazia anteriormente no país, incorporando os princípios do movimento moderno.

Neste *ciclo de projetos habitacionais*, as obras de Reidy não são intervenções isoladas de um arquiteto com visão social, como muitos o tem caracterizado, mas resultado de um processo de reflexão e produção sobre o tema – que desde a década de 1930 vinha se elaborando principalmente no âmbito dos IAP's –, influenciadas pelas realizações europeias dos anos 1920 e consolidadas nos primeiros Ciam.

Nestes projetos, estão presentes as propostas do movimento moderno para a habitação social, como grandes conjuntos habitacionais racionalizados e soluções verticalizadas e multifamiliares, com a adoção de blocos de apartamentos, unidades de habitação, apartamentos em duplex, utilização de pilotis e teto-jardim destinados a equipamentos comunitários, racionalização do projeto urbanístico e do processo construtivo, etc.

Embora uma parte dessas soluções formais tenha sido incorporada no repertório do BNH, a partir de 1964, isso se deu de maneira totalmente desarticulada com os pressupostos e a visão de mundo formulada pelo movimento moderno, orientada apenas pela preocupação de dar trabalho para a indústria da construção civil.

O resultado foi a introdução de um racionalismo formal, em que a despreocupação com o projeto de arquitetura e urbanismo gerou obras e conjuntos habitacionais de baixa qualidade, desgastando várias das propostas de habitação social defendidas pelo movimento moderno. A análise da produção do período anterior a 1964 mostra, no entanto, que as ácidas críticas aos conjuntos habitacionais de inspiração moderna devem ser mais bem balizadas, avaliando-se os projetos e obras que se situam nas origens da implantação da habitação social no Brasil.

Vargas e a origem da habitação social no Brasil

O período de Vargas marca o surgimento da habitação social no Brasil. Abandonando o liberalismo, o Estado brasileiro passa a interferir no mercado habitacional, regulamentando as relações entre locadores e inquilinos e produzindo ele próprio a habitação por meio de autarquias estatais. Marcos importantes dessa intervenção foram o Decreto-Lei do Inquilinato de 1942, que congelou os aluguéis até

1964; a criação das Carteiras Prediais dos Institutos de Aposentadorias e Pensões (IAP's), a partir de 1937, que tornaram esses órgãos as primeiras instituições públicas de caráter nacional a produzirem, em número significativo, habitação social; e, finalmente, a criação da Fundação da Casa Popular em 1946, primeiro órgão destinado exclusivamente a enfrentar o problema da moradia.

Com essas medidas, o governo Vargas seguiu uma tendência internacional no período, que recomendava ação estatal para controlar os aluguéis e produzir habitação. Acabou por transferir o ônus do investimento necessário para produzir habitação para o setor público e para o próprio trabalhador, agindo, conscientemente ou não, para reduzir o custo de reprodução da força de trabalho[3].

Do ponto de vista da arquitetura, os conjuntos habitacionais dos IAP's merecem destaque pela qualidade e dimensão dos projetos, criando novas tipologias, propostas urbanísticas inovadoras e difundindo um novo modo de morar.

O resultado da produção habitacional do período mostra que existiam plenas condições no Brasil dos anos 1940 e 1950 para se implementar uma massiva produção de habitação social, de excelente qualidade. Erros governamentais impediram esse caminho e reduziram a potencialidade da produção habitacional realizada no populismo. Mesmo assim, não foi pouco o que se fez e o que se inovou.

Expressão quantitativa da produção de habitação social no populismo

Tornou-se corrente a opinião de que a produção habitacional realizada pelo poder público no período populista foi insignificante e inexpressiva. Essa noção formou-se, basicamente, a partir da constatação do baixo número de unidades habitacionais construídas pelos IAP's e pela FCP em comparação tanto com as necessidades do país como com a produção do BNH, no pós-64. Num período de 27 anos, entre 1937 e 1964, excluindo-se os financiamentos de classe média, os IAP's e a FCP produziram cerca de 142 mil unidades habitacionais, em 422 conjuntos habitacionais e financiamentos para a construção isolada da casa própria, ou seja, pouco mais de 5,3 mil por ano, em média.

Produção habitacional IAP's e FCP (1937-64)

	Conjunto Habitacional	**Financiamento à construção da casa própria**	**Total**
Institutos de Aposentarias e Pensões	47.789	76.236	124.025
Fundação da Casa Popular	18.132	–	18.132
Total (Governo Federal)	65.921	76.236	142.157

O número parece baixo em termos absolutos; relativamente, entretanto, as 142 mil unidades habitacionais construídas pelos IAP's e FCP beneficiaram uma população aproximada de 852 mil pessoas, ou quase 10% da população que vivia em 1950 nas cidades brasileiras com mais de cinquenta mil habitantes. O número não é, portanto, tão inexpressivo, pois prefeituras e estados também atuaram em habitação social, e parte da promoção privada para a classe média também foi financiada por instituições públicas.

O impacto da ação governamental em algumas das principais cidades brasileiras foi enorme. É o caso do Rio de Janeiro, capital e principal centro urbano do país. Apenas os IAP's construíram, em conjuntos habitacionais, entre 1945 e 1950, cerca de 26% do total de moradias que receberam habite-se na capital[4]. Entre 1940 e 1960, a população do Rio de Janeiro teve um incremento de 1,7 milhões de pessoas ou aproximadamente 280 mil famílias; a produção viabilizada pela intervenção pública (incluindo ainda os financiamentos destinados à classe média e os conjuntos habitacionais realizados pela prefeitura, como Pedregulho e Gávea) atinge em torno de 65 a setenta mil unidades, ou seja, quase um quarto do total de novas necessidades de moradia no Rio de Janeiro.

O período de 1946 a 1950 destaca-se como de grande produção: construíram-se 73 mil unidades (14.500 por ano). O número é significativo, revelando que se o ímpeto do período tivesse se mantido, o impacto da ação governamental seria muito expressiva.

No entanto, a falta de uma política habitacional que envolvesse uma estratégia de produção e financiamento com regras capazes de garantir um retorno adequado aos investimentos realizados, precavendo-se contra a inflação crescente, tornou a intervenção pública cada vez mais insignificante.

A influência do movimento moderno: o pioneirismo de Rubens Porto e Carlos Frederico Ferreira

> O problema a resolver consiste no projeto de uma vila de 2.000 moradias econômicas a serem construídas em série por processos racionalizados. Parece-nos que a solução que se impõe no caso é a das *neighbour-hood unit cells*, isto

> é, dos conjuntos urbanos que a si mesmo se bastam. Em cada um deles os seus habitantes devem encontrar tudo o que precisam – exceto o trabalho – cada unidade celular possuirá, pois, sua escola, a sua igreja, os seus playgrounds, o seu comércio. Dentro de cada unidade não haverá em regra senão o tráfego pedestre[5].

A análise da concepção técnica dos IAP's mostra a existência de concepções e diretrizes formuladas por uma burocracia estatal, fortemente influenciadas pelo debate internacional sobre a questão.

Em 1938, o arquiteto Rubens Porto, assessor técnico do Conselho Nacional do Trabalho, escreveu o livro *O problema das casas operárias e os Institutos e Caixas de Pensões*, no qual alinhavava diretrizes para projetos habitacionais, importante fonte de conhecimento do estágio de reflexão e proposição presente no interior do aparelho estatal.

Ligado à Igreja Católica, Porto enfatizava as íntimas relações entre a casa e a família. No entanto, superava a preferência conservadora pelas casas unifamiliares e adotava as soluções modernas na edificação de conjuntos habitacionais. Técnico encarregado pelo ministério de dar parecer sobre a normatização das regras de atuação dos IAP's, Porto defendia:

- a construção de conjuntos habitacionais segregados do traçado urbano existente;
- a opção pela construção de blocos;
- limite para a altura dos blocos;
- a utilização dos pilotis;
- adoção do duplex;
- os processos de construção racionalizados e a edificação de conjuntos autárquicos;
- a articulação da construção de conjuntos habitacionais com planos urbanísticos;
- a entrega da casa mobiliada, de forma racional.

Porto fazia parte do grupo de reformadores sociais do Ministério do Trabalho defensores de uma maior intervenção do Estado na questão da habitação. Seu livro talvez seja o primeiro trabalho sistemático a estabelecer diretrizes para esta ação, em particular no que se refere a normas de projeto de conjuntos habitacionais a serem implementados pelo poder público. Certamente exerceu influência sobre a ação dos Institutos.

Estes elaboravam com muito cuidado seus projetos e obras, pois consideravam os conjuntos um patrimônio, tendo criado seções de arquitetura e engenharia que desenvolveram propostas para uma produção massiva de moradias. Foram, certamente, os primeiros departamentos técnicos públicos de habitação social no Brasil.

Dentre os arquitetos que participaram desse processo, Carlos Frederico Ferreira é um dos mais importantes. Formado na mesma turma de Niemeyer, foi chefe do setor de arquitetura e desenho do IAPI desde a criação das Carteiras Prediais em 1938 até sua extinção em 1964. Autor, no final da década de 1930, do projeto do primeiro grande conjunto habitacional do país, o Núcleo Residencial do Realengo, no Rio de Janeiro, desenvolveu também o projeto do conjunto de Santo André e de diversos outros edifícios do Instituto.

Segundo Ferreira, em depoimento ao autor, os presidentes do IAPI, os engenheiros Plínio Castanhede e Pedro Alim, tiveram um papel decisivo na ação habitacional do órgão. Foram eles que, pessoalmente, escolheram os arquitetos encarregados dos projetos e deram-lhes total autonomia. Arquitetos como de Attílio Correa Lima, MMM Roberto, Eduardo Kneese de Melo e

Paulo Antunes Ribeiro, entre outros, projetaram para o IAPI.

Ferreira ressalta o papel de Castanhede na proposta de conjuntos de grande dimensão iniciado por Realengo, com mais de duas mil unidades, solução inédita numa época em que "ninguém pensava em empreendimentos com mais de duzentas casas". Mas também destaca sua própria contribuição na ampliação do conceito de habitação: "Habitação para eles era fazer casa, aquela casa dois quartos e sala e está acabado. Pronto, o resto vem depois! Mas eu não; queria fazer habitação mesmo, habitação como eu achava, com escola, edifício de apartamento com comércio. Eu previ até um circo!".

A expressão do IAPI: na vanguarda da produção de habitação social

> Dei instruções ao Ministério do Trabalho para que, sem prejuízo das construções isoladas onde se tornarem aconselháveis, estude e projete grandes núcleos de habitações modestas e confortáveis. Recomendei, para isso, que se adquiram grandes áreas de terrenos e, se preciso, que se desapropriem as mais vantajosas; que se proceda à avaliação das mesmas; que se levem em consideração as mesmas; que se levem em consideração os meios de transporte para esses núcleos; que se racionalizem os métodos de construção; que se adquiram os materiais, diretamente, do produtor; tudo, enfim, de modo a se obter, pelo menor preço, a melhor casa[6].

Coerentemente com a vontade do ditador, a grandiosidade parece ter sido uma das marcas da ação dos Institutos. Apenas o Instituto de Aposentadoria dos Industriários (IAPI) tinha, até 1950, elaborado projetos para 36 conjuntos habitacionais, alguns de enormes dimensões para a época (mais de cinco mil unidades), totalizando 31.587 mil unidades em treze Estados brasileiros, vários dos quais nunca chegaram a ser inteiramente concluídos. Entre 1948 e 1950, o IAPI importou 1,33 milhão de sacas de cimento. Provavelmente, o IAPI construiu ou financiou, na década de 1940, o maior volume de obras de construção civil que um único órgão ou empresa havia edificado, até então, em todo o país, somando 17.725 mil unidades habitacionais de interesse social em conjuntos de propriedade do Instituto. Incluiu ainda escolas e outros equipamentos comunitários, 7.940 mil imóveis financiados para moradia de associados, 4.942 mil unidades habitacionais de classe média financiadas pelo Plano C, localizados em 663 edifícios de apartamentos (incorporações), além do financiamento para a construção de 1.161 mil unidades habitacionais em conjuntos residenciais de empregadores, vinte hospitais, quinze sedes de sindicatos, 26 edifícios de lojas e escritórios e dez instituições educativas[7].

Frente a esta magnitude de intervenção, desenvolveu-se nos IAP's, sobretudo no IAPI, uma concepção consistente sobre a habitação social, que orientou a produção do período, marcada pela preocupação com a economia e a racionalidade do projeto e dos processos construtivos. As diretrizes e pressupostos adotados pelo IAPI surpreendem e mostram que, em 1950, esse órgão tinha atingido maturidade institucional na intervenção habitacional, baseada em conhecimento teórico e experiência concreta.

As diretrizes habitacionais do IAPI, a sistematização no relatório do órgão de 1950, obedeceram o repertório do movimento moderno. Defendia-se a criação, junto às moradias, de escolas, serviços de assistência médica, centros comerciais, estações de tratamento de esgoto, etc, além do reforço das redes de abastecimento de água. Buscando o melhor aproveitamento dos recursos e a economia optava-se explicitamente por "moradia em edifícios coletivos". Para o IAPI, "a construção em série, apresentando características de produção industrial, possibilita a obtenção de custos baixos, sem prejuízo de um padrão construtivo satisfatório. [...] a concentração em altura permite a diminuição do valor da cota-parte do terreno e da urbanização"[8].

Criticava-se a "solução baseada pela moradia individual, construída no centro do terreno", que devia ser evitada pois implicaria numa expansão horizontal da cidade, onerosa: "Os gigantescos núcleos, constituídos por filas intermináveis de casas, obrigam à criação de oneroso e complexo sistema de transporte e comunicações, exigindo encargos vultosos no estabelecimento e manutenção dos serviços de utilidade pública em geral"[9]. Defendia-se a socialização da terra, que não deveria ser apropriada individualmente: "A substituição dos quintais, nem sempre convenientemente tratados, por áreas coletivas destinadas a recreio e edificação dos moradores, torna-se de maneira geral, medida de grande alcance [...] Os conjuntos residenciais, constituídos de edifícios coletivos elevados, convenientemente dispostos no interior de amplas áreas de utilização comum, representam, pois, a melhor solução do problema"[10].

A preocupação com a imobilização do capital durante a obra gerou iniciativas tendentes a elevar a produtividade, como a busca pela padronização e pela redução do tempo de obra. Não é, portanto, por mera opção estética ou formal que os Institutos foram buscar o ideário da arquitetura moderna, impregnado de preocupações com racionalidade, produtividade, produção em massa e *standartização*.

O fato de a burocracia atuarial dos IAP's conceber a edificação habitacional sobretudo como uma inversão dos fundos previdenciários, com vistas à formação de um patrimônio rentável, acabou por conferir à qualidade e durabilidade da habitação uma forma de dar garantias reais ao investimento, para além da satisfação do usuário.

A padronização, por sua vez, era vista como um modo a possibilitar o barateamento da construção e, assim, propiciar uma compatibilização entre o valor da construção e os salários dos moradores: "Os projetos devem ser padronizados, tanto quanto o permitirem as condições do meio [...] de modo a tornar o valor construtivo compatível com os salários médios locais"[11].

Frente ao caráter inovador dos projetos, os Institutos se defrontaram com grandes problemas para aprová-los junto aos órgãos públicos: "Os pontos principais de colisão dizem respeito ao loteamento, à concentração em altura (gabarito), ao pé direito mínimo e à disposição das vias de circulação"[12]. Já aparecia a necessidade de "atualização dos códigos de posturas, de modo a comportar a consideração dos núcleos de residência de tipo popular, construídos sem propósito de lucro". No conjunto da Várzea do Carmo, o projeto foi aprovado em caráter especial, à margem das exigências legais, expediente precursor dos decretos de habitação de interesse social.

O inédito porte das obras realizadas pelo IAPI revelou a importância da padronização dos materiais, elemento indispensável numa até então inexistente produção em série de moradias. Apesar dos problemas, é surpreendente a rapidez com que se edificaram os conjuntos do IAPI: o núcleo residencial do

Areal, com seiscentas unidades, foi construído em cinco meses; Bangu (1.504 mil unidades), em um ano; e Penha, incluindo urbanização, escola, ginásio e 1.248 mil unidades habitacionais, em dois anos. Coerentemente com os demais aspectos, a redução do tempo de obra era uma das preocupações do órgão para abreviar o retorno do investimento e reduzir as despesas administrativas.

Os documentos do IAPI mostram que se havia desenvolvido um corpo técnico preparado para equacionar uma política habitacional de forma consistente. Infelizmente não era este o objetivo primeiro dos órgãos de previdência que, ao avaliarem a ausência de retorno dos investimentos provocado pela populista Lei do Inquilinato (as unidades eram locadas), reduziram drasticamente as inversões.

Os conjuntos habitacionais dos IAP's

> Com a colaboração das administrações municipais, que entrosarão os respectivos projetos nos seus planos de urbanização, construiremos cidades-modelos [sic] nas proximidades dos grandes centros industriais, com instalações de tratamento de saúde, de educação profissionais e físicas[13].

Não se pretende realizar aqui, pela falta de espaço, uma análise exaustiva dos conjuntos habitacionais produzidos no período, tarefa que ainda estamos realizando, com o apoio da Fapesp, a partir de um levantamento completo dessa produção realizada em todo o país. Neste artigo, pretendemos apenas exemplificar como a arquitetura brasileira enfrentou o desafio de desenhar a habitação social nos anos 1940, introduzindo novas tipologias de ocupação urbana, de edificações e de modo de morar que exerceram grande influência nas décadas seguintes.

Estas intervenções tiveram grande impacto nas cidades brasileiras, pelo volume de área construída, criando verdadeiras cidades novas, e pelo caráter social, pois se associavam edifícios de moradia com equipamentos sociais e recreativos, áreas verdes e de lazer, sistema viário, etc. Representam a implantação no país de vários dos princípios do movimento moderno, que priorizava, nos seus momentos *heroicos* dos anos 1920, a habitação social[14].

Nestes núcleos urbanos buscava-se construir um espaço adequado para o surgimento de um novo modo de vida operário, moderno, coletivo, adequado ao modelo de desenvolvimento nacional que o Estado sob Vargas estimulava. Nas suas origens, portanto, a habitação social no Brasil articulava-se com um projeto nacional desenvolvimentista – e sua arquitetura refletia essa preocupação.

Surpreende a pouca ou nenhuma importância dada a essa produção na historiografia brasileira quando os dois mais importantes e pioneiros livros publicados no exterior sobre a arquitetura brasileira, Goodwin, de 1943, e Mindlin, de 1956[15], que foram os maiores divulgadores do movimento moderno brasileiro, destacam os conjuntos habitacionais de Santo André e do Realengo, ambos do IAPI e projetados por Carlos Frederico Ferreira, ao lado dos edifícios do MEC, da ABI, Ester e outras famosas obras dos mais festejados arquitetos brasileiros.

Goodwin, no seu breve texto, chega mesmo a dedicar um parágrafo sobre os projetos habitação social: "Há um grande número de projetos, alguns em plena execução, de conjuntos de habitações baratas, tal como se deu na Europa e, mais recentemente, nos Estados Unidos. Atilio Corrêa Lima é o autor de um grande risco destinado a um bairro industrial de São Paulo. Está nele incluído certo número de altos sobrados de apartamentos, oficinas e outras instalações gerais. Realengo é uma interessante experiência de habitação coletiva, compreendendo tantas casas de apartamentos como residências isoladas"[15].

Até meados da década de 1930, ainda predominavam no país as implantações típicas da produção rentista, como as vilas, geralmente ranques contínuos de casas geminadas de um ou dois pavimentos, formando ruas estreitas no interior dos quarteirões. Obedecia-se a uma implantação tradicional – ruas, quarteirões, lotes e casas. A própria ideia de conjunto habitacional inexistia; não se concebia núcleos habitacionais onde se combinassem unidades de moradia, áreas comerciais, escolas e outros equipamentos, salvo nas raras vilas operárias, como na Vila Maria Zélia, em que a preocupação do empregador com o controle moral e político do trabalhador justificasse o investimento.

A preferência pela casa isolada, com recuos laterais e frontal, nas primeiras realizações públicas de habitação social, reflete ainda a influência dos higienistas que, desde o início do século, apontaram esta solução como a ideal. Predominava a concepção que defendia para o operário que saía do cortiço um modelo de moradia que reproduzia, em miniatura, o palacete pequeno-burguês, em oposição à promiscuidade da habitação coletiva e à aglomeração apenas tolerada da casa geminada de vila.

Assim, a implantação das diretrizes *modernas* adotadas pelos Institutos, no sentido de introduzir a habitação multifamiliar, não era de fácil aceitação. Apenas uma forte intervenção do Estado foi capaz de, em tão pouco tempo, revisar de modo tão radical o modelo de habitação adequada para o trabalhador.

Nesse sentido, não resta dúvida que o novo modelo que se difunde, do grande conjunto habitacional multifamiliar de promoção pública, representa simbólica e concretamente a expressão espacial deste momento em que o Estado se impõe como o protetor dos trabalhadores. Os objetivos de ordem, controle, subordinação, reeducação, massificação, etc., tão próprios da visão estado-novista, encontram nestes novos núcleos habitacionais de inspiração moderna o espaço propício para sua difusão. As soluções arquitetônicas e urbanísticas adotadas são parte integrante deste projeto político-ideológico, em que as novas concepções formais e espaciais fazem parte da estratégia mais geral do projeto nacional-desenvolvimentista.

Para efeito de análise de seus projetos e sistematização das tipologias adotadas, os conjuntos habitacionais produzidos no período podem ser divididos em quatro grupos, o que nos permite identificar com maior facilidade aspectos inovadores introduzidos, a saber:

- grandes conjuntos habitacionais de implantação racionalista;
- Unidades de Habitação formadas por um único grande bloco vertical;
- conjuntos influenciados pelo ideário da cidade-jardim;
- conjuntos habitacionais convencionais, com unidades unifamiliares.

A maioria dos projetos adotou as concepções da arquitetura moderna. Nota-se a influência das propostas de Le Corbisier, das *Siedlungs* alemãs do período entre guerras, das cidades-jardins e, ainda, dos grandes projetos de habitação social do segundo pós-guerra, dos quais são contemporâneos ou mesmo anteriores.

Vários conjuntos eram de grande dimensão (acima de quinhentas unidades, ou seja, mais de três mil moradores). Localizados nos grandes centros urbanos, foram concebidos como núcleos urbanos, dispondo de vários equipamentos comunitários, além da moradia.

É o caso, por exemplo, do primeiro conjunto edificado pelo IAPI, o Conjunto Residencial de Realengo. Localizado na estação de Realengo, a quarenta minutos em trem de subúrbio do centro do Rio, contava com 2.344 mil unidades, entre casas e apartamentos, concluídas em 1943.

Seu projeto incluiu, além dos serviços de urbanização completos (rede de água, luz e esgoto, galerias de águas pluviais, pavimentação e estação de tratamento de esgoto), vários serviços de caráter coletivo, como escola primária para 1,5 mil alunos, creche para cem crianças, ambulatório médico, gabinete dentário, quadras para a prática de esportes, templo católico e horto florestal, equipamentos que foram efetivamente implantados.

O conjunto compunha-se de unidades unifamiliares e blocos de apartamentos de quatro andares, cujo primeiro piso era destinado a comércio e serviços. O bloco principal era imponente e gracioso, com suas varandas criando um rico jogo de volumes. O espaço público formado pelos dois blocos paralelos que ladeiam a avenida torna-se uma forte referência espacial e social.

O Realengo não era uma concepção isolada. Em vários outros conjuntos de grandes dimensões do IAPI, como Del Castillo (Distrito Federal, 1.520 mil unidades), Bangu (Distrito Federal, cinco mil unidades), Várzea do Carmo (São Paulo, 4.038 mil unidades), Penha (Distrito Federal, 1.248 mil unidades), Passo de Areia (Porto Alegre, 2.496 mil unidades) Santo André (Santo André SP, três mil unidades), Areias (Recife, 1.450 mil unidades), Lagoinha (Belo Horizonte, 928 unidades), apenas para citar os núcleos maiores, estavam presentes propostas semelhantes, incluindo ainda, em alguns casos, ginásios cobertos de esportes, cinemas, centro comercial e serviços administrativos.

Realizava-se o determinado por Vargas no seu discurso do Dia do Trabalho de 1944, a edificação de *cidades-modelo*. Nesses núcleos, concretizava-se o ideal de proteção e controle amplo do trabalhador, criando um espaço totalizador em que seu tempo livre era inteiramente ocupado em atividades educacionais e recreativas promovidas ou controladas pelo Estado que, ademais, era o seu locador. A imagem paternalista do Estado atingia o seu ápice.

Além de regulamentar as relações entre o capital e o trabalho, de estatizar a previdência social, de interferir nos sindicatos, atrelando-os ao Ministério do Trabalho, e de criar a Justiça do Trabalho, o poder público edificava o espaço de moradia do trabalhador, alugava-o, a valores congelados, para assalariados filiados aos Institutos e montava uma estrutura de equipamentos sociais que mantinha entretidos os trabalhadores e suas famílias, num processo de reprodução ideológica dos valores defendidos pelo aparato estatal. Ao novo homem que se buscava forjar, era necessário moldar um novo espaço, uma nova concepção de morar, uma nova arquitetura: a moderna.

Adotaram-se nestes projetos os preceitos defendidos pelo movimento moderno. Nos conjuntos de Santo André e do bairro paulistano da Mooca, ambos com implantação racionalista, surgem os pilotis; no centro de São Paulo, uma verdadeira Unidade de Habitação com unidades duplex e teto-jardim (Japurá); em Porto Alegre, uma cidade-jardim; em Belo Horizonte, um projeto que lembra as *hofs* vienenses; na rua Santa Cruz, em São Paulo, um conjunto habitacional vertical rodeado de áreas verdes, como queria Le Corbusier.

Não surpreende que o urbanismo moderno tenha sido adotado em todos esses projetos desenvolvidos por arquitetos engajados na construção de uma sociedade menos desigual e na valorização do espaço público. Abandonando a trama urbana tradicional, são eliminadas as noções de lote e de terreno privado: o espaço de solo remanescente é público, recebe tratamento paisagístico e equipamentos sociais.

Apesar da defesa da padronização como princípio, os conjuntos têm projetos diversificados e identidade própria, nada que lembre a monotonia dos BNH. Em geral, os blocos são desenhados sem nenhuma ornamentação, mas adotando elementos de composição que garantem movimento à fachada e jogo articulado de cheios e vazios. As caixas de escadas são quase sempre fechadas por elementos vazados, que estabelecem uma marcação vertical em fachadas caracterizadas por linhas horizontais, formadas pelas aberturas.

Os projetos dos IAP's talvez não tenham a riqueza da composição arquitetônica dos seus congêneres europeus, mas dialoga com eles. Merecem ser observados com maior cuidado, pois sua qualidade supera quase tudo o que se produziu em termos de conjuntos habitacionais no Brasil do BNH.

Notas

1. BONDUKI, Nabil. *Origens da habitação social no Brasil: o caso de São Paulo*. Tese de doutorado. São Paulo, FAU USP, 1994. O texto original, revisto, foi publicado in BONDUKI, Nabil. *Origens da habitação social no Brasil: arquitetura moderna, lei do inquilinato e difusão da casa própria*. São Paulo, Estação Liberdade, 1998.

2. CAVALCANTI, Lauro. *Casas para o povo*. Dissertação de mestrado. Rio de Janeiro, Museu Nacional, 1986, p. 72.

3. BONDUKI, Nabil. Origens da habitação social no Brasil. *Habitação na cidade industrial, análise social*, 4ª série. Volume 29, n. 127, Lisboa, 1994.

4. VARON, Conceição M. F. *E a história se repete... as vilas operárias e os conjuntos residenciais do IAP's no Rio de Janeiro*. Dissertação de mestrado. São Paulo, FAU USP, 1988, p. 250; FARAH, Marta Ferreira Santos. *Estado, previdência social e habitação*. Dissertação de mestrado. São Paulo, FFLCH USP, 1984, p. 85.

5. PORTO, Rubens. *O problema das casas operárias e os Institutos e Caixas de Pensões*. Rio de Janeiro, sem editora, 1938, p. 51.

6. VARGAS, Getúlio. Discurso na comemoração do 1º aniversário do Estado Novo. *A nova política do Brasil*. Rio de Janeiro, José Olimpio, 1938.

7. IAPI. O seguro social. *A indústria brasileira. O Instituto dos Industriários*. Rio de Janeiro, IAPI, 1950.

8. Idem, ibidem, p. 291.

9. Idem, ibidem, p. 291.

10. Idem, ibidem, p. 292.

11. Idem, ibidem, p. 292.
12. Idem, ibidem, p. 293.
13. VARGAS, Getúlio. Discurso no Estádio do Pacaembu no Dia do Trabalho. Op. cit. Volume 10.
14. KOPP, Anatole. *Quando o moderno não era um estilo e sim uma causa*. São Paulo, Nobel, 1991.
15. GOODWIN, Philip. *Construção brasileira. Arquitetura moderna e antiga 1652-1942*. Nova York, Museu de Arte Moderna, 1943; MINDLIN, Henrique E. *L'architecture moderne au Bresil*. Paris, Vincent et Fréal, 1956. Versão brasileira: MINDLIN, Henrique E. *Arquitetura moderna no Brasil*. Tradução de Paulo Pedreira. Prefácio de S. Giedion. Apresentação de Lauro Cavalcanti. Rio de Janeiro, Aeroplano/Iphan, 1999.
15. GOODWIN, Philip. Op. cit. p. 97.

artigo 21 hugo segawa

OSWALDO ARTHUR BRATKE: VILA SERRA DO NAVIO E VILA AMAZONAS[1]

[1997]

A determinação de extrair minérios em plena selva amazônica evoca qualidades épicas: mescla da audácia de pioneiros explorando o espaço desconhecido com a ousadia empresarial de conduzir um complexo processo ao longo de um ponderável tempo. O empreendimento desenvolvido pela Indústria de Comércio de Minérios – Icomi para a exploração de uma jazida de manganês na Serra do Navio, no então território do Amapá, pode ser considerado um feito extraordinário no Brasil da segunda metade do século 20.

A singularidade desse feito, todavia, não deve ser creditada apenas ao intento de trivial exploração econômica de uma riqueza natural – atividade, aliás, que entalhou a paisagem histórica dos países sul-americanos desde os tempos coloniais. Por um período de cinquenta anos, a partir de 1953, a Icomi – sob o comando do engenheiro Augusto Trajano de Azevedo Antunes – obteve a concessão de exploração do manganês numa região erma cerca de duzentos quilômetros de Macapá e do rio Amazonas. O porte da realização demandou meticuloso planejamento e a construção das instalações industriais para extração, movimentação e beneficiamento do minério, do sistema de transporte (ferrovia, porto) e das acomodações e infraestrutura para todo o contigente de trabalhadores envolvidos na região para o desempenho da iniciativa – isto é, assentamentos com características urbanas, com suas denotações funcionais, simbólicas e sociais.

Não vamos aqui nos debruçar sobre a organização do empreendimento como um todo. Interessa, como arquitetura, estudar o processo de transformar uma terra virgem num lugar para abrigar condignamente um número de pessoas para ali deslocadas com uma determinada finalidade. Precisamente, a criação de Vila Amazonas e Vila Serra do Navio.

Para o desenvolvimento do plano urbanístico de suas vilas de apoio no Amapá, a Icomi convidou em 1955 escritórios para submeterem suas ideias a respeito de como projetar esses núcleos urbanos na Amazônia. Bratke apresentouse na concorrência com uma postura extremamente pragmática. Segundo o arquiteto,

> o tema para mim era relativamente novo naquele momento, apesar de ter feito arruamentos e um pouco de urbanização. Como era um lugar que não conhecia [...] queria conhecer, verificar os costumes da população, para fazer uma coisa que ajudasse às pessoas a ter uma vida decente, correta, e a cidade não fosse desfeita tempos depois. Minha proposta foi inicialmente estudar o assunto em profundidade para depois apresentar um projeto que fosse eficiente, de modo que não se jogasse dinheiro fora. Eles gostaram da minha ideia e fechamos o contrato[2].

Outubro de 1955

O cuidado no planejamento dos assentamentos urbanos configurouse como um ponto de honra para o empreendedor, Augusto Trajano Antunes. Recorda Bratke:

Ele achava que era uma vergonha aquilo que se passava pelo mundo: o sujeito fazia mineração e depois abandonava todos aqueles buracos, a terra arrasada. Certos países como a Alemanha começavam a estabelecer obrigações como deixar a área em ordem outra vez com a sua recuperação após a mineração. Lembrando disso tudo, o Antunes nos colocou à vontade para desenvolver aquilo que julgássemos melhor.

O início dos trabalhos do arquiteto tem uma data precisa: 24 de outubro de 1955, dia da assinatura do contrato de serviço entre o arquiteto e a Icomi.

Sintomáticas algumas considerações desse documento, mostrando o espírito do empreendimento:

Dentre os trabalhos a serem iniciados, destacamse – não só pelo seu valor econômico, mas também, e principalmente, por seu grande alcance social – os que se relacionam com a elaboração dos projetos de urbanização de determinadas áreas de terras, todas selecionadas pela Icomi, projetos esses que compreendem o arruamento e loteamento de áreas, unidades de habitação e prédios de interesse ou necessidade coletiva e de todas as instalações necessárias, tudo de acordo com o disposto nas cláusulas e condições adiante estabelecidas e as especificações e detalhes técnicos que forem fornecidos pela Icomi e que ficarão fazendo parte integrante deste contrato[3].

O conhecimento das cláusulas desse contrato é ilustrativo como programa das necessidades colocadas pela companhia e parâmetros para averiguar as propostas de Bratke.

O arquiteto foi chamado para "estudar e projetar a implantação dos Centros Urbanos indispensáveis aos trabalhos da Icomi no Território Federal do Amapá, e, bem, assim, a fiscalizar a execução de tais projetos"[4]. E especificavase a tarefa no contrato:

> O principal Centro Urbano será o da Vila de Serra do Navio, em relação ao qual os trabalhos do arquiteto abrangerão o projeto de urbanização, prevendo, inclusive, a distribuição de água, luz e força; a instalação de redes de incêndio, de esgotos, de águas pluviais; a construção de casas para operários e para empregados categorizados e chefes de serviço, e, ainda, de prédios de interesse e usos coletivos, hospitais e edifícios destinados a serviços públicos, tudo objetivando a constituição de um centro urbano com a mais completa independência e autosuficiência, tudo de acordo com as instruções que foram dadas pela Icomi ao arquiteto. [...]. Os demais projetos referir-se-ão, principalmente, à Vila de Porto Santana[4] – zona industrial, comercial, portuária e residencial – e à Vila de Macapá, ou a outros centros que as substituam, tudo de acordo com as instruções que forem dadas pela Icomi ao arquiteto[5].

Seus "serviços profissionais" compreendiam, no plano da urbanização, conforme o contrato: "1. Os planos de arruamento, com todas as informações e detalhes em escala adequada à perfeita compreensão dos projetos, locação, medição e construção; 2. Os planos para as redes de água potável, de águas pluviais, de água para a extinção de incêndios, de esgotos e de eletricidade pública e domiciliar, todos acompanhados de seus cálculos e memoriais descritivos".

A companhia estabeleceu um cronograma de entregas parciais visando a estabelecer um plano de frentes consecutivas de canteiro. As primeiras definições do projeto de sistema viário deveriam ser apresentadas em sessenta dias e, subsequentemente, os pormenores para prosseguimento dos trabalhos sem solução de continuidade. O arquiteto dispunha de vinte meses para concluir todos os projetos executivos celebrados no contrato.

Caminho das pedras

Os parâmetros para o plano urbanístico colocados no contrato eram singelos e meramente administrativos. Efetivamente, Bratke recebeu carta branca para desenvolver seu projeto de assentamentos urbanos dentro de sua filosofia pragmática de trabalho. O passo inicial do arquiteto foi buscar referências concretas de experiências similares, programando então visitar outras cidades ligadas a companhias de mineração. Perguntando aos engenheiros da Bethlehem Steel – empresa associada à Icomi no empreendimento amazônico –, Bratke tomou conhecimento de um núcleo dessa companhia na Venezuela: El Pau. Foi para lá e começou a fazer uma série de perguntas, só observando as coisas ruins: o que o governo do país exigia? Do que as pessoas se queixavam? Como eram tratadas as pessoas doentes? Quais as doenças mais frequentes? Ele buscou reconhecer tudo o que poderia acontecer e já tinha acontecido e dado trabalho para as companhias.

Bratke ficou estarrecido com o que viu:

> Ninguém fazia cidade. Abriam uma rua central e lá se instalavam negócios que vendiam coisas para os coitados. As casas do chefes eram muito boas, as demais muito precárias. Fui visitar mais cinco núcleos na Venezuela, mas relacionados a exploração de petróleo. A extração petrolífera é um dos processos que menos estragam o solo. Uma cidade boa, mas cara, que conheci havia sido projetada para a U.S. Steel. Depois estudei um outro núcleo em Trinidad. As companhias que mantinham esses núcleos publicavam relatórios. Aquilo me valeu muito. Fiquei conhecendo o que era necessário. Assim fui conhecendo e perguntando sobre tudo.

As visitas, para Bratke, serviram menos para buscar modelos e mais para observar como *não* fazer cidades.

Um tamanho ideal

A Icomi forneceu os dados a respeito do local, levantamentos topográficos e providenciou as sondagens necessárias. Foi parcimoniosa nas demais referências, informando apenas o número de funcionários necessários para o empreendimento.

Bratke foi o responsável direto pelo dimensionamento completo dos núcleos urbanos. O arquiteto foi reunindo informações das necessidades básicas de uma cidade, organizando tabelas com previsões demográficas, população, composição etária, demanda escolar, etc. A elaboração dessas tabelas foi uma prioridade sobre a qual o arquiteto se dedicou com obstinação e constituiu a base do tamanho geral dos núcleos. Vila Serra do Navio foi prevista com uma população entre 2,5 a 3,5 mil habitantes, considerando a possibilidade de ampliar esse número em caso de guerra. As tabelas foram sendo elaboradas respondendo a questões aparentemente ordinárias, com o auxílio de especialistas ou como resultado de observação direta: quantas pessoas trabalham num clube? Quantas pessoas frequentam um cinema? Quando uma fita é boa e todos desejam assistir, como assegurar uma lotação confortável para todos os interessados ao longo de cinco dias de exibição – tempo contingenciado pelo aluguel da fita? Quantos pães uma padaria teria de produzir? Quantos padeiros e ajudantes envolvem? Qual o consumo anual de presunto, de arroz? Um norte-americano que foi soldado encarregado das provisões durante uma guerra deu as diretrizes para quantificar e manipular a conservação e manuseio de alimentos previstos para quinhentas ou mil pessoas. Exemplos de questionamentos entre tantos outros que subsidiaram o dimensionamento proposto pelo arquiteto.

No estudo do programa hospitalar, Bratke foi um minucioso observador das experiências estrangeiras, mas contou com uma consultoria fundamental:

> No hospital de El Pau, na Venezuela, a maior incidência de atendimentos era com machucaduras porque trabalhavam bastante com explosivo. Havia muito parto. Fui montando estatísticas. Com os projetos de hospitais tive sorte, porque os dados básicos foram fornecidos pelo irmão do Antunes, o professor doutor Paulo Cesar de Azevedo Antunes, grande médico sanitarista – uma condição essencial para o nosso caso. Com ele estudamos quantas pessoas poderiam ficar doentes disso e daquilo. Organizou-se um hospital que poderia fazer qualquer tipo de cirurgia. Ele entrou em contato com os centros hospitalares norte-americanos para fazer intercâmbios e a ele se deve também o fato de não haver casos de maleita na zona dos trabalhos da Icomi.

Transformar um não lugar em lugar

O sítio para a implantação de Vila Serra do Navio subordinava-se à posição da atividade extrativa. Inicialmente, Bratke imaginou o núcleo num local bonito, junto ao rio. Todavia, espessa neblina matutina tornava o ponto problemático. A companhia indicou um lugar alto, cerca de 1,2 mil metros da mina – afastamento então considerado adequado entre a zona de trabalho e a concentração urbana. No entanto, após a construção do núcleo, novo mapeamento do subsolo revelou que a extensão da jazida era maior e a exploração aproximou-se da cidade.

"Como fazer uma cidade num local distante, perdido no mapa? Qual a temperatura, os ventos dominantes, os materiais à disposição?", perguntou-se Bratke na ocasião. Em não havendo nada sistematizado, o urbanista foi estudar as características físicas e climáticas da região.

Superando as limitações

O contrato celebrado com a Icomi estabelecia as bases do trabalho a ser entregue pelo arquiteto: "1. Os desenhos de plantas, seções, elevações e de pormenores arquitetônicos necessários à execução das obras, entre elas incluídas todas as edificações, e, bem assim, de todos e quaisquer detalhes técnicos, tudo de acordo com as exigências dos poderes públicos e em condições de serem submetidos à aprovação dos mesmos; 2. Todos os elementos estruturais da obra, acompanhados de cálculos, quando necessários, e com os detalhes técnicos relativos às fundações, alvenaria, madeira, concreto armado, aço e cobertura, em escala adequada; 3. Os desenhos e esquemas das instalações internas de água, esgotos e eletricidade, acompanhados de todos os detalhes técnicos necessários à perfeita interpretação e execução dos projetos; 4. A descrição da qualidade dos materiais a serem empregados e da sua aplicação, completando as indicações dos projetos e dos detalhes com todas as informações necessárias à elaboração do orçamento; 5. A relação da quantidade dos materiais a serem empregados e dos diversos serviços, com os respectivos preços unitários e globais, bem como de todas as despesas necessárias à execução das obras, a fim de se estimar o seu custo provável; 6. A fiscalização das obras até a sua conclusão, tendo em vista a perfeita execução dos projetos; 7. A estimativa aproximada do custo de execução de cada uma das etapas do projeto"[6].

Todo o desenvolvimento do projeto urbanístico e arquitetônico foi feito no seu ateliê, na rua Avanhandava. Bratke definia as diretrizes e viajava constantemente ao Norte, enquanto Zoltan Dudus comandava o detalhamento com a equipe em São Paulo.

A seleção dos materiais e sistemas construtivos derivou de uma racional e criteriosa análise de variáveis empíricas e econômicas. As situações lembradas pelo arquitetos são elucidativas:

> Para implantar uma cerâmica ou olaria que fornecesse tijolos para fazer aquele número de casas teria que ser quase do tamanho da fábrica São Caetano[7]. E depois acabava a cerâmica? Era difícil. O mesmo problema acontecia com as telhas. Então tinha que começar a trabalhar com outros materiais: era bloco de concreto que poderíamos fabricar no local, trazer telhas de fibrocimento.

Embora reconhecendo as deficiências dos blocos de concreto e do fibrocimento enquanto isolantes térmicos, eram as únicas alternativas viáveis[8]. Mesmo o concreto armado era um sistema fora do alcance: "Na região não havia pedras, só moledo", constatou o arquiteto. As estruturas foram todas desenhadas explorando o potencial da madeira – apesar das dificuldades:

> Não havia dados técnicos sobre as madeiras locais. Mandamos cortar de trinta a quarente tipos e os enviamos para o Instituto de Pesquisas Tecnológicas de São Paulo (IPT) para exame. Fizeram um estudo completo, menos quanto à durabilidade, que levaria no mínimo um ano. Com

isso, tínhamos conhecimento da qualidade das madeiras e selecionamos cerca de vinte tipos para as obras.

A dificuldade de contar com mão de obra qualificada, o pouco conhecimento e inexperiência em trabalhar em condições remotas provocaram situações difíceis. Essa adversidade foi enfrentada pelo engenheiro Luiz de Mello Mattos, responsável pela execução de todas as obras. Esse engenheiro era um velho conhecido de Augusto Trajano Antunes, como também do próprio Bratke – foi quem construiu o Grande Hotel de Campos do Jordão. O arquiteto lembra a determinação de Mattos, fundamental colaborador na realização dos núcleos:

> Ele não podia levar todos os operários que precisava. Então ele montou uma oficina-escola para treinar gente do lugar, que aprendeu rapidamente a fabricar tacos, janelas, carpintaria. Os nossos desenhos foram feitos de maneira que esse pessoal pudesse entender e executar com facilidade. Ele treinou muita gente, formando uma importante mão de obra qualificada que depois continuou trabalhando na região, no ramo.

Racionalização dos processos

Cimento, telhas de fibrocimento e quaisquer artefatos industrializados eram trazidos de fora – do sul do país, principalmente, ou do estrangeiro. O transporte desses produtos era uma operação com sofisticada programação, no qual prazos, custos e minimização de perdas eram variáveis fundamentais.

O construtor Mello Mattos programava com bastante antecedência a demanda dos materiais. Esse aspecto foi fundamental na racionalização dos serviços. A chuva é uma presença constante metade do ano. As centenas de casas foram planejadas para que, durante a seca, se fundissem a bases onde seriam construídas, armando-se suas coberturas definitivas, apoiadas em pilares de madeira. No período de chuva foram executadas as alvenarias e acabamentos, abrigados sob os telhados anteriormente feitos.

A companhia promovia a concorrência de materiais a partir do Rio de Janeiro. Os produtos seguiam por via marítima, em cargueiros de linha, barateando os fretes, até Porto Santana, seguindo daí em comboio de trem até a área de mineração. Foi também um processo de depuração, segundo Bratke:

> As primeiras remessas de telhas de cimento amianto chegavam em Belém de navio, depois eram transportadas em pequenas embarcações através dos furos. Chegavam em Vila Amazonas, metade delas quebradas. Então combinamos com o fabricante de mandar o material direto de Recife para nosso pequeno porto, em Vila Amazonas. Isso foi feito com navios de vela. A carga chegava intacta.

Outra lembrança da racionalização de desenho e fornecimento:

> Havia outras frentes para buscar economias. Para não haver perdas, fizemos um acerto com a fornecedora de tubos. Especificamos todos os esgotos das casas. Eram cinco ou seis padrões, compondo jogos de peças formando kits. Combinamos comprar materiais já nas medidas, conforme desenhos. Cada conjunto-padrão era embalado num saco; fechaduras e outros materiais também iam em sacos, cada qual com a numeração da casa-destino. Os eletricistas, encanadores e outros técnicos recebiam os kits e assinavam comprovantes para evitar desvios. Com isso, conseguimos uma grande economia.

As distâncias, naquele contexto, não mais constituíam obstáculo para fornecimento. Ferragens, espelhos, vidros (utilizados somente no clube e em poucas casas), telas (para mosquiteiro) foram adquiridos nos Estados Unidos. A concorrência para a fabricação de uma veneziana especial, desenhada por Bratke, foi vencida por uma firma de Miami. Vasos sanitários eram adquiridos no Brasil, "melhores e mais baratos", segundo o arquiteto.

As casas em Serra do Navio

O cronograma apertado condicionou a decisão de preparar moradias completas para todos os trabalhadores. Foram determinados alguns padrões de casa, diferenciados para operários com diferentes estruturas familiares e funcionários graduados. Pela premência do tempo, não se cogitaram plantas flexíveis – como as que o próprio Bratke propôs tempos depois, em outras circunstâncias.

Um estímulo para atrair funcionários graduados (predominantemente do sul ou dos centros maiores do país) para lá se transferirem foi proporcionar habitações mais confortáveis do que as suas famílias usufruiriam em suas terras de origem. Os operários, recrutados na região, também foram contemplados com incentivos de moradias melhores. Contudo, havendo muitos nativos com quase nenhuma cultura urbana, seria inevitável um confronto cultural. Este foi um dos tópicos delicados enfrentados pelo arquiteto.

> Essa foi uma das minhas preocupações. Fiz muitas viagens na região buscando entender os hábitos locais. Uma das questões que estudei foi o uso da rede. O Amapá é na guiana brasileira. Dizem que lá nasceu a rede. O governador achava que deveria se utilizar redes, até nos hospitais. Então já estava considerando uma série de coisas para saber como seria a casa: o dimensionamento das dependências internas estava subordinado às medidas

> da rede ou da cama. Nos lugares visitados, percebemos a importância da cama.Não só pelo conforto, mas pela importância que se dá à cama na escala de valores das pessoas. Isso é muito importante e se deve levar em consideração. Acabamos convencendo o governador que a cama seria a melhor solução.

No projeto das casas dos operários, o acesso ao banheiro era por fora. Segundo o arquiteto,

> a proposta era a seguinte: o banheiro tinha dois batentes, um aberto para fora e outro fechado, embutido na alvenaria, voltado para dentro. Num primeiro momento, o banheiro com acesso por fora era mais compatível com a falta de hábito dessa peça entre as dependências internas da habitação. Na medida que se assimilava o uso do banheiro, era possível estabelecer a ligação direta do interior da casa ao sanitário mediante a abertura daquele batente emparedado. No começo, o pessoal sujava muito o vaso sanitário. Era uma questão de tempo. Numa visita recente, uma jovem nascida em Serra do Navio me perguntou o porquê do acesso por fora.

Todas as casas foram entregues aos operários e funcionários graduados completas e mobiliadas. Fogões e geladeiras foram adquiridos no Rio Grande do Sul; talheres em São Paulo; armários no Paraná. O próprio arquiteto orientou para que os cerca de 550 armários fossem enviados para o Norte desmontados, acompanhados por três marceneiros encarregados da montagem dos móveis, para diminuir o volume de carga. Cadeiras, sofás, mesas, camas, luminárias foram desenhados pelo arquiteto e produzidos na região.

Na disposição das casas pode-se perceber a articulação do espaço segundo a influência das cidades-jardins, mas não totalmente desprendida de condicionantes técnicos:

O desalinhamento dos volumes quebrava a monotonia, evitava uma simetria desagradável e proporcionava outra sensação de espaço. Mas na terraplenagem, os norte-americanos queriam fazer um único plano. Eu queria dar a cota de cada casa e que fosse feito seu respectivo plano. Por quê? Porque havia estudado um sistema de esgoto que iria funcionar e não custava caro. E assim foi feito, tudo correu bem. O Antunes exigia que o esgoto fosse tratado antes que fosse lançado no rio. Foi feita uma instalação muito caprichada para limpeza total da água. Com o Pedro Pasternak, meu colega de escola, estudamos todo o sistema de esgoto.

O cuidado de acabamento contemplava também as cores dos edifícios:

O estudo cromático foi feito pelo pintor Francisco Rebolo Gonzales. Combinamos que a casa que fosse azul teria a porta de tal cor. Ele estudou variações de cores para não ficar monótono. Isso funcionou nos primeiros tempos. Fizemos uma concorrência para as tintas. As cores não tinham nomes, tinham números. Assim funcionou muito bem. Creio que esse cuidado não perdurou.

A paisagem

Críticas de ambientalistas a Vila Serra do Navio contemplavam a derrubada da mata e a introdução de flora exótica com a implantação do assentamento. A limpeza da área se subordinou à abertura de uma clareira condizente com a estrutura urbana, considerando também a necessidade de ventilação e valorização de perspectivas. Originalmente, a faixa clareada em torno da cidade deveria ser de cerca de 25 metros, correspondente à altura de uma árvore de porte, na hipótese de sua queda. Não se manteve nenhuma porção de mata nativa no coração do núcleo porquanto as árvores amazônicas são solidárias umas nas outras. Segundo Bratke, "tentamos deixar uma área perto do centro com bosque natural. Não foi possível dadas as condições das árvores que são apoiadas em sapopemas: quando umas tombam, as outras acompanham".

A introdução de vegetação exótica na arborização do núcleo, nos jardins e canteiros teve uma procedência estética:

> O Aylthon Joly Brandão, professor do Departamento de Botânica da USP, me indicou um jardineiro alemão muito bom, que tinha bom gosto. Mas principalmente, como bom alemão que era, estudava todos os tipos de plantas. Toda novidade anotava e mandava para São Paulo. Para eles, na universidade, era um bom negócio também.
>
> A mata amazônica da zona é maravilhosa, grandiosa, compacta e tem troncos enormes, mas são tão juntas que não se veem as flores, que estão no topo das árvores. Então pedi para o jardineiro levar para lá flores que dessem um colorido na paisagem. Fui criticado por introduzir essa vegetação exótica, mas o aspecto da cidade ficou mais bonito.

Janeiro de 1960

No dia 8 de janeiro de 1960, Oswaldo Bratke passava recibo à Icomi, reconhecendo ter sido integralmente pago pelos serviços contratados em 1955. As obras de Vila Serra do Navio e Vila Amazonas estavam virtualmente concluídas. Provavelmente, uma das poucas cidades em cuja trajetória são conhecidas datas tão precisas.

Tornando-se uma cidade comum

Na perspectiva de privilegiar não apenas o aspecto econômico da exploração mineral, conferiu-se aos núcleos promovidos pela Icomi um alcance mais amplo. Ao contrário dos assentamentos temporários de suporte à mineração que frequentemente não passam de aglomerações de alojamentos, os núcleos projetados por Oswaldo Bratke para o Amapá foram planejados visando a sua permanência como equipamentos urbanos e regionais.

No ano de 2003 se encerra a concessão de exploração das jazidas. Todas as instalações implantadas pela Icomi reverterão para a União sem ônus. Os núcleos urbanos estão se desligando da esfera da empresa: em Vila Amazonas, boa parte das casas operárias foi alienada para terceiros; seu centro de saúde passou à responsabilidade de uma empresa do setor e o conjunto clube/casa de hóspedes transformou-se num hotel em 1995. Restam alguns setores administrativos e as casas de funcionários graduados a serviço da companhia.

Vila Serra do Navio ganhou autonomia político-administrativa, transformou-se em município, com prefeito e câmara municipal eleitos em 1992. De centro urbano fechado, ganhou status de cidade. Mas o município de Vila Serra do Navio não se limita ao aglomerado projetado por Bratke: no momento, a cidade planejada é a sede provisória de um conjunto de precários distritos. O Executivo e o Legislativo municipais têm seus edifícios definitivos numa dessas localidades, embora ainda não ocupados pela precariedade dos transportes na região. Cercanias altamente contrastantes com a organização e a maturidade do assentamento pioneiro. Em que medida o alto padrão de arquitetura, urbanismo e serviços será mantido na nova realidade municipal? Haverá recursos para tanto?

A grande dúvida: esgotada a mineração, cumpridas as tarefas que legitimaram a criação de um centro no coração da selva, o que será de Vila Serra do Navio? Como sobreviverá uma cidade nascida sob o signo de uma atividade, de uma economia que se desvanece? Vislumbra-se que, quando a cidade estiver entrando no novo século, será o posto avançado para o prosseguimento da tarefa de ocupação territorial e consolidação do crescimento regional, como o mais importante centro urbano no interior do Amapá. Plataforma para o incremento de novas atividades no interior amazônico, base de operações para explorações científicas de instituições de pesquisa, ponto de referência para turismo e excursões ecológicas pela Amazônia[9].

O equacionamento e a implantação de Vila Serra do Navio e Vila Amazonas foram uma minuciosa e iminente mobilização de um tanto de gente, recursos e sacrifícios. Relevantes empreendimentos enquanto possibilidade da ocupação humana de disciplinada deliberação, não isentos de críticas de toda ordem, justificadas ou injustas, mas que gravaram de forma positiva e indelével porção significativa do território do Amapá.

Notas

1. Este estudo busca complementar informações e estabelecer algumas relações entre a iniciativa da Icomi, o projeto de Oswaldo Bratke e a prática urbanística dos anos 1950, a partir do primeiro relatório (inédito) elaborado pelo arquiteto, com alguns esclarecimentos obtidos em entrevista recente. Referência fundamental também é a seguinte monografia: RIBEIRO, Benjamin Adiron. *Vila Serra do Navio: comunidade urbana na selva amazônica – projeto do Eng. Arquiteto Oswaldo A. Bratke*. São Paulo, Pini, 1992.

2. Entrevista de Oswaldo Bratke a Hugo Segawa e Guilherme Mazza Dourado sobre os projetos de Vila Amazonas e Vila Serra do Navio em 26 de dezembro de 1995. Os depoimentos de Bratke doravante foram extraídos dessa entrevista.

3. Contrato entre a Icomi e Oswaldo Arthur Bratke, assinado em 24 de outubro de 1955.

4. Chamou-se efetivamente Vila Amazonas, bairro do município de Porto Santana.

5. Contrato citado.

6. Contrato citado. Os itens foram renumerados, diferindo do original.

7. A Cerâmica São Caetano era a maior e mais tradicional fabricante de artefatos cerâmicos na época.

8. Vale lembrar que, na década de 1970, Severiano Porto desenvolveu projetos de escolas e outros edifícios para lugares remotos na Amazônia e adotou a mesma especificação.

9. Nota de 2006 – Os fatos confirmaram as previsões: com o afastamento integral da antiga Icomi e a autonomia política, o novo município não logrou autossuficiência financeira para manter o alto padrão urbanístico quando era uma *company town*. Nenhuma iniciativa especial contempla a preservação da cidade, salvo por ora algum interesse difuso dos organismos de preservação do patrimônio cultural. Vila Serra do Navio se degrada sem conhecer uma transição decente, como gostariam alguns de seus criadores.

artigo 22 carlos alberto ferreira martins

"HÁ ALGO DE IRRACIONAL...". NOTAS SOBRE A HISTORIOGRAFIA DA ARQUITETURA BRASILEIRA [1999]

There is something irrational in the rise of brazilian architecture
Siegfrid Giedion, "Brazil and Contemporary Architecture", 1956

Passados quase cinquenta anos da experiência limite de Brasília, o desenvolvimento da arquitetura moderna no Brasil, desde as obras pioneiras dos anos 1920 até a consagração internacional dos anos 1950, parece seguir desafiando as tentativas de compreensão[1]. Isto não constitui, no entanto, uma novidade. Com a observação que nos serve de epígrafe, Giedion expressava o misto de admiração, surpresa e desconcerto que provocava no panorama internacional a produção arquitetônica moderna dos escassos vinte anos que se interpunham entre a presença de Le Corbusier no Rio, durante o projeto do Ministério da Educação e Saúde, e a publicação de seu prefácio ao livro de Mindlin, de 1956. Os argumentos para esta caracterização eram vários e foram desde então muito repetidos. O desordenado crescimento urbano e a desenfreada especulação com a terra urbana que caracterizam o desenvolvimento das principais cidades brasileiras na primeira metade do século constituiriam em princípio um entrave ao desenvolvimento de uma arquitetura saudável. Dificuldade que vinha se somar à precariedade das condições técnico-construtivas de um sistema produtivo ainda caracterizado por uma industrialização incipiente e pela sobrevivência do modelo básico agroexportador.

No entanto, a arquitetura moderna brasileira "cresce como uma planta tropical". A dificuldade de Giedion não reside, portanto, somente em compreender essa separação entre as condições sociais e econômicas que suportam a atividade construtiva como um todo e a expressão cultural alcançada pela arquitetura erudita. Surpreende, também, a velocidade com que a linguagem moderna de raiz corbusiana é absorvida num ambiente arquitetônico que, de forma quase concomitante, começa a definir um perfil distinto e reconhecível. "O Brasil encontra sua própria expressão arquitetônica com uma assombrosa rapidez"[2].

Irracionalidade, surpresa, espanto, são expressões que demonstram a dificuldade em estabelecer causalidades e estruturar o argumento narrativo que definisse o sentido desse desenvolvimento. Giedion sabe que o peso do papel desempenhado por Le Corbusier é forte, mas não suficiente para explicar o "fenômeno brasileiro". "Certamente quando Le Corbusier veio ao Brasil em 1936 isso foi a centelha que levou aqueles talentos a encontrar seu próprio meio de expressão. Mas Le Corbusier esteve em muitos outros países e frequentemente isso resultou em nada além de algumas manchetes de mau gosto, como certa vez nos jornais de Nova York"[3].

Ao analisar a produção de princípios dos anos 1950, Giedion aponta as principais características daquela que já então se reconhecia como "arquitetura brasileira": o desenvolvimento de traços fortes no exterior dos edifícios; os avanços no tratamento dos espaços internos, os jogos de relações formais com a paisagem, etc. Mas o que visivelmente mais o impressiona – e certamente o que mais interessa hoje para nossa reflexão – é outra coisa:

> no Brasil, um certo nível de realização foi alcançado. Ainda que certas características possam ser especialmente visíveis no trabalho de algumas individualidades excepcionais, elas são também evidentes no nível médio da produção arquitetônica: uma situação que não existe na maioria dos outros países[4].

A avaliação de Giedion, cujo conhecimento da produção internacional não é preciso recordar, chama a atenção para um aspecto decisivo para a compreensão do processo de institucionalização da arquitetura moderna no Brasil: ao lado da incontestável preeminência de algumas obras de exceção, há algo que assegura uma dimensão extensiva na qualidade da produção arquitetônica, que reforça a identificação dessa arquitetura como "brasileira", já não somente no sentido, tantas vezes apontado, do enraizamento de suas soluções formais no ambiente tropical ou na tradição cultural. Neste ponto fica claro que a leitura de Giedion nos remete a dois problemas chaves para a reflexão não desinteressada nas vicissitudes da arquitetura moderna brasileira.

O primeiro é óbvio e imprescindível a quem afronte com seriedade uma reflexão sobre a situação atual da produção arquitetônica no Brasil. Nosso problema já não é o da possível "irracionalidade" do desenvolvimento da arquitetura moderna no Brasil, mas o de compreender como e porque se conseguiu estabelecer, num intervalo de menos de vinte anos, uma situação em que, junto às obras destacadas de alguns mestres, se atinge um alto nível de qualidade média num número tão significativo de autores quanto os que Mindlin apresenta em seu livro. Em outras palavras, cabe se perguntar como foi possível criar, em tão curto espaço de tempo, uma *cultura arquitetônica*. E, inevitavelmente, isso significa perguntarmo-nos como e porque ela se perdeu de maneira quase tão igualmente rápida.

A segunda questão diz respeito a um ponto nodal de todas as tentativas de caracterização da especificidade da arquitetura brasileira: como compreender o paradoxo que se estabelece entre a constatação de Giedion (cada vez mais confirmada pelos trabalhos de pesquisa que vêm caracterizando a revisão historiográfica dos últimos anos), de um alto nível de qualidade média na produção extensiva, e o processo pelo qual a institucionalização da arquitetura brasileira se concentrou de tal maneira na figura de Niemeyer, que se pode ficar tentado a dizer que, no Brasil, o protagonista se confunde com a instituição arquitetura.

Cremos que uma breve revisão do processo de construção do argumento narrativo da arquitetura brasileira pode ser um instrumento de valia para a reflexão sobre algumas das perplexidades suscitadas por aqueles dois problemas, sem dúvida distintos, mas não separáveis.

Historiografia e construção da hegemonia na arquitetura

Hoje não parece necessário demonstrar a pertinência da análise historiográfica como instrumental adequado para a compreensão do processo de construção da hegemonia da arquitetura moderna de raiz corbusiana no Brasil[5].

Sabe-se que um trabalho de arquitetura deixa pelo menos três tipos de vestígio documental direto, que os historiadores chamariam primário.

Especialmente em um período marcado por forte voluntarismo, os arquitetos justificam seus projetos por meio de textos, teóricos ou de combate, de desenhos e obras. A intervenção de um quarto nível documental, o da crítica ou da historiografia, é mais complexa do que indicaria chamá-lo simplesmente de secundário. A análise das relações entre experiência artística e experiência verbal, superadas as visões de sua mútua irredutibilidade, leva a uma transformação da percepção do trabalho crítico e/ou histórico que reconhece "a crítica como uma participação ativa e fundamental não só na propagação, mas também na geração da cultura arquitetônica"[6].

Não se trata então de destacar os aportes que a pesquisa histórica pode trazer ao ato projetual em si, mas de admitir as leituras críticas e históricas como elementos que se agregam à obra, reconstituindo-a por sua inserção em uma trama que recoloca e reconverte o objeto de análise. O processo de leitura, crítica ou histórica, é assim um mecanismo de realimentação semântica que opera de forma ativa na obra e, através dela, no campo da cultura arquitetônica.

Esta ideia aparece formulada, entre outros, por Argan, que chama a atenção para a especificidade da atuação do historiador da arte (e também da arquitetura, agregamos) que se encontra na circunstância *sui generis* de fazer história na presença de seu objeto: "De fato, a história da arte é a única entre todas as histórias especiais que se faz na presença dos fatos e, portanto, não tem que evocá-los, reconstruí-los nem narrá-los, mas somente interpretá-los. [...] [No entanto] a obra de arte não vale para nós da mesma forma que valia para o artista que a fez ou para os homens de seu tempo; a obra é a mesma, mas as consciências mudam". Por isso, porque mudam as consciências e valores, porque na arte não interessa a coisa em si, mas seu impacto de presença absoluta frente a um sujeito que lê e relê, o historiador, diz Argan, "deve reconstruir sobre seus ombros toda a cadeia de juízos que foram pronunciados sobre as obras de que se ocupa"[7].

Partir de uma verificação cuidadosa dos procedimentos e escolhas da historiografia não é, portanto, partir da exterioridade de uma leitura de interesse puramente acadêmico, mas tentar explicitar como e quando a práxis historiográfica articula seu objeto, recarregando-o de significação e, dessa forma, influenciando diretamente o campo do próprio exercício profissional. Aqui cabe recordar que todo juízo, seja estético ou moral, é juízo histórico, cuja importância está além de sua veracidade. Porque, é ainda Argan quem nos lembra, "a realidade do fato narrado é incontestavelmente diferente da realidade do fato acontecido, mas a narração que se faz hoje de fatos acontecidos no passado tem, para a vida que se vive hoje, um valor que o fato acontecido, como tal, não pode ter"[8].

Goodwin e Mindlin: a construção da arquitetura brasileira

"O Rio de Janeiro assim como Washington foi vítima da mania internacional de supervalorização do estilo de Palladio. Preferiu-se a correção acadêmica a uma arquitetura viva e adequada à terra e o efeito pretensioso somente encontra equivalência em sua esterilidade. O caso, entretanto, chegou a um bom fim. Transcorridos poucos anos e, quase da noite à manhã, a encantadora cidade se curou dessa doença, começando a ver melhor as vantagens de uma arquitetura de acordo com a vida atual e com a moderna técnica construtiva"[9]. Com essas palavras se encerra a introdução do famoso *Brazil Builds*, livro organizado a partir da exposição realizada no Museu de Arte Moderna de Nova York por Philip Goodwin, responsável pelo primeiro impacto da divulgação internacional da emergente arquitetura moderna brasileira. O texto não esconde suas motivações diplomáticas, em relação ao interesse em "travar relações com o país que viria a ser um aliado"[10]. Ademais, alguns episódios recentes da arquitetura brasileira, como o Pavilhão do Brasil na Feira Internacional de Nova York, em 1939, e a conclusão das obras do Ministério de Educação, faziam com que a arquitetura brasileira deixasse de ser vista como uma simples manifestação cultural de um país exótico e começasse a despertar interesse internacional, especialmente pela possibilidade de verificação prática das aplicações do brise-soleil, proposto por Le Corbusier em seus projetos para Barcelona e Argel, de 1933, mas até então não construído.

O trabalho de Goodwin é importante pela projeção internacional que dá à arquitetura brasileira, mas também porque inaugura uma matriz de leitura que se tornará recorrente na historiografia. O vasto espaço dedicado à produção colonial opera como indicador, por omissão, da não relevância da produção eclética da segunda metade do século 19 e de princípios do século 20, mas, ao mesmo tempo, para assinalar a naturalidade e a inevitabilidade da emergência da linguagem moderna. No argumento de Goodwin – de que o fotógrafo Kidder Smith é um coautor relevante – a arquitetura moderna no Brasil tem o duplo sentido de "inserção na vida atual" e de restabelecimento de laços com a "verdadeira" arquitetura tradicional. Assim, à afirmação de que "sua grande contribuição para a nova arquitetura está nas inovações destinadas a evitar o calor e os reflexos luminosos [...] por meio de brises externos" corresponde a assertiva de que "há outros tipos de brises mais populares, como as rótulas coloniais". Ou ainda a afirmação de que a "originalidade" da moderna arquitetura brasileira "deve muito [...] ao uso imaginativo de azulejos"[11].

O forte peso dos grandes edifícios públicos na própria seleção de obras presentes na exposição e no livro leva o autor a uma breve descrição do sistema político brasileiro posterior a 1930 para afirmar que o caráter simbólico representativo desses edifícios constitui "uma prova da importância que tanto o povo quanto o governo dão a seu país". Importância que se materializa na "construção de impressionantes novos edifícios para a sede dos serviços públicos". Que na produção arquitetônica oficial de Vargas se pudessem encontrar igualmente edifícios do mais forte academicismo não indicaria mais que "contradições curiosas que se veem por toda parte". Mais que essas "contradições curiosas", o que lhe interessa é enfatizar que enquanto os estilos "arqueológicos" dominam triunfantes em Londres, Washington e Munique, "o Brasil teve a coragem de quebrar a rotina e tomar um rumo novo, tendo como resultado que o Rio pode se orgulhar de possuir os mais belos edifícios públicos do continente americano"[12].

Ao lado do Ministério da Educação, o Pavilhão do Brasil na Feira Mundial de Nova York de 1939, com sua "elegante leveza", mas acima de tudo o conjunto da Pampulha, não concluído na época da exposição, são os índices do potencial da nova arquitetura brasileira que lhe permitem, mesmo reconhecendo a falta de distância para uma avaliação mais minuciosa, destacar as particularidades desse trabalho: "precisa se considerar, em primeiro lugar, que apresenta o caráter do próprio país e dos artistas que o propuseram; em segundo lugar se ajusta ao clima e aos materiais de que dispõem"[13].

Como costuma ocorrer nas escolhas historiográficas, suas omissões são tão significativas como suas ênfases. Daquelas, as mais significativas são o pequeno papel atribuído a Warchavchik, indicado mais de uma década antes como representante sul-americano do Ciam, Flávio de Carvalho e a obra de Luiz Nunes no Recife, referida de passagem.

Sabe-se que o livro de Goodwin foi o detonador de uma onda de divulgação internacional da arquitetura brasileira[14]. Mas sua contribuição fundamental foi, sem dúvida, inaugurar um argumento narrativo que se tornaria recorrente na historiografia e se apoiaria essencialmente na ideia de indissociabilidade entre a "originalidade" – e o consequente reconhecimento internacional – da arquitetura brasileira e sua identificação com um projeto de articulação entre modernidade e tradição, sustentado e apoiado na expansão e na necessidade de afirmação ideológica do aparato estatal varguista. Os vínculos ao esquema teórico proposto e desenvolvido por Costa, desde seu famoso texto "Razões da nova arquitetura", não são, como se sabe, simples coincidências.

Concebido inicialmente como uma atualização do trabalho de Goodwin, o livro de Henrique Mindlin, *Modern Architecture in Brazil*, concretizou-se pela ausência de uma reedição do já então clássico *Brazil Builds*. Sua edição em 1956, ainda no calor do intenso debate internacional provocado pelas intervenções de Bill, Rogers e outros, como consequência da II Bienal de São Paulo e no ano de início do concurso de Brasília, assim como a escolha de Giedion como prefaciador não são, certamente, gratuitos. Arquiteto militante, o próprio Mindlin começa apontando o caráter ainda restrito da arquitetura brasileira, cuja curta história "é a de um punhado de jovens e uma obra de conjunto conseguida com incrível rapidez"[15]. Advertindo contra qualquer possibilidade de entender essa trajetória a partir de relações de "inevitabilidades ou determinismos", afirma que esse processo não poderia ser explicado nem como simples consequência de uma suposta evolução natural da arte no Brasil nem como expressão reflexa do desenvolvimento industrial e urbano do país. Suas causas "devem antes ser procuradas nos fatores subjetivos de preparação espiritual e do clima intelectual do país"[16].

E é com o propósito de melhor situar esse "estado de espírito" que Mindlin traça em linhas rápidas os eixos do desenvolvimento construtivo e estético da arquitetura do Brasil durante a Colônia e o Império, explicitando textualmente o que estava indicado pela seleção fotográfica de Kidder Smith e Goodwin. Esse desenvolvimento aparece descrito como a constante oposição entre intervenções e movimentos originários da metrópole e a lenta, mas contínua, decantação de traços próprios. O próprio Aleijadinho aparece aqui como aquele que cristaliza o sentido poético da "nova raça", mas ainda no período "das últimas atitudes do barroco português". É no desenvolvimento da arquitetura residencial, especialmente a partir de princípios do século 19, que se elabora uma arquitetura claramente relacionada com as condições técnicas, climáticas e materiais do país, definindo progressivamente um "estilo" caracterizado pela severidade de linhas, pela solidez estrutural e pela ausência de adornos. O mais significativo dessa lenta configuração é, para o autor, sua disseminação e a uniformidade atingida por toda a Colônia, apesar da dimensão do território e da precariedade das comunicações. Uma explicação para essa uniformidade é o enraizamento dessa arquitetura nas condições sociais concretas do país, expressando "a estrutura social, rígida e severa, da supremacia do homem, da segregação quase oriental da mulher, da exploração do negro e do índio".

Os acontecimentos europeus do inicio do século 19, com a transferência da Corte portuguesa para Rio e a posterior chegada da Missão Francesa significaram, para o autor, a reincorporação daquela oposição inicial. O trabalho de Montigny moldou um novo gosto e influenciou mais de uma geração, mas "esta corrente estrangeira, sem raízes no país [...] se torna um fator de desagregação. A arte de construir no Brasil estava dividida em duas".

Inicialmente com o neoclassicismo, e depois com os diversos ecletismos, se configurava a ruptura entre uma arquitetura que, apesar de suas origens lusitanas, assumia lenta e progressivamente um "traço nacional" e a violenta inserção, sob distintas influências e aportes estrangeiros, de outra que, apesar de eventualmente mais erudita e refinada, crescia distanciada da realidade do país. A reação aos ecletismos concretizou-se no neocolonial que, para alguns, era "o retorno à única e legítima tradição". Essa busca da tradição tanto poderia levar a uma nova série de pastiches como, bem compreendida – isto é, como atitude de estrita resposta ao clima, aos materiais e às condições concretas de vida da população – poderia representar uma "interpretação construtiva das necessidades do Brasil do pós-guerra".

Quem conheça a produção teórica de Lúcio Costa não tarda em identificar aqui a aplicação rigorosa de seus esquemas interpretativos[17]. Mindlin não o esconde e vê em Costa o "formulador decisivo" assim como vê nas ideias de Le Corbusier "um trauma estimulante" que aportou vigor e direção ao movimento da arquitetura moderna no Brasil. Por isso, diz, "o caráter específico que ela logo tomou [...] foi também buscado na tradição".

É a partir dessa caracterização do tipo particular de *engate* entre as formulações doutrinárias da vertente construtiva do movimento moderno e a tradição arquitetônica "legítima", que Mindlin passa a sumariar os primeiros passos da nova arquitetura no Brasil: os manifestos de Warchavchik e Levi, os projetos de Carvalho, as primeiras casas modernistas. Diferentemente de Goodwin, reconhece esses passos, mas afirma seu caráter de *antecedentes*, que serviram para que Le Corbusier, em sua passagem decisiva, "encontrasse o terreno já mais ou menos preparado". Esse terreno significava, para Mindlin, uma certa disposição dos setores intelectuais e arquitetônicos que encontraria seu verdadeiro desaguadouro no golpe de estado varguista de 1930, que "impôs um novo regime e um novo estado de espírito". A partir daí, a trama adota um nítido caráter evolucionista, cujo sentido deixa de estar em questão. A positividade atribuída ao regime de Vargas se transfere para o processo de afirmação hegemônica da linguagem moderna de raiz corbusiana: ambas são pensadas com o conteúdo básico do *progresso*. Mindlin retoma aqui a trama indicada por Goodwin: a presença de Le Corbusier é compreendida como o elemento catalisador do talento do jovem grupo de arquitetos que passa a realizar uma sucessão de projetos que impactam por sua qualidade e por sua contribuição inovadora à arquitetura internacional. O Ministério, a Obra do Berço de Niemeyer, a Estação de Hidroaviões de Attilio Corre Lima, a sede da ABI e o Aeroporto Santos Dumont, dos irmãos Roberto, representam um *crescendo* que terá sua apoteose em dois momentos: o Pavilhão de Nova York, "uma das atrações mais populares da Feira [...] geralmente considerado como seu mais refinado exemplo de arquitetura moderna" e o Conjunto da Pampulha.

Três aspectos da narrativa de Mindlin são particularmente importantes para a constituição da "trama dominante". Primeiro, a introdução explícita da ideia de que a aventura da arquitetura moderna no Brasil se torna possível pela presença lúcida de um homem de Estado, neste caso Capanema, que, no episódio do Mesp, viabiliza essa "verdadeira revolução", por meio de uma decisão individual baseada "na mescla de visão audaciosa e de sentido comum que o caracterizava"[18]. Em segundo lugar, a incorporação de um novo – e peculiar – marco da periodização: a própria exposição e o livro de Goodwin, "responsável pela atração da atenção internacional a um trabalho novo que significa a primeira aplicação em grande escala dos princípios de Le Corbusier, Gropius e Mies van der Rohe". Por último, Mindlin mostra que o aspecto decisivo do reconhecimento internacional, além de estreitar os laços com os arquitetos estrangeiros que passam a visitar o país com frequência, tem o que podemos chamar de efeito retorno: a aceitação das obras modernas pelo público, para além do círculo dos intelectuais modernistas. É graças ao reconhecimento externo que "o homem da rua, cético e irônico por natureza, começou a se orgulhar dos edifícios que no início considerava engraçados ou bizarros"[19].

Conjugados o reconhecimento internacional e o do homem da rua, estariam oferecidas as condições para o ufanismo. Entretanto, a formação de Mindlin, fiel às origens de um movimento que se nega a pensar o edifício como objeto isolado e que tem por objetivo levar os produtos do espírito e da arte para as grandes massas, o impede de cair no elogio fácil do resultado formal. Seu texto segue apontando as enormes dificuldades representadas pelo explosivo e desordenado crescimento urbano das grandes cidades brasileiras, frente ao qual as poucas incursões profissionais no campo do planejamento urbano permaneciam como tentativas de criar um efeito-demonstração. Outro problema que o preocupa é o ensino que, para ele, segue caracterizado pela desintegração e inadequação curriculares e pelo arcaísmo dos processos didáticos.

A produção da arquitetura brasileira aparece, portanto, para Mindlin, como um processo em desenvolvimento, em relação ao qual não havia então a distância necessária para uma avaliação do conjunto, mas no qual já se podiam singularizar ao menos dois aspectos, que contribuíam de maneira decisiva para a afirmação de sua individualidade. Primeiro, a original elaboração dos dispositivos de controle da luz solar que, não somente respondiam a requisitos higiênicos, mas aportavam à arquitetura um novo valor plástico: "Se, como diz Le Corbusier, 'arquitetura é o jogo sábio, correto e magnífico dos volumes sob a luz', o brise-soleil dá ao jogo e aos volumes uma infinita riqueza de modulação, no sentido da quarta dimensão, por meio da constante mutação das sombras que cruzam a superfície, da aurora ao pôr do sol"[20]. O outro aspecto chave é a pesquisa e o desenvolvimento da técnica estrutural em concreto armado, que contou com o apoio de "um brilhante grupo de projetistas estruturais" e que resultou não somente "em estruturas esbeltas e elegantes como também em uma apreciável economia se comparados os custos de construção em outros países"[21].

O texto de Mindlin se resume a quinze páginas de introdução às duzentas e cinquenta dedicadas a apresentar fotos e desenhos das obras de mais de 120 arquitetos, organizadas por critério funcional. No entanto, o livro constitui, assim como o de Goodwin, um marco referencial da historiografia, seja pelo rigor na seleção das obras e projetos, seja por que seu texto, ainda que curto, é um passo fundamental na construção de um esquema interpretativo que terá muito fôlego.

Ferraz: a história contracorrente

Somente em 1965, nove anos depois do livro de Mindlin, veio a surgir uma voz discordante do esquema interpretativo que se vinha afirmando de maneira concomitante ao progressivo reconhecimento internacional da produção do grupo carioca, em especial de Niemeyer. Recuperando um estilo de trabalho já experimentado na série de artigos publicados na revista Habitat[22], Geraldo Ferraz publicou *Warchavchik e a introdução da arquitetura moderna no Brasil: 1925 a 1940*[23]. Motivado pela exigência de rigor histórico, pela amizade ao pioneiro ou pelo "bairrismo" paulista, como insinua Lúcio

Costa em uma polêmica anterior, o texto de Ferraz propõe e desenvolve um esquema de análise e uma narrativa nas antípodas do que se vinha impondo desde o livro de Goodwin[24].

Os dois textos de que falamos até agora descrevem uma trajetória de desenvolvimento *orgânico* da arquitetura brasileira, desde os primórdios da Colônia, apontando sua capacidade de aclimatação, de adaptação progressiva dos modelos externos às condições climáticas, técnicas, materiais e sociais do país. Neste esquema, a produção neoclássica primeiro e a eclética depois, constituem uma interrupção – um desvio – e a constituição do grupo carioca, a partir da presença de Le Corbusier, significa a recuperação do fio condutor. Trata-se, de certa forma, do argumento narrativo de uma arquitetura brasileira que teve que se tornar moderna para voltar a ser legitimamente nacional.

Para Ferraz, esse esquema não faz sentido. A arquitetura moderna é antes de tudo um fato internacional, "um produto das ideias do século 20, dado que sua adjetivação [...] pertence a um estado de espírito adstrito às transformações que se operam na vida do homem de nosso tempo"[25]. Para ancorar sua visão, dedica toda a parte inicial do livro ao resgate da tradição do racionalismo construtivo, pensado como síntese entre os novos programas socialmente suscitados, as novas disponibilidades de recursos técnicos e materiais e o "estado de espírito moderno". Nesta perspectiva, destaca a importância, para "os pioneiros do século 20", da atitude de partir do zero, de libertar-se de um passado identificado com o peso de uma tradição cultural opressiva, ainda que atento para o risco de limitar a arquitetura a uma visão pragmática.Todo o esquema inicial pretende enfatizar o "sentido internacionalista" do movimento da arte moderna. Internacionalismo que, no âmbito da arquitetura, se concretiza em 1928, quando se encontram no primeiro Ciam, os grupos da Bauhaus e do Esprit Nouveau, "as duas grandes correntes [...] que se desenvolveram desde pontos de partida distintos [mas] chegaram ao mesmo fim, o da unidade de concepção arquitetônica [...] em que ambas chegaram ao urbanismo"[26].

Mesmo reconhecendo a Bauhaus e o grupo articulado em torno a Le Corbusier como as duas vertentes fundamentais da renovação arquitetônica do século 20, Ferraz não deixa de estabelecer hierarquias e valores, dando a primazia a Gropius, porque "sua concepção didática é mais concretamente planejada, mais objetiva, que a dinâmica propaganda de Le Corbusier", o que lhe permite ver no arquiteto alemão "o grande coordenador das ideias do século 20, na completa transfiguração da vida social"[27].

Esclarecidos seus critérios e valores, o autor chama a atenção para a coincidência temporal entre o Congresso de La Sarraz e o começo das polêmicas em torno da construção das primeiras casas modernistas em São Paulo. O início da atuação de Warchavchik corresponde, para Ferraz, à introdução da arquitetura moderna no Brasil e não estará balizado no processo de evolução de quatro séculos de arquitetura, mas no quadro das profundas alterações na vida econômica, política, técnica e social de São Paulo, a partir da primeira Guerra Mundial. Mais que destacar a primazia temporal do Manifesto de 1925, Ferraz aponta o avanço e a qualidade das teses ali defendidas no mesmo ano em que Gropius lançava sua *Internationale Architektur* com "poucas e relativas dissonâncias" entre ambos os documentos. No entanto, a principal preocupação do autor é distinguir internacionalismo da fácil acusação de "estrangeirismo" feita a Warchavchik, que afirmava que "não querendo copiar o que se está fazendo na Europa, inspirado pelo encanto da paisagem brasileira tentei criar uma arquitetura que se adaptasse a essa região, ao clima e também às antigas tradições desta terra"[28]. O autor busca apoio para sua tese em declarações de Le Corbusier, que afirmara ter encontrado na obra do arquiteto russo, "a melhor adaptação das diretrizes da arte moderna de construir na paisagem tropical da América do Sul" e aponta que a participação de Warchavchik no IV Congresso Pan-americano de Arquitetura, no Rio de Janeiro, representa uma posição precisa e inequívoca com respeito às relações entre internacionalismo e condiciones regionais: "Teremos talvez, uma arquitetura europeia, outra sul-americana, outra norte-americana. Finalmente, todas juntas formarão um só estilo mundial criado pelas exigências próprias da vida atual [...] [mas] esta arquitetura será a mais regional possível, porque sua primeira e principal exigência será adaptar-se à região, ao clima e aos costumes do povo"[29].

A partir daí, Ferraz percorre os distintos marcos da periodização já estabelecida, propondo sua própria e distinta leitura de cada um. O golpe militar de 1930 recebe um tratamento mais crítico que o de seus antecessores. Para o autor, o governo Vargas tinha significado "uma oportunidade de mudanças para todo o país. Uma grande esperança, logo desfeita, emergia do fundo da alma popular. [Acreditava-se] que se renovariam os processos de educação e instrução de massas, que a produção receberia um influxo decisivo".

Reconhece a importância do episódio da breve passagem de Lúcio Costa pela direção da Escola Nacional de Belas Artes, mas recordando que Warchavchik, além de Burdeus, era naquele momento o único arquiteto com obra construída segundo os princípios modernos e em contato direto com a produção internacional. A construção da Casa da rua Toneleros, a primeira obra modernista no Rio, mais que um simples evento de propaganda, tinha representado uma rara oportunidade de formação para o jovem grupo carioca: "Durante duas semanas, todas as tardes, sob o ilustre comando de Frank Lloyd Wright, se reuniram [...] Warchavchik, Costa e os jovens arquitetos e estudantes que iriam formar o grupo de renovadores da construção no Brasil"[30]. E, pouco mais tarde, foi na sociedade de construção Warchavchik & Costa, "em cujo corpo de desenhistas se encontrava o jovem Niemeyer" que "Costa se vinculou à construção moderna no Rio", pois até então "sua adesão ao movimento se limitava a uma questão de princípios"[31].

Inclusive no episódio da construção do Ministério da Educação, sua ênfase é na influência do arquiteto paulista. Resumindo em meio parágrafo todo o complicado processo de idas e vindas que ao final resultaram na presença de Le Corbusier, Ferraz indica que o mestre francês trabalhou no Rio "com alguns indivíduos que estudaram em 1931 sob a direção de Warchavchik e outros que tinham trabalhado na sociedade Warchavchik & Costa"[32]. Questionando de maneira implícita a avaliação, inclusive internacional, que aponta na originalidade e inventividade da adaptação das premissas de Le Corbusier, a razão do êxito das obras brasileiras, o autor afirma: "Tal influência nem sempre foi benéfica, pela eventual ausência de sentido crítico de seus discípulos, pela contrafação do caráter da arquitetura [...] [e por] um excesso de valorização romântica na reprodução de certas premissas de Le Corbusier, reprodução que perde sua força construtiva para se desdobrar em uma espécie de modismo equívoco"[33].

A esses "equívocos" contrapõe-se a imagem do velho pioneiro que "alheio aos acontecimentos, trabalhava em São Paulo e buscava manter acesa a chama da arquitetura funcional". Consciente da assimetria das realizações que põe em confronto, Ferraz tenta retirar a discussão do campo institucional para reivindicar a coerência estética e programática. Admitindo que seria ilógico comparar as primeiras casas de Warchavchik "com um monumento arquitetônico da ordem do programa que teve o Ministério da Educação, obra de governo com todos os seus imensos recursos", cita Montesi para recordar que "uma casa, ainda que modesta, é um fato arquitetural, um elemento espacial que se insere numa ambiência definida." As obras de Warchavchik, levando-se em conta seu caráter esparso e isolado, afirma, "constituem fatos históricos, marcos conscientemente plantados no tempo"[34].

A posição historiográfica de Ferraz, que vista retrospectivamente pode parecer uma atitude de romantismo contracorrente, tem, no entanto, uma inserção e um respaldo. Os anos 1960, marcados na arquitetura brasileira pela euforia inicial e pela posterior perplexidade frente aos limites da experiência de Brasília, pareciam deslocar para São Paulo, palco da experimentação do novo brutalismo, as esperanças de um novo momento dinâmico na arquitetura brasileira. O respaldo institucional do Masp à realização da exposição e ao livro não é alheio a essa avaliação estratégica.

Três anos mais tarde, num ensaio famoso, Sergio Ferro constataria o recuo das esperanças frente ao "toque militar de recolher"[35] e o epitáfio da fase gloriosa será o marco da "crise da arquitetura brasileira", mote permanente e fantasma da formação de várias gerações de arquitetos dali em diante. Mas a isto teremos de voltar mais adiante.

Bruand e a consolidação da narrativa

O livro de Yves Bruand, *Arquitetura contemporânea no Brasil*, é sem dúvida o mais exaustivo trabalho na historiografia da arquitetura brasileira. O autor começa declarando-se motivado ao trabalho porque a arquitetura no Brasil "conheceu dois grandes períodos de atividade criadora": a arte luso-brasileira dos séculos 17 e 18, estudado por Germain Bazin e o período atual, "abordado superficialmente em publicações de caráter documental"[36]. Seu objetivo explícito é "examinar os monumentos não somente em função de seus valores intrínsecos [...] mas considerando sua situação no tempo e suas procedências perceptíveis, na tentativa de revelar sua evolução e seu significado histórico"[37]. Seu livro está assim marcado pelo esforço de rigoroso levantamento documental, pela verificação de versões e pelo desejo de construir uma interpretação, no sentido historiográfico, não somente da evolução interna da série arquitetônica, mas de suas relações com o contexto técnico, cultural e político em que se desenvolve. O resultado será, como veremos, ambíguo.

A estrutura do trabalho começa por apresentar uma descrição sumaria das condições físico-geográficas do país, enquanto elementos determinantes tanto das características da arquitetura tradicional como da opção pelo sistema corbusiano, com o desenvolvimento do brise-soleil, da planta livre e da adequação dos térreos liberados por pilotis para responder às necessidades climáticas de controle da insolação e facilitar a ventilação.

Apoiando-se em leituras de intelectuais dedicados ao tema da "formação do Brasil contemporâneo", assinala que a industrialização e a urbanização de princípios do século alteram apenas parcialmente a organização social herdada da Colônia. A estrutura oligárquica aliada à especulação urbana explica assim a inutilidade de "esperar uma arquitetura voltada para o planejamento global ou vinculada a grandes realizações sociais". Curiosamente isso não é, para Bruand, um julgamento negativo. Rebatendo as críticas de Max Bill, argumenta pela impossibilidade de absorver no Brasil o modelo de Gropius, pois este era marcado pelo duplo conflito das relações entre arte e indústria e da democracia fatal da arte, quando "nenhum destes problemas tinha sua razão de ser no Brasil". Da mesma maneira, a arquitetura de Mies, aristocrática e dependente de mão de obra altamente qualificada e de utilização de elementos industriais perfeitos, "não poderia encontrar repercussão num país em que nenhum destes princípios poderia ser satisfatoriamente resolvido". Para o autor, a adesão à vertente corbusiana, assim como os traços próprios que logo assumiu a arquitetura brasileira refletem de maneira magnífica "a realidade profunda do país"[38].

Bruand vai buscar na análise culturalista de Fernando de Azevedo a compreensão dessa "realidade profunda", para explicar, em sua introdução, alguns elementos básicos das relações entre arquitetura e sociedade brasileira. Assim, o "predomínio do afetivo, do irracional e do místico" não pode ser estendido à arquitetura, "profundamente pensada, assentada na razão, mesmo quando rompe as amarras de princípios rígidos e permite à imaginação um papel importante", mas o "individualismo anárquico" está "fortemente expresso na ausência de planejamento e de organização do sistema urbanístico". Da mesma maneira, "a busca de prestígio pessoal", a "preocupação com a hierarquia social" e o individualismo "não são privilégios dos clientes: podem ser encontrados, em diferentes graus, na maioria dos arquitetos". E explica sua ânsia por soluções brilhantes e individuais. A "inteligência viva" e a "facilidade de adaptação", características de um "povo de pioneiros", são confirmadas "pela extraordinária capacidade de assimilação dos arquitetos do país" para os quais bastaram três semanas de trabalho com Le Corbusier para que "seus membros surgissem transformados, como por passe de mágica, lançando-se em busca de novos caminhos". Para ele, essas "características do povo brasileiro" ajudam a compreender a rápida mudança da opinião pública depois da construção do Ministério: o reconhecimento e os aplausos internacionais "sacodem o sentimento do povo", e enchem de orgulho "uma opinião pública ávida de glória". Da mesma maneira, a forma peculiar que o nacionalismo cultural assumiu no Brasil é a expressão de um povo que "concilia a vontade de progredir" a um "apego sentimental e racional ao passado"[39].

Discordando de Mario Pedrosa, que vê um vínculo estreito entre arquitetura e regime político, Bruand prefere assinalar o apoio decisivo, mas individual, de "alguns governantes", como Gustavo Capanema, o ministro da Educação "cujo sonho era construir a primeira obra monumental da arquitetura moderna no mundo" ou Juscelino Kubitschek, o presidente que "profundamente ambicioso, disposto a correr riscos para cobrir-se de glória [...] construiu sozinho, durante suas várias passagens pelo poder, mais edifícios que qualquer homem de Estado nos últimos dois ou três séculos"[40].

A periodização proposta por Bruand, que confirma 1936 como "marco fundamental" e 1945 como "afirmação decisiva" da arquitetura brasileira, contribui para consolidar a interpretação dominante da constituição do discurso moderno no Brasil. No entanto, trabalha essa periodização sem prender-se a linearidades, pesquisando "desenvolvimentos paralelos" à trajetória do "grupo central" carioca. O autor inicia sua abordagem a partir de 1900, de maneira assumidamente arbitrária, com o intuito de traçar o quadro do ambiente em que se deram as primeiras tentativas da arquitetura moderna e, ainda que por princípio não negue qualquer mérito às obras ecléticas, adere à visão de que o conjunto "era, por sua natureza um fato profundamente negativo" que expressava "um complexo de inferioridade levado ao extremo". Nesta perspectiva – e aqui percebemos novamente o esquema de análise de Costa – o neocolonial aparece "como uma transição necessária entre o ecletismo de caráter histórico, do qual era parte integrante, e o surgimento de um racionalismo moderno [...] cuja grande originalidade local não pode ser ignorada"[41].

O neocolonial é então, e não apenas cronologicamente, uma das "premissas da renovação" que ocorrerão entre 1922 e 1935 e que incluem o trabalho pioneiro de Warchavchik. Neste ponto, Bruand se apoia no trabalho de Ferraz ainda que se incline a encontrar em Le Corbusier, mais que em Gropius, suas referências fundamentais. Quanto a sua contribuição, critica a opinião de Costa em relação à independência do desenvolvimento da arquitetura posterior ao Ministério: "é duvidoso que isso pudesse ocorrer sem a ação pioneira de Warchavchik que preparou o caminho para forjar uma nova mentalidade nos jovens arquitetos do Rio de Janeiro." No entanto aponta que sua "rigidez doutrinária", seu "espírito sistemático que (ao contrário de seus colegas brasileiros) não admitia móveis coloniais num ambiente moderno" mostravam que "era demasiado estrangeiro para o país e demasiado radical para conseguir realmente naturalizar-se"[42].

Outro inegável mérito de Bruand é ter tirado do quase completo esquecimento o importante, ainda que breve, "movimento de Recife", "autônomo [e] sob vários aspectos, inclusive mais avançado" que os do Rio ou São Paulo. Liderado por Luiz Nunes entre 1934 e 1937, o trabalho da equipe que incluía aos então desconhecidos Burle Marx e Joaquim Cardoso, "aproveitou as lições das figuras europeias sem ficar prisioneiro de seus ensinamentos" e "tomou o caminho de uma síntese entre o caráter universal dos princípios básicos e da expressão regional que lhes podia ser atribuída"[43].

Uma contribuição significativa de Bruand à compreensão do episódio chave do Ministério foi expor com mais exatidão o papel de Le Corbusier, não somente como o mestre que traz pessoalmente os princípios gerais, mas como o arquiteto que mostra um método de trabalho em que não se separam princípios teóricos e desenho, não se tratando "de duas operações sucessivas, uma puramente intelectual [e a] outra manual", mas de "duas abordagens simultâneas e indispensáveis". Bruand aponta ainda, partindo de depoimentos dos protagonistas, a responsabilidade de Le Corbusier por duas características até então atribuídas à originalidade dos brasileiros: a ênfase em que a preocupação rigorosa com as necessidades técnico-funcionais não poderia nunca ofuscar as exigências plástico-formais e a defesa da utilização de elementos paisagísticos ou técnico-construtivos originários da tradição local, como as palmeiras imperiais ou os azulejos.

Como se disse, o trabalho de Bruand tem uma preocupação documental que não estava presente nos ensaios historiográficos anteriores. No entanto, e apesar de algumas diferenças já indicadas, aceita e reforça não somente os marcos de periodização como o esquema explicativo geral que, apoiado nas formulações de Costa, tinha conquistado o ambiente internacional com o livro de Goodwin e base documental com o de Mindlin[44]. É preciso destacar quão significativa é a manutenção e consolidação dessa trama narrativa, que vê na arquitetura moderna de matriz corbusiana não somente *um* projeto arquitetural, mas *a* arquitetura brasileira, mais de dez anos depois da dissolução do contexto político e institucional em que se formou. O fim do projeto nacional-desenvolvimentista, decretado pelo golpe militar de 64, parecia não ter atingido o discurso dos arquitetos que, até finais dos anos 1970 seguiam pautando o debate nacional por temas como "arquitetura e desenvolvimento nacional", o "papel social do arquiteto", etc.

A trama está constituída. Sigamo-la esquematicamente. Há uma arquitetura tradicional brasileira que é o resultado da lenta depuração dos aportes estilísticos da metrópole colonial. Esse processo de adaptação dos modelos portugueses às condições sociais, às disponibilidades técnico-construtivas e ao clima brasileiro consegue, em alguns momentos, gerar uma produção com traços próprios. Goodwin e Mindlin indicam esse processo em termos gerais, mas destacam o barroco de Aleijadinho. Lemos agrega, como momento de reinvenção, a arquitetura bandeirista. O neoclassicismo da Missão Francesa inicialmente e o ecletismo depois farão do século 19 um período de mudança de referências culturais e de ruptura radical entre os modelos eruditos importados e a produção ancorada em saberes tradicionais. No início do século 20 o crescimento das principais cidades, o afluxo de mão de obra imigrante e o europeísmo das elites agravam o domínio do ecletismo. A transformação modernista, deflagrada pela Semana de Arte Moderna de 1922 em São Paulo, não consegue apresentar uma produção moderna em arquitetura. Apesar das tentativas pioneiras de Warchavchik ou Flávio de Carvalho, a nova linguagem, importada, não chega a enraizar-se. O primeiro fato significativo é a passagem de Lúcio Costa pela direção da ENBA, uma espécie de bomba de efeito retardado que irá detonar quando se encontrarem os homens certos no lugar certo: Costa e seu grupo jovem e talentoso, o esclarecido Capanema e o mestre internacional. O edifício do Ministério vai assinalar não somente a primeira realização em grande escala das propostas de Le Corbusier, mas o resgate do processo, interrompido um século antes, de adequação dos modelos europeus às condições sociais, materiais e climáticas do país. Essa adequação é a principal marca de originalidade da nascente arquitetura moderna brasileira e deve ser enfatizada pelo recurso a soluções construtivas e simbólicas tradicionais como forma de conquistar o reconhecimento internacional. Este vem através do texto de Goodwin e é como sua consequência que as resistências internas são finalmente quebradas. Outra vez os homens certos se encontram no momento certo e o esclarecido e ambicioso Juscelino permite a Niemeyer exercitar sua genialidade, apoiada no cálculo brilhante do poeta Joaquim Cardoso, no conjunto da Pampulha. A partir daí, contando com reconhecimento internacional, com domínio refinado da técnica do concreto e com a criação das novas escolas de arquitetura, a qualidade da produção arquitetônica deixa de ser privilégio de algumas personalidades de exceção para se afirmar como linguagem socialmente aceita, num crescendo até a experiência-limite de Brasília.

Arquitetura brasileira: articulação ideológica ou obra realizada?

Como dissemos, a trama está montada. Interessa-nos sua lógica e coerência, mas também suas zonas de obscuridade. As perguntas que não se faz, os temas que se não propõe ou de que se foge. Assim, a ausência do interesse historiográfico nas obras de *caráter social* – por duvidosa e imprecisa que possa ser essa caracterização – levou à "conclusão" da falta de compromisso "da arquitetura brasileira" com os fundamentos sociais que presidem a constituição da arquitetura moderna em suas origens europeias. Uma pesquisa recente mostra que, mais que uma exceção, Pedregulho e Gávea de Reidy, são a ponta de um iceberg, cuja real dimensão está ainda por avaliar[45].

Outro trabalho em andamento identificou na cidade de São Paulo mais de 120 edifícios escolares projetados e construídos em menos de seis anos, com um significativo impacto sobre a paisagem urbana[46]. Mas esses edifícios estão majoritariamente localizados na periferia, foram projetados por arquitetos "de segunda linha", são de baixo custo e, portanto, não encontram seu lugar na historiografia hagiográfica.

Compreender a lógica de montagem da narrativa historiográfica é reconstituir o processo de construção hegemônica de um projeto particular que se converteu em *projeto brasileiro*. Por consequência, é importante para evitar o aprisionamento num discurso baseado na aceitação da suposta naturalidade do percurso. Mas igualmente para evitar a negação acrítica desse mesmo percurso. Estamos de volta à tensão entre as sucessivas camadas de interpretação e a presença absoluta da obra. Se Giedion chamava a atenção para o "alto nível médio de qualidade" da produção extensiva da arquitetura moderna no Brasil, não é menos verdade que, desde Mindlin, a historiografia foi progressivamente concentrando-se na análise da obra de um número cada vez mais restrito de arquitetos. Contradição interna ou problema metodológico, o dilema não se restringe à história da história da arquitetura brasileira, mas adquire uma forte atualidade. É significativo que a narrativa dominante esteja marcada pela completa separação – e às vezes, oposição – entre história da arquitetura e historia do urbanismo ou, de maneira mais abrangente, história da cidade[47]. O trabalho acadêmico vem-se detendo cada vez mais na recuperação da história recente das cidades brasileiras, mas pouco se preocupou em incorporar a história da arquitetura como parte constitutiva daquela.

Indicaremos, a modo de (in)conclusão apenas dois exemplos que, mais que respostas às questões suscitadas, informam o que ao nosso ver deve se constituir num plano de trabalho coletivo. Qualquer pessoa que ande por uma cidade média no Brasil encontrará, se a intensa especulação imobiliária ainda não os tiver destruido, bairros residenciais construídos nos anos 1950, em que se encontram inúmeras casas *à la* Niemeyer: pilotis em V, coberturas em tesoura invertida, a elevação do primeiro piso para permitir uma rampa em curva, um indefectível jardim de seixos rolados *à la* Burle Marx, etc. Certamente não são obras de Niemeyer e, na maioria das vezes, nem sequer de arquitetos. De uma perspectiva sociológica estrita essas obras serão consideradas *kitsch*. Para nós esse fenômeno deveria interessar em outra perspectiva. Importa assinalar aí que, num dado momento da historia do país, a classe média, inclusive das pequenas cidades do interior, teve o *moderno* como valor. E, mais surpreendente, tinha uma imagem clara de um projeto arquitetônico – o de Niemeyer ou da "arquitetura brasileira" – como expressão desse valor. Algumas pesquisas, ainda preliminares e assistemáticas, chamam a atenção para o fato de que a maioria destas casas é anterior à construção de Brasília. Não foi o intenso efeito-demonstração da exposição na mídia da aventura de Brasília o detonador dessa adesão. Se Giedion tinha razão em sua surpresa, então o tema da difusão da arquitetura moderna tem uma relevância a que ainda não se ofereceu uma resposta satisfatória.

Outro exemplo, talvez mais relevante, está na avaliação das grandes ou pequenas obras urbanas dos anos 1940 e 1950. Ainda que algumas delas tenham seu lugar nas seleções da historiografia, geralmente estarão relacionadas à série monográfica da obra de um autor em particular e não ao ambiente urbano e às condições particulares de desenvolvimento da cidade em que estão inseridas e ao qual contribuem em sua medida. A insistência em considerar ao edifício como objeto isolado leva a perder a dimensão urbanística inerente à obra de arquitetura moderna, independentemente de sua escala. Sem dúvida um edifício como o Copan, de Niemeyer, deve ser compreendido no contexto da obra do autor. Todavia isolá-lo das condições concretas de sua realização, do embate com as vicissitudes do mercado imobiliário, da compreensão do papel das novas demandas sociais estabelecidas pelo processo de metropolização, é condená-lo a uma leitura deformada. Fora do contexto das centenas de edifícios de uso misto, do significado e impacto na vida urbana da meia centena de edifícios-galeria construídos na cidade nesse período, o Copan corre o risco de se ver apenas como o surpreendente exercício formal do edifício ondulante em meio ao caos do centro metropolitano.

Não se trata, mais uma vez, de sociologizar a inserção destas obras, mas de compreender que em sua própria articulação projetual, os edifícios são modernos, isto é, estabelecem uma visão e uma proposta de cidade. Olhar para esses edifícios sem os preconceitos habituais é perceber que expressam a crença otimista na possibilidade de uma nova sociabilidade urbana[48]. Alguém já disse que os anos 1950 foram o último momento em que Brasil acreditou na possibilidade de "dar certo". Nesse momento o país se deu conta de que na arquitetura, como na cultura, não há primeiro, segundo ou terceiro mundos. A arquitetura brasileira não era periférica a nada, como sua música também não era. E, neste caso, não se pode dizer que tenha sido o concerto no Carneggie Hall que levou as pessoas na rua a cantar os otimistas – e musicalmente sofisticadíssimos – *standards* da bossa-nova.

A utopia dos arquitetos foi a da possibilidade de construir outro país. Dessa utopia participaram igualmente médicos, engenheiros, sociólogos, músicos, educadores ou filósofos. A todos, e não somente aos arquitetos, atingiu o toque militar de recolher. Um quarto de século mais tarde já não se trata de lamentá-lo, nem de acreditar na possibilidade de tomar àquela produção como modelo. Mas aprofundar a compreensão de seus valores intrínsecos, assim como das condições de sua inserção na cultura urbana, talvez possa vir a ter um valor operativo. Há alguns anos, um jornalista brasileiro perguntava a Chemetov por que a arquitetura francesa tinha voltado a ter importância internacional depois de quase duas décadas sem grande expressão. Ele lhe respondeu simplesmente que, ao não ter muitas encomendas, os franceses tinham se dedicado a estudar...

Notas

1. A uma resenha jornalística de duas recentes tentativas de retomar o fio da construção historiográfica da arquitetura brasileira, Abilio Guerra deu o sugestivo título de "Esfinge silenciosa". GUERRA, Abilio. Esfinge silenciosa. *Jornal de Resenhas*, n. 51, São Paulo, Discurso Editorial/USP/Unesp/Folha de São Paulo, 12 jun, p. 2. Republicado in GUERRA, Abilio. *Resenhas online*, ano 1. Volume 1, São Paulo, Vitruvius, jan. 2002, p. 014 <www.vitruvius.com.br/resenhas/textos/resenha014.asp>.

2. GIEDION, Siegfrid (1956). Brazil and Contemporary Architecture. Prefácio de MINDLIN, Henrique E. *Modern*

Architecture in Brazil, Rio de Janeiro/Amsterdan, Reinhold, p. IX. Edição em francês, por Fréal, Paris. Edição em alemão por Verlag, Georg Callwey, Munich. Versão brasileira: MINDLIN, Henrique E. *Arquitetura moderna no Brasil*. Tradução de Paulo Pedreira. Prefácio de S. Giedion. Apresentação de Lauro Cavalcanti. Rio de Janeiro, Aeroplano/Iphan, 1999.

3. Idem, ibidem.

4. Idem, ibidem.

5. Não era essa a situação, ao menos no Brasil, quando há pouco mais de dez anos, propúnhamos o tema da operatividade da análise historiográfica como instrumento fundamental na compreensão e na geração da cultura arquitetônica, cf. "Arquitetura moderna no Brasil: uma trama recorrente", capítulo inicial de MARTINS, Carlos Alberto Ferreira. *Arquitetura e Estado no Brasil. Elementos para uma discussão da constituição do discurso moderno no Brasil*. Dissertação de mestrado. São Paulo, FFLCH USP, 1988. O desenvolvimento da pesquisa acadêmica e do debate profissional parece ter ido absorvendo lentamente a pertinência da abordagem historiográfica na reflexão arquitetural, como mostra o processo (intenso nos últimos anos, ao menos no ambiente acadêmico) de revisão historiográfica. No entanto, seria excessivamente otimista acreditar que essas propostas estejam completamente absorvidas no circuito acadêmico e profissional, ou esteja eliminado o preconceito que vê na atividade historiográfica uma ação desvinculada da atividade projetual. Ainda se manifesta o ranço anti-intelectual, de que uma certa historiografia não está isenta de culpa, que vê no trabalho do historiador de arquitetura uma ação referenciada nos textos mais que na leitura de projetos ou, por outro lado, uma descrição dos fatores e condicionantes externos à ação projetual, mais que uma pergunta sobre sua lógica interna e seu valor como ação cultural.

6. Cf. BONTA, Juan Pablo. Arquitectura hablada. In WAISSMAN, Marina (org.). Arquitectura y crítica. Buenos Aires, *Summarios*, fev./mar. 1977.

7. ARGAN, Giulio Carlo. *Historia del arte como historia de la ciudad*. Barcelona, Laia, 1984, p. 25-26.
8. Idem, ibidem, p. 20.
9. GOODWIN, Philip L. *Brazil Builds. Architecture New and Old, 1652-1942*. Nova York, MoMA, 1943, p. 25.
10. Philip Goodwin é arquiteto e curador de arquitetura do MoMA e presidente da Comissão de Relações Exteriores do Instituto Norte-americano de Arquitetos. O texto é claro: "O Museu e o Instituto estavam ansiosos por travar relações com um país que viria ser nosso aliado. Por isto, e pelo desejo agudo de conhecer melhor a arquitetura brasileira." Efetivamente, na primavera de 1942 o Estado varguista começava a dar sinais de sua disposição de abandonar suas simpatias pelo Eixo em direção a uma aproximação com os Aliados.
11. GOODWIN, Philip L. Op. cit., p. 84, 87 e 90.
12. Idem, ibidem, p. 91.
13. Idem, ibidem, p. 103.
14. Fica pendente uma avaliação mais rigorosa da amplitude do impacto internacional do livro de Goodwin. Apenas como exemplo, pode-se assinalar que um livro dedicado à arquitetura moderna sul-africana dedica dois capítulos ao tema. "O que *Vers une architecture* tinha sido para a geração de Martienssen, *Brazil Builds* foi para a geração do pós-guerra. [...] Harry Blacker, um contemporâneo de Kaplan recorda que [o livro] era como ouro – quem possuía um exemplar tinha a chave para uma carreira acadêmica exitosa". Cf. CHIPKIN, Clive M. *Johannesburg Style. Architecture and Society 1880s-1960s*. Cape Town, David Philip Pub, 1993. Ver especialmente p. 230-240.
15. MINDLIN, Henrique E. Op. cit., p. 1.
16. Idem, ibidem.
17. Esquemas que podem ser já intuídos em alguns de seus escritos anteriores a 1930, mas que aparecerão desenvolvidos de maneira plena em "Razões da nova arquitetura" (1936), "Documentação necessária" (1938) e "Muita construção, alguma arquitetura e um milagre" (1952). Todos republicados in COSTA,

Lúcio. *Lúcio Costa: registro de uma vivência*. São Paulo, Empresa das Artes, 1995.

18. A diferença, significativa, entre a interpretação de Goodwin e a de Mindlin é que o primeiro atribui a opção pela linguagem moderna "ao regime de Vargas", e o segundo "à lucidez de um homem do aparato estatal", superando assim o incômodo tema das "contradições curiosas" a que se refere Goodwin.

19. MINDLIN, Henrique E. Op. cit., p. 7.

20. Idem, ibidem, p. 11.

21. Idem, ibidem. Sobre este tema, valeria a pena apontar que, após o episódio do Pavilhão de Nova York, em que foi necessária a viagem do engenheiro de estruturas Emilio Baumgart para tranquilizar aos técnicos norte-americanos, o cálculo estrutural brasileiro chamou a atenção dos norte-americanos a ponto de justificar a viagem, em 1944, de Arthur J. Boase, chefe do escritório de cálculo da Portland Cement Association e membro da Comissão encarregada de elaborar as normas da American Concrete Institute, que publicou seus resultados em quatro artigos da revista *Engineering News Record*, defendendo a reestruturação das normas da ACI. Cf. VASCONCELOS, Augusto Carlos. *O concreto no Brasil*. 2ª edição. São Paulo, Pini, 1992, p. 32.

22. A série, intitulada "Individualidades na história da arquitetura no Brasil", focou a produção de Warchavchik, Reidy, Rino Levi, os irmãos Roberto e Lúcio Costa, em artigos publicados respectivamente nos números: 28, de março; 29, de abril; 30, de maio; 31, de junho; e 35, de outubro de 1956. *Habitat* era a revista de arte e arquitetura dirigida por Lina Bo Bardi a partir de 1951.

23. FERRAZ, Geraldo. *Warchavchik e a introdução da arquitetura moderna no Brasil: 1925 a 1942*. São Paulo, Masp, 1965.

24. Em 1947 a revista *Anteprojeto*, dos estudantes da Faculdade Nacional de Arquitetura publicou o álbum "Arquitetura Contemporânea no Brasil", dedicado a Lúcio Costa, "mestre da arquitetura tradicional e pioneiro da arquitetura contemporânea no Brasil". Ferraz publicou na imprensa diária o artigo "Falta o depoimento de Lúcio Costa" em que contesta sua condição de pioneiro, reivindicando-a para Warchavchik. A resposta de Costa, titulada "Carta Depoimento" saiu pouco depois, reconhecendo a primazia temporal de Warchavchik, mas insistindo em que, a partir da presença de Le Corbusier e do gênio de Niemeyer, a arquitetura brasileira teria seguido sua trajetória com ou sem os antecedentes. Os dois textos estão reproduzidos in XAVIER, Albeto. *Lúcio Costa: sobre arquitetura*. Textos de Lúcio Costa. Porto Alegre, Centro dos Estudantes Universitários de Arquitetura, 1962, p. 119-128.

25. FERRAZ, Geraldo. Op. cit., p. 12.

26. Idem, ibidem, p, 17.

27. Idem, ibidem.

28. Artigo publicado em *Correio Paulistano*, 8 jul 1928. Apud FERRAZ, Geraldo. Op. cit., p. 27.

29. Idem, ibidem.

30. Frank Lloyd Wright se encontrava no Rio de Janeiro no final de 1931 para participar, como representante norte-americano, no júri do Concurso internacional para o Farol de Colombo.

31. FERRAZ, Geraldo. Op. cit., p. 39. Nesta passagem há um evidente sentido de tréplica, já que na polêmica citada, Costa tinha afirmado que as realizações de Niemeyer "têm vínculo direto com as fontes originais do movimento mundial de renovação [...] Não foi de primeira ou terceira mão, por meio da obra de Gregório (Warchavchik) que o processo se operou". Cf. XAVIER, Albeto (org.). *Lúcio Costa: sobre arquitetura*. Op. cit., p. 124.

32. FERRAZ, Geraldo. Op. cit., p. 40.

33. Idem, ibidem.

34. Idem, ibidem, p. 43.

35. FERRO, Sergio. Arquitetura nova. *Teoria e Prática*, n. 1, São Paulo, 1967.

36. BRUAND, Yves. *Arquitetura contemporânea no Brasil*. São Paulo, Perspectiva, 1981. O autor, formado em arquivística, ex-aluno da Escola de Chartres e professor visitante da Universidade de São Paulo, apresentou o trabalho como tese de doutorado, defendida em Paris em 1975.

37. Idem, ibidem, p. 7.
38. Idem, ibidem, p. 22.
39. Idem, ibidem, p. 24-25.
40. Idem, ibidem, p. 26-28.
41. Idem, ibidem, p. 58.
42. Idem, ibidem, p. 71.
43. Idem, ibidem, p. 77.
44. Certamente a historiografia brasileira não se resume aos quatro textos aqui tratados. Uma análise extensiva deveria passar, entre outros, por LEMOS, Carlos. Arquitetura contemporânea. In ZANINI, Walter. *História geral da arte no Brasil*. São Paulo, Moreira Salles, 1981; SANTOS, Paulo. *Quatro séculos de arquitetura*. Rio de Janeiro, IAB/DN, 1981; além de trabalhos mais recentes que, sem ter a ambição de apresentar uma interpretação abrangente do desenvolvimento da arquitetura brasileira, trazem contribuições significativas à interpretação de obras ou autores isolados. No entanto, e para os propósitos deste artigo, o essencial do processo de constituição da "trama narrativa dominante" pode-se identificar de maneira suficiente nos textos aqui apresentados.
45. A pesquisa "Habitação social no Brasil, 1945-1960", coordenada por Nabil Bonduki tem uma exposição preliminar no artigo deste mesmo número e já é suficiente para demonstrar os riscos das interpretações que reiteram fontes secundárias num país onde a ausência de bases documentais sistematizadas é a condição usual de trabalho do historiador ou crítico. Ver artigo republicado nesta coletânea: BONDUKI, Nabil. Habitação social na vanguarda do movimento moderno no Brasil.
46. Trata-se da produção do Convênio Escolar que se desenvolveu em São Paulo no período do IV Centenário da cidade (1954) e que projeta e constrói mais de 120 edifícios públicos, entre escolas, jardins de infância, bibliotecas públicas e pequenos teatros distritais no período de 1948 a 1956. A pesquisa vem sendo realizada pelo Grupo de Pesquisa em Arquitetura e Urbanismo no Brasil, coordenado pelo autor e deve resultar numa exposição na próxima Bienal de Arquitetura de São Paulo.

47. Mindlin já manifestava a oposição entre a evolução da arquitetura e o desenvolvimento conturbado das cidades brasileiras. No caso mais emblemático, Bruand organiza seu livro em três partes, as duas primeiras dedicadas à arquitetura e a terceira ao urbanismo.

48. A expressão me foi sugerida por Stanislaus von Moos, ao não esconder sua surpresa durante um agradável percurso pela arquitetura dos anos 1950 no centro de São Paulo.

artigo 23 jorge francisco liernur

THE SOUTH AMERICAN WAY.
O MILAGRE BRASILEIRO, OS ESTADOS UNIDOS
E A SEGUNDA GUERRA MUNDIAL – 1939–1943
[1999]

Por que Brasil?

Em 1943, com a publicação do livro *Brazil Builds*, concluía-se o ciclo de construção do *caso brasileiro* como *topos* fundamental do imaginário da arquitetura do século 20. Ainda que seu processo de formação possa ser datado no começo da segunda metade da década de 1930, o ciclo se desenvolveu entre dois episódios nova-iorquinos, respectivamente em 1939 e 1943: refiro-me à construção do Pavilhão do Brasil na Feira The World of Tomorrow e à exposição *Brazil Builds* no Museu de Arte Moderna (MoMA). Tratarei de demonstrar que, além dos valores arquitetônicos dessas obras, suas condições de sucesso se encontram fora delas: no âmbito da política na virada para a *good neighborhood policy* impulsionada pelo governo de Franklin D. Roosevelt nas vésperas da Segunda Guerra Mundial e no âmbito da história da arquitetura moderna na crise da hegemonia das ideologias funcionalistas.

A pergunta que guia este trabalho é: por que se consagra em 1943 uma "arquitetura moderna brasileira"? Não só porque a adjetivação nacional aparece como uma contradição em seu termo com a vocação até então universalista do substantivo moderno, mas pela exclusão paralela – implícita nessa singular valorização – de outras experiências modernistas hoje reconhecidas como de não menor interesse, como as da ex-Tchecoslováquia, da Itália ou de Israel.

Brasil – Estados Unidos: uma aliança em todos os planos

Em 10 de novembro de 1937, o governo de Getúlio Vargas inaugurou o Estado Novo, uma nova etapa na organização política do Brasil inspirada nos modelos autoritários europeus. Vale dizer que, embora quase que simultaneamente o governo tenha enfrentado o integralismo e os fascistas e nazis brasileiros, a medida augurava a acentuação da aproximação do país à órbita hegemonizada por Hitler e Mussolini. Ou ao menos essa era a impressão que a mudança de rumo causou nos Estados Unidos. Provavelmente para aventar esses temores, em 15 de março de 1938 foi designado chanceler Oswaldo Aranha, ex-embaixador nos Estados Unidos e com fortes simpatias por esse país[1].

Paralelamente, no Departamento de Estado se multiplicavam as medidas de aproximação aos países latino-americanos, nos planos político, econômico e cultural[2]. No marco de uma estratégia de defesa continental era prioritário conseguir que o Brasil voltasse sua política de maneira favorável para os Estados Unidos – não só para proteger suas fontes de matérias-primas, decisivas para a indústria de guerra, mas porque o país possuía a mais extensa linha costeira vizinha à África, e, com seu extenso território desabitado, podia constituir-se uma base ideal de ataque aéreo ao hemisfério norte da América[3].

Essas políticas oficiais estimularam simultaneamente outros signos de aproximação no âmbito privado: os relatos de viajantes e as descrições se multiplicaram[4], e os meios de informação foram dando cada vez mais espaço aos assuntos das Américas.

O interesse dos Estados Unidos pelos países do sul no campo das artes contemporâneas havia tido suas primeiras expressões com o descobrimento dos *muralistas* mexicanos, especialmente a partir de 1927, e se materializou nas distintas encomendas a Rivera, Siqueiros e Orozco, consagrando-se com a exposição sobre arte mexicana organizada por René d'Harnoncourt no Metropolitan Museum of Art de Nova York em 1930[5]. Ainda que algumas iniciativas fossem espontâneas, uma boa parte das instituições ou pessoas envolvidas nestes processos mantinha vínculos estreitos com o Governo, pelo qual se pode falar de uma complexa operação político-cultural de Estado[6].

A abertura do MoMA para a arte dos países ao sul do Rio Bravo começou, precisamente, coincidentemente com a passagem da presidência do republicano Edgar Hoover à do democrata Franklin D. Roosevelt, em 1933[7]. Esse interesse se manifestou desde o primeiro número do Boletim que o Museu começou a publicar em junho desse ano, cuja capa reproduzia uma imagem de uma deusa maia de Copán, Honduras, exibida como parte da exposição American Sources of Modern Art, dedicada à arte das grandes civilizações pré-hispânicas americanas. Com a curadoria do próprio Nelson Rockefeller e de Roberto Montenegro, o Museu apresentou em 1940 uma exposição dedicada a vinte séculos de arte mexicana, e nesse mesmo ano, nos números de agosto e outubro do Boletim, publicaram-se trabalhos sobre Orozco e Portinari. Em novembro se organizou um concurso de desenho industrial restringido às "vinte e uma Repúblicas Americanas", cujos ganhadores formaram parte da mostra Organic Design, que se inaugurou em 1942. Por sua vez, entre 1941 e 1942, o MoMA enviou três exibições de pintura norte-americana contemporânea a nove países da América Latina e constituiu uma equipe de vinte pessoas para rever, traduzir para o castelhano e o português, reescrever e reeditar escritos e filmes destinados às "repúblicas latinas".

Que estas iniciativas não eram produto de uma coincidência e sim parte de um plano de construção de uma aliança política ficaria claro no número especial do Boletim de outubro/novembro de 1942, chamado *The Museum and the War*, em que se podia ler um trabalho – "A United Hemisphere" – no qual se reconhecia a necessidade de representar a imagem dos latino-americanos na opinião pública dos Estados Unidos, descobrindo novas qualidades e valores em algumas culturas que até então – e especialmente durante o anterior período republicano – só haviam sido julgadas generalizadamente pela ignorância, pelos preconceitos e pelo desprezo[8]. No sentido inverso, tratava-se também de substituir – pelo menos transitoriamente – a imagem do *gringo* prepotente pela de um vizinho solidário e compreensivo[9].

O cinema de Hollywood foi um dos principais veículos da súbita paixão pela América Latina[10], e uma das mais eficazes operações neste âmbito foi protagonizada por Walt Disney. É útil lembrar que ela também foi produto de uma atividade promovida e financiada pela OCAI, sob a direção de Nelson Rockefeller e com a assistência do chefe da Seção de Desenhos Animados (Motion Picture Section), John Hay Whitney. O "projeto Disney" da OCAI se concretizou em três viagens que Walt, sua esposa e uma equipe de técnicos fizeram entre 1941 e 1943 para encontrar material apropriado com o qual depois produziram umas duas dúzias de filmes de distintas durações, algumas de entretenimento, como *O gaúcho Pateta* (*El Gaucho Goofy*, 1943) ou *Pluto and the Armadillo* (1943), e outras educativas. Mas na realidade o forte resultado da operação foi uma trilogia integrada pelos filmes *Ao sul da fronteira com Disney* (*South of the Border with Disney*, 1942), *Alô amigos* (*Saludos Amigos*, 1943) e o de maior êxito, *Os três cavaleiros* (*The Three Caballeros*, 1945), conhecido no Brasil como *Você já foi à Bahia?*. Nesses filmes se apresentava um grupo de amigos latino-americanos do Pato Donald, integrado por Panchito, o galinho mexicano, e Zé Carioca, o louro brasileiro, a quem acompanhavam com apresentações mais curtas o pinguim Pablo, o *little gauchito,* e um Pateta caracterizado como argentino. Os filmes misturavam registros documentais com desenhos, paisagens e cidades, pessoas e objetos, e suas cenas mostravam um mundo exótico e inquietante, com belas e atrativas mulheres, drogas, bebidas, canções e formosas paisagens naturais e urbanas. Entre elas se destacavam especialmente Acapulco e Rio de Janeiro[11].

Os inexplorados recursos estéticos das Américas

Mas seria simplista reduzir a uma pura ação política propagandista o interesse norte-americano pelas expressões artísticas latino-americanas. Depois das primeiras manifestações modernistas que tratavam de introduzir o debate e as práticas das vanguardas artísticas europeias, e especialmente na década posterior à Primeira Guerra Mundial, nos Estados Unidos ocorreu um forte questionamento das tendências culturais inspiradas no que se via como um excesso de racionalismo. O surrealismo, como é sabido, se fez forte especialmente na costa leste, e não somente por meio de ideias, mas também mediante a presença direta do crescente número de artistas e intelectuais que fugiam das perseguições ou do auge dos totalitarismos. Em particular sob a influência do pensamento de Carl Jung ou de críticos como o emigrado russo John D. Graham, jovens artistas como Jackson Pollock, Adolph Gottlieb e Richard Porselte-Dart se convenceram de que a arte europeia carecia de intensidade por não contar com laços profundos com suas raízes. Se a arte moderna norte-americana pretendia ser algo mais que uma débil transposição, devia mergulhar nessas raízes[12].

E onde melhor se demonstrava na América a potência de uma arte que recorria a esses fundamentos se não nos vigorosos movimentos ligados ao muralismo, especialmente no México, mas também no Brasil? Como editorava a *Magazine of Art* em 1939, "embora o Tâmisa e o Sena seguiam no mapa de nossa geografia intelectual, há atualmente um ar de venturoso descobrimento que concerne aos inexplorados recursos estéticos das Américas"[13]. A revalorização da arte indígena era também produto da influência de uma nova corrente antropológica liderada por William Ogburn, Margaret Mead e Ruth Benedict. Seus estudos instalaram a ideia de que as sociedades estavam principalmente determinadas por *patterns* culturais, mais que pela herança biológica, as instituições políticas ou as relações econômicas. Em relação à sociedade contemporânea tratava-se, como foi observado por Joseph Cusker, de "buscar na experiência americana modelos a partir dos quais construir uma nova tradição cultural e definir um caráter distintivo americano. Seus esforços abarcavam a revalorização da literatura americana, o folclore, a arte, a música e a arquitetura"[14].

O muralismo mexicano teve uma grande acolhida nestas circunstâncias, ainda que alguns – como os promotores do Public Works of Art Program (PWAP), impulsionado como parte do New Deal – considerassem como seu aspecto mais valorável o declamado conteúdo social, por assim dizer, sua inspiração nos (e sua denúncia dos) problemas do *povo*; outros – como o próprio MoMA – preferiam destacar sua vocação nacionalista.

Nessa segunda linha, que seguiu caracterizando a política do Museu, deve-se inscrever a realização de *Brazil Builds*, em 1943. Com ela se havia identificado em 1940 a exposição unipessoal sobre Cândido Portinari apresentada em 1940. Frente à incômoda militância comunista e trotskista dos "três grandes", Portinari reunia em sua pintura o monumentalismo, o nacionalismo e até mesmo o populismo que interessavam aos norte-americanos, mas a sua não era uma expressão de denúncia ou um reclamo de transformação radical, e sim uma celebração da particularidade brasileira, enraizada em seu povo. Por esse motivo, a mostra se realizou sob o título de *Portinari of Brazil*, no qual se somava às qualidades específicas do artista o papel de uma espécie de embaixador cultural[15]. Como diria um de seus críticos: "Diferentemente dos mexicanos, ele não tem nenhuma mensagem didática social para expor. Mas mostra o que observou com simpatia e dignidade, livre de propaganda"[16].

Por outro lado, tanto o "descobrimento" das expressões mais "genuínas" da arte da América como a busca de valores na arte dos indígenas dos Estados

Unidos estavam ligados a influentes intérpretes em outros âmbitos da cultura norte-americana. Frente à perda de intensidade das vanguardas artísticas europeias durante a década de 1930, mas também como reação à Grande Depressão, uma parte dos intelectuais desse país avançaram no questionamento ao que consideravam como uma desumanização em consequência da sujeição aos ditados da técnica e aos males derivados, como a metropolização e a burocratização. Neste clima de ideias se elaborou o projeto da Feira Mundial de 1939 em Nova York, pensada originalmente como reflexão e experiência de uma comunidade não persuadida pelos dilaceradores móveis do dinheiro e pelo desenvolvimento técnico, mas guiada por um interesse maior pela sociedade e pela cultura[17].

O Pavilhão do Brasil

Segundo foi descrito em numerosas ocasiões, o Pavilhão do Brasil para a Feira Mundial de Nova York de 1939 foi produto de um Concurso Nacional. Duas características são destacáveis do processo em relação com nosso ponto de vista. A primeira é que nas bases se especificava que a forma do pavilhão devia ser acorde com o espírito da exposição, identificado com a ideia do "mundo de amanhã", e "ser capaz de traduzir a expressão do meio brasileiro"[18]. A segunda é que não se construiu o projeto eleito por sua "brasilianidade", de Lúcio Costa, e sim uma nova versão elaborada principalmente por Oscar Niemeyer: o notável é que o projeto original de Niemeyer havia ficado em segundo lugar por priorizar a funcionalidade e a economia do edifício em detrimento de seu caráter nacional.

Uma ulterior mostra da vocação de dar ao Pavilhão a máxima intensidade como representante da articulação Brasil-Estados Unidos se constitui na presença de seu terceiro autor, Paul Lester Winer. Não só porque Winer tinha vínculos pessoais estreitos com os mais altos níveis do governo (e por sua posterior recepção com honras no Rio de Janeiro)[19], mas porque tinha sido o projetista de nada menos que o pavilhão norte-americano na Feira Internacional de Paris[20].

Que Brasil se mostraria em Nova York? Um país grande e com numerosos recursos naturais (necessários para os Estados Unidos), mas também um país com vocação modernizadora e forte personalidade própria, independente. O principal traço de diferença que o Pavilhão indicava a seus anfitriões norte-americanos era o da prioridade do sensível sobre o calculado ou o utilitário. Se os Estados Unidos ou os outros países industrializados podiam impressionar os visitantes por sua avançada tecnologia ou por sua capacidade organizativa, o Brasil apresentaria a si mesmo como orgulhoso de possuir um inefável sentido do desfrute sensual da vida[21]: um gigante amistoso, alegre e vital. Por isso, o Pavilhão exibe por um lado uma ideia da natureza brasileira, pródiga em recursos, e por outro um conjunto de atividades de desfrute dos sentidos: o ouvido, a vista, o paladar, o olfato, o tato.

A apresentação da natureza dá prioridade à água, elemento protagonista do jardim, reforçado pelo aquário. Os recursos – madeiras, pedras, metais – são exibidos no primeiro andar, num espaço fechado chamado precisamente "Hall do Bom Vizinho". Em alguns casos, esses elementos se apresentam em estado natural, em outros, trabalhados em formas arbitrárias (a madeira, por exemplo, é exibida em esferas e obeliscos que reproduzem o símbolo da Feira). Um grande desenho nos vitrais reproduz os mapas dos dois Estados superpostos, mostrando suas superfícies equivalentes.

No entano, a maior parte da superfície está ocupada pelos dispositivos sensuais artificiais: o setor de degustação do café, o restaurante, a sala de baile (circular) e o auditório. É verdade que não se pode deixar de advertir que o Pavilhão se inscrevia na série experimental construída nas exposições que ocorreram ao longo da década e de cujos traços ele se faz eco[22], mas a destreza e a elegância com a que os arquitetos resolveram as curvas do perfil externo ou do traçado da planta do mezanino eram de uma qualidade como conjunto nunca antes alcançada. O valor da obra reside em sua capacidade de responder a seu programa político e de amplificar de forma superlativa sua capacidade de ressonância.

Tal como os arquitetos o postularam em sua Memória dirigida ao comissário da exposição, o Pavilhão se distingue por sua ligeireza e pela delicada harmonia de suas formas, uma qualidade inefável, não contemplada pelas fórmulas funcionalistas que a exposição do MoMA havia se encarregado de canonizar como princípios do *international style*[23]. A obra é inquietante porque, embora trabalhe a partir de alguns desses princípios – a planta livre, os pilotis, a estrutura independente, a ausência de decoração, o *courtain wall* –, por outro lado põe em questão a racionalidade que supostamente as inspira. Esta operação de afirmação e negação simultânea pode ser melhor compreendida se comparada com a proposta do Pavilhão da

Finlândia na mesma Feira. Apesar de constituir uma inovadora expressão plástica, os muros ondulados e oblíquos criados por Alvar Aalto constituem uma resposta de base funcionalista (definem um plano elevado de exposição e leitura), especialmente valiosa porque pode por acréscimo construir uma metáfora da natureza de seu país e de suas tradições produtivas. Diferentemente, as curvas do Pavilhão do Brasil são absolutamente arbitrárias. É verdade que seu uso está determinado na planta pela forma do terreno, porém uma vez descoberto como tema, sua repetição na totalidade da partitura do pavilhão deixa de se apoiar em razões funcionais, econômicas ou simbólicas, e se exibe como um produto gratuitamente primoroso do talento de seus criadores. E a gratuidade dessa operação, sua vocação de desvio da norma, se faz evidente precisamente porque a norma – os pilotis, a superposição de pedras, etc. – está presente, do mesmo modo que a ligeireza do pavilhão se lê contra o excesso do vizinho pavilhão francês ou que a graça da curva se percebe com mais força contra um sistema de retas.

Não há dúvidas de que o Pavilhão preenchia amplamente as expectativas políticas de "apresentação em sociedade" do novo aliado, e as expectativas ideológicas dos grupos intelectuais "progressistas" aos quais já aludimos. No entanto, ou justamente por isso mesmo, creio que é possível afirmar que sua popularidade crítica, e especialmente a de sua singularidade, será uma construção historiográfica *a posteriori*, e se produzirá apenas a partir de sua inclusão no operativo de consagração organizado pelo MoMA em 1943. Em 1939 a excepcionalidade da obra não foi advertida nem pelo público nem pela crítica especializada, para quem o Pavilhão do Brasil ocupou um lugar similar aos de outros países, como Finlândia, Suécia, Argentina e Venezuela[24].

No processo de aproximação entre os Estados Unidos do Norte e os Estados Unidos do Brasil, a construção do edifício na Feira nova-iorquina não foi um acontecimento isolado[25]. Em fevereiro de 1939 firmou-se entre ambos os países um acordo de cooperação, fato decisivo no plano econômico[26]. Os acordos foram validados por cerimônias diplomáticas de primeiro nível: o próprio chanceler Aranha viajou nessa ocasião aos Estados Unidos, e em 25 de maio chegou ao Rio na nave *USS Nashville* o General George Marshall, recentemente designado Chefe de Estado-Maior, visita que por sua vez foi devolvida nesse mesmo ano pelo chefe da Armada brasileira, Pedro Aurélio Góes Monteiro[27].

Todavi, o acontecimento que pôs o Brasil no centro das simpatias populares norte-americanas durante esses meses de 1939 imediatamente anteriores ao início da Guerra foi a apresentação de quem se converteria em uma das mais famosas estrelas da Hollywood dos anos da Guerra, e no ícone por excelência do Brasil: Carmen Miranda. Uma das animadoras de maior êxito das mostras de *brasilianidade* exibidas no pavilhão, Carmen havia nascido portuguesa com o nome de Maria do Carmo Miranda da Cunha, em Várzea da Ovelha, próxima de Porto, em 9 de fevereiro de 1909. Cantava em espetáculos no Rio quando, em princípios de 1939, foi descoberta pelo empresário norte-americano Lee Shubert[28]. Em 4 de maio viajou a Nova York para atuar, ademais de no Pavilhão, em um espetáculo da Broadway, um *pot-pourri* de números internacionais sob o nome de *Ruas de Paris*. A apresentação de

Carmen durante os últimos seis minutos do show cantando "The South American Way" obteve um êxito estrepitoso: Dorothy Kilgellen, do *New York Journal*, classificou-a entre as dez pessoas mais citadas nos jornais desses dias[29]. Depois do êxito dessa temporada, Carmen voltou ao Rio e imediatamente recebeu propostas da Twentieth Century Fox para começar a filmar em Hollywood. Seus principais filmes foram: *South American Way*, em 1940, *Uma noite no Rio* (*That Night in Rio*), com Don Ameche, em 1940, *Aconteceu em Havana* (*Week-end in Havanna*), com César Romero, em 1941, e *Minha secretária brasileira* (*Spring in the Rockies*), também com Romero, em 1942[30].

Para completar a relação entre arquitetura e samba, convém recordar um episódio imediatamente posterior. Tal deve ter sido o entusiasmo que a experiência da fusão musical-arquitetônica provocou em Paul Lester Winer, que em pouco tempo decidiu inventar uma nova corrente estética derivada dela: o "funcionalismo rítmico"[31]. Certamente, não se tratava de uma tentativa sistemática de tradução direta de uma arte à outra, e Winer também não deve tê-la levado muito a sério, porque não persistiu muito tempo em sua nova corrente estética. Mas a ideia lhe inspirou ao menos uma casa para uma "conhecida estrela de Hollywood" na Califórnia. Segundo sua descrição, o projeto propõe algo "mais que uma caixa de cimento bem planejada". A construção "deve se ondular e curvar para ser parte do terreno, deve tirar vantagem do sol, das sombras, dos ventos dominantes, e o exterior deve expressar as funções do interior não por meio de simetrias clássicas [...] mas sim por meio do que o senhor Winer chama de a *fachada total*"[32].

A construção de um livro

Analisemos agora *Brazil Builds*. Não é necessária nenhuma sutileza interpretativa para encontrar as razões que determinaram sua publicação: o Prefácio, página sete, começa indicando que "na primavera de 1942 o Museu de Arte Moderna de Nova York e o Instituto Americano de Arquitetos (AIA) estavam ansiosos por estabelecer estreitas relações com o Brasil, um país que será nosso futuro aliado".

Em relação ao MoMA, a exposição se inscrevia em pelo menos duas séries. Por um lado, na determinada pela política de aproximação à América Latina; por outro, na que define o lugar da Arquitetura no Museu. Além das mostras que já citamos, devem se agregar à primeira série as exposições *Um hemisfério unido; cartazes*, de 1942, *The Latin-American Collection of the Museum of Modern Art*, de 1943, e *Modern Cuban Painters*, de 1944.

Quanto à segunda série, que como se sabe teve início em 1932 com a exposição *Modern Architecture; International Exhibition*, a política do Museu parece ter estado dirigida a dar aos Estados Unidos um papel protagonista no debate modernista. Mediante três movimentos: em primeiro lugar, colocando-se como árbitro do censo internacional da arquitetura moderna (disputando esta função com os tradicionais círculos de consagração europeus); em segundo lugar, descobrindo nos Estados Unidos as próprias raízes dessa arquitetura moderna; e, em terceiro lugar, reivindicando "outras" arquiteturas modernas ou, ainda mais, verdadeiramente modernas, periféricas em relação às até então correntes dominantes europeias. Se a exposição e o livro de Hitchcock e Johnson de 1932 foram as peças-chave do primeiro movimento, o segundo se expressa nas exposições *Early Modern Architecture, Chicago, 1870-1910*, de 1933, *The Architecture of H. H. Richardson and his Times*, de 1936, *A New House by Frank Lloyd Wright on Bear Run, Pennsyvania* de 1938, *Guide to Modern Architecture, Northeast States* de 1940, *Built in USA* de 1944, série que na imediata pós-guerra se completaria com as exposições sobre arquitetura doméstica de 1946, 1949 e 1953. O terceiro movimento pode ser visto nas exposições *Modern Architecture in England*, de 1937, *Aalto: Architecture and Furniture*, de 1938, e *Britain at War*, de 1941.

É evidente que a exposição *Brazil Builds* se colocava na interseção de ambas as séries. O evento começou a ser preparado em principios de 1942 no Gabinete do Coordenador de Assuntos Interamericanos do Departamento de Estado, e as figuras mais relevantes que lhe deram impulso inicial foram Nelson A. Rockefeller, Wallace K. Harrison e René d'Harnoncourt. A responsabilidade da operação ficou nas mãos de Philip L. Goodwin, que também foi o artífice de sua estrutura teórica.

Para compreender a particularidade dessa estrutura, é apropriado tomar como referência a mais destacada publicação anterior realizada nos Estados Unidos em relação à arquitetura moderna na América Latina. Refiro-me a *The New Architecture in México*, organizada pela fotógrafa Esther Born e editada em 1936. O propósito desse livro era demonstrar aos norte-americanos que, graças ao impulso revolucionário, os mexicanos estavam produzindo nesses anos uma arquitetura muito mais avançada, muito mais moderna do que a então feita nos Estados Unidos. Born apresentava um conjunto de edifícios, destacando programas "revolucionários" como habitações populares, escolas, hospitais e praças, e a figura de arquitetos radicais, como Juan O'Gorman e Juan Legarreta. A seção destinada às obras estava precedida por um capítulo dedicado ao urbanismo, o que reforçava a ideia de que os valores da arquitetura tinham sua base numa sociedade planejada. Para acentuar o efeito de relação entre arquitetura e sociedade "revolucionária", a autora vinculava e parangonava a arquitetura moderna mexicana à pintura dos "três grandes", à qual dedicava a segunda metade do volume.

É curioso que o livro que foi por muitos anos uma peça canônica da arquitetura moderna não esteja exclusivamente dedicado à arquitetura moderna. Desde o título, *Brazil Builds. Architecture New and Old 1652-1942*, se expressa um propósito muito diferente do da publicação dedicada ao México. Para começar, não se limita a anunciar a apresentação de um conjunto de obras recentes em um país, mas indica o próprio país como sujeito construtor. Ainda mais: a primeira e mais destacada porção do título permite pensar metaforicamente no país como sujeito construtor não somente de edifícios, mas de sua história; o que se vê reforçado pelo subtítulo, que alude precisamente a essa história. Como veremos depois analisando em particular seu conteúdo, *Brazil Builds* não fará referência à relação entre transformação da arquitetura e transformação da sociedade – como no caso anteriormente comentado –, e sim à relação por continuidade da arquitetura e da tradição. Mais ainda: à relação entre arquitetura *nova* e tradição *colonial*. Deste modo, o "Brasil construtor" que o livro apresenta ao público norte-americano se separa da imagem de informalidade ou espontaneidade *natural* associadas aos estereótipos dos latino-americanos e, em particular, das comunidades das áreas tropicais. Pelo contrário, a imagem do novo aliado aparece deste modo caracterizada como uma sociedade pujante, apoiada e legitimada pelas forças da cultura e do passado.

A estrutura passado/presente não é estranha às características de seu autor, Philip Goodwin. Nascido em 1885, Philip Lippincot Goodwin pertencia a uma família patrícia norte-americana[33]. Colecionador de arte[34] e parte dessa elite, Goodwin foi membro do diretório do MoMA e como tal foi designado por Rockefeller e Goodyear para desenhar a sede do Museu[35]. Suas preferências arquitetônicas até então eram tradicionais, o que se reflete em suas publicações – *Architectural Bird Houses as Made and Carved by the Boys of the Greenwich House*, e especialmente *Workshops. French Provincial Architecture as Shown in Various Examples of Town and Country Houses, Shops, and Public Places, Adaptable to American Conditions*[36] –, mas também em suas obras prévias – por exemplo, o Essex Building en Hartford – e em suas primeiras propostas para o museu, as que "aderiam a um estilo de arquitetura mais clássico". Com o objetivo de modernizar o projeto do Museu, Alfred Barr – membro do comitê para a construção e futuro diretor – e Philipp Johnson queriam encomendar o edifício a Mies van der Rohe, porém Goodwin recusou toda possibilidade de incluir um europeu na equipe. Finalmente se designou esse papel a Edward Durrell Stone, conhecido por seu trabalho para a Radio City Music Hall. Como se sabe, o MoMA se instalou em seu novo edifício em 1939[37].

A operação de Goodwin resulta então duplamente coerente. Primeiro, porque valorizava uma arquitetura produzida por uma elite de bases sociais similares à sua e orientada a projetos de qualidade monumental, como os que sempre o haviam interessado. Mas, ademais, porque destacava o fato de que essa arquitetura moderna do Brasil não era uma mera translação de fórmulas europeias contemporâneas e sim um produto da fusão de princípios modernos gerais com suas próprias *American Conditions*: história e clima. Se o MoMA era um instrumento fundamental de um programa político-cultural dirigido à construção de uma arte moderna americana, com o propósito de pôr em valor (artístico e de mercado) a produção das vanguardas norte-americanas, desprendendo-as dos centros europeus de consagração, o que se irá procurar no Brasil é um espelho. Com o complemento de que nesse caso se contará, como veremos, com um antecedente histórico que permitirá uma dupla legitimação.

A tradução deste esquema na estrutura do livro é perfeita: o volume ocupa umas duzentas páginas e se divide em três partes. A terceira ocupa aproximadamente a metade e está dedicada a obras e projetos contemporâneos. Oitenta páginas da outra metade estão dedicadas à história, e às vinte restantes ao clima. Como é natural, Goodwin realiza numerosos recortes a essa história, e é de interesse tratar de entender suas razões.

O primeiro elemento chamativo é o termo *ad quem* da cota temporal que o livro se impõe: 1652. Em nenhum momento do texto se dá conta dos motivos dessa escolha, e a única obra que se indica como relativa a essa data é o Monastério de São Bento, no Rio. A escolha supõe ao menos duas exclusões importantes. Em primeiro lugar, deixa para trás as "precárias" construções dos indígenas, com tradições que precedem à chegada dos europeus ao continente[38], mas, também, deixa de fora as construções dos europeus anteriores a essa data: deve-se recordar que a primeira expedição conquistadora, comandada por Pedro Álvares Cabral, pôs o pé em terras brasileiras dia 1º de maio de 1500. 1652 foi o momento de maior intensidade do levantamento dos luso-brasileiros contra a dominação holandesa em Pernambuco. A chegada de uma armada portuguesa completou em 1654 esse levantamento, que tinha contribuído ao amanhecer da consciência a respeito de suas próprias forças por parte das populações dessa origem. Salvo o Monastério de São Bento e as fortificações da Bahia, as ilustrações do livro correspondem em sua maior parte a edifícios do século 18 e da primeira parte do século 19. Com uma distinção: quase todos os primeiros são monumentos eclesiásticos, enquanto que os segundos correspondem, com poucas exceções, a instalações civis.

Goodwin parece reproduzir deste modo a hipótese sustentada pelos modernistas brasileiros – em particular Mário de Andrade e Lúcio Costa – sobre a relação modernidade/nação. Como o advertiu Marcia Sant'Anna: "*Ser moderno* no Brasil equivalia a *ser brasileiro*, e isso significava se inserir em uma tradição que autorizasse e atestasse o caráter nacional da produção artística". Nessa linha, o propósito dos modernistas ligados às políticas do Ministério da Educação de Vargas era "construir" uma arte brasileira, o que supunha impor uma seleção entre a multidão de expressões artísticas que, como não podia ser de outro modo, constituía o patrimônio do Brasil. A mesma autora nos proporciona a chave para entender a seleção apresentada por Goodwin: "Se tratava de afirmar a arte moderna como nova arte brasileira, herdeira do barroco mineiro – considerado o estilo nacional – e da arquitetura residencial singular e despojada do período colonial"[39].

Ao identificar o barroco mineiro como estilo nacional brasileiro, realizava-se antes de tudo uma operação de unificação: existia uma essência, isto é, um único núcleo de sentido, no qual já se havia expressado a "alma" do Brasil. Por isso, para Lúcio Costa, quando se percorrem os monumentos na Bahia, Pernambuco ou em qualquer outro lugar, "as pessoas veem, inclusive sem saber nada de história, só olhando a arquitetura antiga, que o Brasil, apesar da extensão, das diferenças locais e de outras complicações, tinha que ser de todos os modos uma só coisa. Bem ou mal foi modelado de uma só vez, pelo mesmo espírito, e por uma só mão. Torcido, errado, feio, como se queira, mas uma mesma estrutura, uma só peça. Sua velha arquitetura o está dizendo"[40].

Maracujá e academia

Para as expressões conservadoras mais extremas, essa essência requeria estar ligada a Portugal, porque através de Portugal se unia a Roma, o que não ocorreria se aceitassem como igualmente valiosas a outras componentes culturais do país. Augusto Lima Júnior sustentava que "nosso primeiro século não podia oferecer mais que o rústico primitivo e precário. A escassez de povoados não comportava a existência dessas fricções sociais às que alude o professor Andrés Gimenes Soler, que provoca, pelo contato, a transformação da barbárie em civilização. No século 17 brasileiro, os invasores estrangeiros, criando esse contato entre os habitantes da nova terra, unindo-os numa ideia comum, obrigando a formação de núcleos básicos de concentração, prepararíam o meio próprio para que, no século seguinte, com o aporte violento da emigração, provocado pelo ouro ao longo da costa do Brasil e penetrando em muitos pontos de seu interior, fortes núcleos de civilização que nos deixaram os mais ricos tesouros de arte, ainda não superados pelos séculos que lhe seguiram". Para este autor, retomar esta linha era uma "arma espiritual de combate ao estrangeirismo russo-judeu"[41].

Descrevendo o "povo lusitano" como "rude, franco, temerário, forte", Diego de Vasconcellos podia traçar inclusive uma ponte com a cultura clássica que, em outras tentativas, como a de Aníbal Mattos – aderindo à hipótese de Atlântida –, era mais difícil de sustentar. Essas características, que Vasconcellos encontrava nas manifestações da cultura portuguesa no Brasil, permitiam-lhe afirmar que "nenhum povo neolatino herdou, como o de Portugal, as qualidades do romano"[42].

Como é óbvio, a ideia da existência de uma alma unificadora da cultura brasileira se proclamava em oposição a opiniões em direção oposta, como as de Gaston Pompeu Pinheiro ou Cipriano Lemos. Para este último, "o Brasil nunca terá *uma* arquitetura. E muito menos se afincará nestes lugares o estilo bastardo e pesado importado pelos colonizadores". É notável que para uma visão externa e relativamente independente, como a do uruguaio Juan Giuria, não era demasiado complicado *ver* uma multiplicidade de expressões ao longo da história da arquitetura no Brasil. Em seu estudo, Giuria identificava obras de estilo: 1. "clássico herreriano"; 2. barroco; 3. "barroco muito temperado"; 4. certa influência do estilo Luis XVI; 5. neoclássico; e 6. (neo) renascimento italiano[43]. E efetivamente, nem a arquitetura academista de princípios do século 20, nem a maior parte das expressões classicistas do século 19 formam parte da seção dedicada ao passado no *Brazil Builds*.

Ainda que em alguns aspectos os enfoques evidenciem sua influência, o livro não reproduz exatamente a posição de Lúcio Costa. *Brazil Builds* recolhe as linhas dominantes do debate reduzindo suas contradições a uma aparente unidade e constitui um primeiro passo na imposição de uma ideia – o "barroquismo" como particularidade da arquitetura moderna brasileira – que não estava plenamente aceita em 1942.

Não por casualidade a posição de Costa coincide com a da publicação mais recente que vinculava o modernismo com a história: refiro-me a *Espaço, tempo, arquitetura*, de Siegfried Giedion, editada em 1941. Como no caso de Giedion, para Costa se tratava de encontrar constantes na história. Foi advertido em várias oportunidades que a sua posição não era de ruptura, ou vanguardista, propugnadora da *tabula rasa* ou de um começo do zero. Pelo contrário, também depois dos ensinamentos de Wölfflin, que Costa conhecia muito bem – provavelmente pela leitura latino-americana de Angel Guido –, tratava-se de encontrar linhas de continuidade com o passado que não necessariamente coincidiam com traços estilísticos. Acontece que Costa tinha de resolver um problema teórico comum a outros arquitetos modernistas latino-americanos de sua geração, admiradores de Le Corbusier. Com uma formação tradicional, Costa não sentia grande apreço pelas posições mais radicais das vanguardas, dissolutivas da própria existência da arte, tais como se podiam expressar em alguns construtivistas russos ou no grupo ABC. Pelo contrário, a arte tinha para ele uma função específica na sociedade industrial contemporânea, uma função exatamente oposta à revolução: a arte – afirmaria anos mais tarde – é o "complemento lógico para compensar a monótona tensão e a rudeza opressiva do trabalho cotidiano nas indústrias levianas e pesadas, ou nas duras tarefas de demolição e construção, já que ela viria dar expressão às ânsias naturais de fantasia individual e escolha livre, reprimidas devido à regularidade dos gestos impostos pelo trabalho mecânico". A reivindicação de um papel plástico específico para a arquitetura localizava Costa na corrente representada por Le Corbusier e oposta à encabeçada pelos alemães da chamada *linha dura* funcionalista. O problema era que o mestre francês fundava sua posição plástica purista articulando a simplicidade da produção industrial e da produção popular com a austeridade da produção clássica. O dilema de Costa era: como basear uma arquitetura nacional e moderna à maneira de Le Corbusier em um passado cuja expressão máxima se identificava com o barroco?

Em 1952, quando o papel de Niemeyer como produtor de formas brasileiras ocupou o centro da narração crítica internacional, Costa tratará de responder explicitamente a essa pergunta integrando os excessos formais barrocos a sua teoria, e o resultado será um alambicado raciocínio de *síntese* publicado como "Considerações sobre a arte contemporânea". Mas nos anos que agora estamos estudando, sua solução consistiu em deixar de lado as obras consagradas, ocupando-se em troca da arquitetura doméstica. A operação exigia uma ruptura com os cânones acadêmicos clássicos que não incluíam a produção doméstica como parte da arquitetura. Todavia essa ruptura já tinha sido transitada dentro da própria academia por Viollet-Le-Duc e seus seguidores. Com um conteúdo mais claramente ruskiniano, também não era estranha a outros intelectuais brasileiros nacionalistas, como Augusto de Lima Júnior, que recordava que "as formas de arte, segundo Ruskin, dependem de um princípio mais

fundamental, mais inveterado, mais tenaz que toda a religião, que toda a filosofia: *O espírito nacional e popular, o caráter de raça constituído no curso dos séculos, pela vida em comum sobre um mesmo solo, sob um mesmo clima, com a ajuda dos mesmos recursos*"[44]. A continuidade da alma brasileira, difícil de encontrar na arquitetura culta, podia ser encontrada nas habitações, e estava produzida por mão de obra popular. Ali, nas respostas encontradas e continuadas pelos construtores anônimos do povoado, era onde se podia verificar a ininterrupta linha de identidade que conectaria a arquitetura moderna ao eterno e imutável espírito do Brasil.

A referência ao clima e às condições geográficas estrutura a segunda Introdução do livro. O tema se reveste de particular importância porque, como declara o autor, "conhecer [...] especialmente suas soluções para o problema do controle do calor e da luz sobre grandes superfícies exteriores envidraçadas [...] [foi] o verdadeiramente importante problema cujo estudo instigou nossa expedição". Por outro lado, são essas soluções as que constituem a "grande contribuição [do Brasil] à arquitetura nova". Goodwin critica insistentemente a ausência de preocupação ou resoluções específicas para este problema nos Estados Unidos e destaca a originalidade das respostas que encontra no Brasil.

O uso de distintos sistemas de proteção solar remete em alguns casos à tradição histórica, e em outros à inventiva de seus criadores. Embora se acredite que "já em 1933, Le Corbusier recomendava o uso de brises móveis, externos em seu projeto não executado para Barcelona", também se destaca que "foi no Brasil onde primeiro se pôs em prática essa teoria".

Efetivamente, o tema tinha em alguns casos um desenvolvimento notável, mas nem caracterizava a totalidade da produção, nem se tratava de uma preocupação exclusiva do Brasil.

O uso de telas, planos e diafragmas era habitual nas arquiteturas de verão europeias na década de 1930, e muito frequente especialmente na Itália. Quanto às primeiras, a principal linha de busca e experimentação de soluções foram as arquiteturas helioterapêuticas. A solução de brises foi só um dos caminhos ensaiados por Le Corbusier; o outro – definido por grandes planos horizontais – foi aplicado pela primeira vez no projeto da Vila de Cartago e, a partir da Casa Curutchet em La Plata, nas sucessivas construções da Índia. De distintos modos, esta solução se empregou em experiências tão diversas como as de Gabriel Gouvrekian em Israel, Rudolf Schindler na Califórnia e Wladimiro Acosta na Argentina, que a desenvolveu de maneira sistemática como *Sistema Helios*, sobre o qual publicou um livro em 1936.

A introdução descreve ademais distintos aspectos da arquitetura moderna no Brasil, desde as influências internacionais até os materiais, os programas, as formas de vida e o desenvolvimento urbano, e em todos os casos põe em relevo os aspectos singulares que reforçam a singularidade da produção analisada. Destaca especialmente o uso de azulejos decorados, os pátios interiores das habitações, a vegetação que define os jardins, a intervenção do Estado e a pujança do desenvolvimento urbano – especialmente em São Paulo e Rio de Janeiro –, colocando-o em plano de semelhança com Manhattan, Chicago, Houston e Detroit.

Diferentemente das ilustrações do texto histórico, ordenadas segundo um critério geográfico, as do texto moderno seguem uma ordem temática. Usando-as como fortes fundamentos, a sequência se abre e se fecha com os dois projetos emblemáticos e consagrados: o Ministério da Educação e Saúde, e o Pavilhão de Nova York.

Muitos no Brasil devem ter se surpreendido com o fato de a seleção deixar de fora numerosos projetos e obras de grande importância. Para começar as do próprio Lúcio Costa, de quem, ainda que descartando sua produção neocolonial, podia ter se mostrado ao menos o conjunto de habitações obreiras de Gamboa (1933) ou a casa Schwartz. Mas, além disso, ficava de fora quase toda a produção de Gregori Warchavchick, que para todos era um indiscutível pioneiro da arquitetura moderna em São Paulo, de quem se publicavam apenas duas imagens – uma delas neocolonial. Nem uma menção a Flávio de Carvalho; nem a Luiz Nunes, autor do tanque de água de Olinda publicado na página 158, eliminado junto com o resto de sua obra no Recife; nem a obras como o asilo de Affonso Reidy no Rio, ou todas as escolas construídas por Anísio Teixeira também no Rio. Sem estes exemplos modernos, muitos deles anteriores à serie de edifícios mostrada no livro, e havendo excluído todas as arquiteturas das primeiras décadas do século, de caráter industrial ou de um vocabulário intermediário identificado com frequência com o art déco, os *modern buildings* que o livro apresentava pareciam ter surgido bruscamente, sem transição alguma, de uma fusão entre princípios internacionais e a "alma local" finalmente recuperada.

Ainda assim, ao observar o conjunto dos trabalhos surpreende sua falta de homogeneidade. No que toca a sua qualidade e criatividade, podem-se reconhecer três grupos. Um grupo está integrado por edifícios de escassa importância ou de uma qualidade mediana que não justificaria sua inclusão num livro ou numa exposição. Nenhum traço particular identifica estes exemplos como representantes típicos da cultura local.

Um segundo grupo – integrado por trabalhos de Mindlin, Vital Brasil, irmãos Roberto, Corrêa Lima, Levi e Rudofsky[45] – é formado por edifícios ou projetos de boa qualidade, ainda que também nesse caso seja difícil identificar traços de *brasilianidade*, porque neles não se repetem nem os brises (ainda mais, é chamativa sua ausência no caso da Estação de Hidroaviões de Corrêa Lima, no Rio), nem o biomorfismo, nem as decorações com azulejos, nem as telhas portuguesas.

Integram o terceiro grupo os edifícios projetados por Oscar Niemeyer. Todas as características citadas estão presentes neste caso, com qualidade excepcional. Não é este o lugar para analisar essas obras com detalhe, mas é importante situar em que radica essa excepcionalidade. Ao meu modo de ver, esta arquitetura de Niemeyer tem antes de tudo a vocação de provocação. Não se trata de uma reprodução elegante de métodos de projeto ou estilemas em circulação, como ocorre com os casos do segundo grupo; e também não é a sua uma arquitetura revolucionária, que busca fazer-se de desentendida com as referências conhecidas. Como os adolescentes, Niemeyer explora os limites das leis que aprendeu.

Assim, examina a zona fronteiriça entre modernidade e tradição, ou entre ética e estética, por meio de suas experiências tectônicas ou decorativas. A coexistência de todas essas experiências em uma mesma linha criativa é o que surpreende.

Buscas de relação com a tradição estavam já em ação no debate internacional desde os primórdios mesmos dos modernismos. E não só por parte de Le Corbusier, ou de italianos como Pagano, ou do regionalismo suíço (o edifício de Muemlisville de Hannes Meyer é de 1938); basta recordar inclusive as preocupações de Adolf Loos neste sentido. A decoração aplicada – os azulejos – havia sido sugerida por Le Corbusier para o projeto do Ministério da Educação, e no período que estudamos estava sendo considerada como um *problema* em casos como o do edifício Shell, de J. J. P. Oud (1939-42) ou do projeto para o Palácio do Congresso em Zurich (1930-39), de Haefeli, Moser e Steiger. Já vimos também que muitos dos temas que caracterizam as obras da Pampulha eram comuns nas arquiteturas de recreação na década de 1930. Por sua vez, o biomorfismo já tinha então expoentes de altíssima qualidade em figuras como Duicker ou Lubetkin. Da obra de Niemeyer publicada em *Brazil Builds* pode-se dizer então que estava destinada a chamar poderosamente a atenção internacional por três motivos: primeiro porque estava entre os melhores e mais inovadores exemplos da arquitetura moderna; segundo porque condensava vários, contraditórios e igualmente consistentes, impulsos de renovação em um único universo criativo (o que colocava em crise o embasamento ético desses impulsos, deixando-os num espaço puramente estético); e terceiro porque era duplamente surpreendente por provir de um país periférico e mestiço, em uma época de vigência de ideologias racistas na Europa e nos Estados Unidos.

Reconhecer o valor excepcional individual da obra de Oscar Niemeyer permite advertir o caráter artificial da realização do MoMA, pela qual se fazia extensiva essa excepcionalidade individual no conjunto de uma produção "nacional".

Um êxito mundial

Como no caso de Carmen com a Fox, o êxito da operação foi completo. Em 3 de julho de 1943, Elizabeth Wilder resenhava deste modo a publicação: "O fato de que este seja o primeiro livro publicado em nossa história comum de trezentos anos para dar uma ideia aos norte-americanos sobre a arquitetura do Brasil bastaria por si só para fazê-lo valioso. Mas aqui há uma evidência tangível de que existem outras Américas merecedoras de nosso interesse. As tabelas de estatísticas, as anedotas de viagens e as opiniões dos filósofos estão muito bem; mas aqui você pode vê-los com seus próprios olhos"[46].

Desde então o reconhecimento se estendeu em números especiais dedicados ao "fenômeno Brasil" por numerosas publicações, como *The Studio* (outubro de 1943), *The Architectural Review* (março de 1944), *L'Architecture d'Aujourd'Hui* (setembro de 1947 e agosto de 1952), *The Architectural Forum* (novembro de 1947) e muitas outras. Como se pode ver, Londres foi uma das primeiras sedes em que o discurso político criado pelo Departamento de

Estado e pelo MoMA foi entendido perfeitamente. A exposição *Brazil Builds* foi montada na capital britânica enquanto a cidade ainda era sacudida pelos bombardeios alemães. Na apresentação de *The Architectural Review* podia-se ler: "Não ficam dúvidas sobre o que esta guerra vai provar, em palavras do senhor Churchill, uma comoção, iniciando entre outras novas ordens uma reacomodação do Balanço de Poder. Uma das novas forças com as que se terá de contar podia ser a terceira maior entidade política do hemisfério ocidental, com mais de quarenta milhões de habitantes, e três milhões de milhas quadradas de território, Brasil, um país tão grande como os Estados Unidos"[47].

Tacitamente censurada no *Brazil Builds*, a arquitetura dos séculos 18 e 19 era explicitamente mencionada como um obstáculo na publicação inglesa. Segundo ela, era um verdadeiro milagre que desse passado não tivessem emergido "os mais espantosos horrores" e sim a "sã" e "moderna" arquitetura que apresentavam.

O Brasil, como o México, aparecia como fonte do novo com especiais valores. A Europa – Europa continental, particularmente – se apresentava ao olhar britânico como fonte de destruição, dor e catástrofe. Fora dali se podiam buscar novas forças nos aliados, Estados Unidos e Rússia, porém era especialmente na América Latina, em sua condição de "Europa em outro solo e outro clima", onde paradoxalmente essas forças permitiriam "procurar o futuro mais além da Europa". Por acréscimo, México e Brasil representavam forças "misteriosas" "porque são tão ricos e sujeitos a especulação que podemos pensar neles sempre, sem chegar nunca ao final de suas possibilidades, passadas e futuras"[48].

Nesse contexto de ideias, a originalidade e a ruptura da recente arquitetura com seus antecedentes imediatos era entendida e apresentada como um desses mistérios tão admirados e necessários para descobrir para descobrir e orientar as novas esperanças do pós-guerra.

A valorização internacional de obras apresentadas no *Brazil Builds* recebeu um ulterior impulso a partir de sua articulação com o debate sobre a "Nova monumentalidade". Como se sabe, em 1943 José Luís Sert, Fernand Lèger e Siegfried Giedion – que nesse momento residiam em Nova York – receberam simultaneamente a proposta de publicar um artigo na nova revista do grupo American Abstract Artists. Nessa ocasião decidiram elaborar juntos o manifesto que se chamou "Nove pontos para uma nova monumentalidade", o qual se conheceria muito mais tarde, depois do fracasso daquela empresa editorial. Sert e Giedion publicaram de todo modo os respectivos artigos sobre o tema em 1944, como parte de um livro editado por Paul Zucker e intitulado *New Architecture and City Planning*.

É provável que Sert tenha conhecido Winer em Paris em 1937, já que nessa ocasião, enquanto o segundo se ocupava do pavilhão norte-americano, o primeiro fazia o espanhol. Sert havia chegado a Nova York em 1939 e, impossibilitado de voltar ao seu país devido ao triunfo do franquismo, de 1941 a 1943 trabalhou em projetos para estruturas pré-fabricadas para a War Production Board, nos quais também trabalhava Winer[49]. Em 1943 ambos criaram a oficina Town and City Planning, vinculada à encomenda, em maio desse mesmo ano, de uma cidade pelo governo de Vargas, a Cidade dos Motores. Winer fora convidado em 1942 como professor visitante na Universidade do Brasil, o que constituía um novo movimento de articulação cultural/política entre os governos de ambos os países, sucedido no momento da entrada do Brasil na guerra.

Esta não era a única relação direta do grupo dos "Nove pontos..." com o Brasil. Ainda que com muito distintas características, também se devem ter em conta os vínculos que Lèger tinha com o Brasil por intermédio de uma de suas discípulas. Tarsila do Amaral, uma das figuras mais importantes das artes plásticas no Brasil, protagonista junto com Oswald de Andrade dos movimentos culturais de renovação, havia estudado com Lèger na década anterior, e o seu havia sido um dos núcleos mais concorridos por artistas e intelectuais modernistas em Paris[50].

Por sua vez, Giedion se tinha feito responsável pela cátedra Charles Elhot Norton da Escola de Design da Universidade de Harvard durante 1938-39, de maneira que se encontrava nessa zona dos Estados Unidos na época da Feira Internacional, onde se construiu a obra de Costa e Niemeyer. Seu papel foi decisivo na incorporação do "milagre" brasileiro ao debate internacional. Seu alarme ante a perda de iniciativa dos arquitetos modernistas havia começado a crescer em mediados da década de 1930, ao advertir que na Holanda, um dos centros modernistas mais ativos, os arquitetos tendiam a recuperar preocupações de ordem "artística" que ele acreditava superada nas fases anteriores da discussão. A visita aos Estados Unidos lhe permitiu conhecer pessoalmente a obra de Frank Lloyd Wright, e Giedion foi particularmente impactado pelo edifício da Johnson Wax. Nas conversas com Lèger e Sert a necessidade de construir uma teoria que recuperasse as valências "expressivas" da arquitetura se viu estimulada pelas experiências que ambos incorporavam nesta direção. Lèger insistia há muito tempo na necessidade de construir uma espécie de arte total, inclusive de dimensão urbana, tal como já havia expressado em *A cidade*, uma obra de 1919; Sert, por sua vez, havia experimentado com Calder e Picasso a articulação em grande escala entre pintura, escultura e arquitetura no seu Pavilhão espanhol na Exposição de Paris de 1937. "O povo – se postulava no Manifesto – quer edifícios que representem sua vida social e comunitária para ter mais que uma satisfação funcional. As pessoas querem que suas aspirações de monumentalidade, alegria, orgulho e excitação sejam satisfeitas." Uma arquitetura "monumental" moderna não existiria repetindo os atributos herdados diretamente da tradição acadêmica, mas se poderia constituir em função de seu programa e articulando em torno de si o conjunto das artes.

Não é necessário estender-se demasiado ao destacar que esses atributos estavam presentes em algumas das obras apresentadas no *Brazil Builds*, e que desta maneira a "arquitetura brasileira" aparecia como uma encarnação perfeita do urgente programa para a reconstrução do pós-guerra nos termos propugnados por Giedion. Com um acréscimo: o de especial interesse do crítico suíço pelas construções de linhas sinuosas. Já recordamos que em *Espaço, tempo, arquitetura* se suscitava que acima das expressões estilísticas havia constantes de busca ao longo do tempo. Uma destas constantes, que se advertiam nos *crescents* de Bath ou na arquitetura barroca, era a dos muros curvos; e precisamente este será o traço que, a partir de *Brazil Builds*, não só será destacado como o mais característico da "arquitetura brasileira", como também adotado e teorizado pelo próprio Niemeyer como princípio de sua produção.

Uma das poucas intervenções em que se descreveu claramente a operação do MoMA –especialmente valiosa por seu conteúdo, mas também por provir do próprio interior do processo que viemos revisando – foi a de Bernard Rudofsky. Deve-se recordar, em primeiro lugar, que se tratava de um dos arquitetos publicados como protagonistas do *Brazil Builds*. As surpresas começam ao advertir que não era brasileiro. O fato seria de pouca importância se simplesmente, assim como outras figuras que o livro indica como representantes locais, tais como Gregori Warchavchick, Rudofsky, não tivesse nascido no Brasil. Ainda que o dado pudesse debilitar a interpretação "essencialista" baseada nas "misteriosas" forças locais, resistiria à interpretação positivista de uma adequação ao *milieu* local. Todavia Rudofsky só havia permanecido em São Paulo pouco menos de dois anos – 1938 e 1939 – e no momento da realização da Exposição do MoMA se encontrava nos Estados Unidos. As duas casas que o livro publica estavam no Brasil, mas distavam de ser "brasileiras". Se alguma filiação local podiam reconhecer, seria da Itália, onde Rudofsky transcorreu a década de 1930 até que as políticas antissemitas acentuadas a partir de 1936 e 1937 o expulsassem. Seu interesse pelas estruturas tradicionais de pátio, pelas formas simples e pelos dispositivos de adequação ao clima não era de cunho tropical e sim mediterrâneo, e constituía uma das linhas de busca da "italianidade" promovidas pelo próprio regime "mussoliniano". O futuro autor de *Arquitetura sem arquitetos* tinha seus próprios motivos para aderir a essas buscas, uma vez que, tendo se graduado em Viena e Berlim, nutria desde sua tese de doutorado um profundo interesse pelas construções dos povoados primitivos[51].

Selecionado em 1939 pelo MoMA como um dos ganhadores da competição panamericana de desenho industrial, Rudofsky viajou aos Estados Unidos, onde residiu desde então. Por esse motivo, não só estava em Nova York no momento do projeto e da realização de *Brazil Builds*, como foi um de seus promotores.

A intervenção a que fizemos referência foi preparada como uma conferência que pronunciou no Museu de Artes de Boston nesses dias, a convite do museu Fogg. Dela nos interessam em particular três conceitos. O primeiro é a extensa descrição das circunstâncias que facilitaram a produção das obras apresentadas na exposição. Para isso Rudofsky não apela à existência de nenhuma "misteriosa" força local, nem à criatividade dos arquitetos; a única essência na qual parece acreditar seria a de um espírito latino frente ao espírito anglo-saxão. Pelo contrário, os fatores que fazem a produção de um corpo de obras de qualidade seriam totalmente concretos. Ele menciona ao menos seis: a qualidade da mão de obra, a ousada abertura dos arquitetos às experiências internacionais, o trabalho em grupos, a inexistência de especialidades, a inexistência de empresas de projeto e o papel do Estado. Toda a descrição aparece como uma contrafigura do campo profissional nos Estados Unidos. Com um evidente paradoxo: a qualidade das obras que se apresentam está na relação inversa ao grau de desenvolvimento do país. Certamente, o que Rudofsky propõe não é uma crítica a esse subdesenvolvimento e sim o contrário. Para ele, "os países cálidos favorecem uma vida simples, um fato que dá lugar à errônea ideia de que neles se tem necessariamente um *standard* mais baixo de vida"[52]. Em continuidade com os precoces interesses que o levaram à elaboração de sua tese de doutorado, Rudofsky postula que a industrialização e a modernização trazem atreladas a debilitação dos recursos criativos. Para ele, a alta qualidade da arquitetura que se exibe na mostra não apenas não é produto das energias modernizadoras, como também não é produto das essências nacionais ou de indivíduos especialmente dotados. "A criatividade", diz, "não se ensina nas escolas, nem é a vida moderna a que estimula a imaginação. O Brasil extrai seus estímulos do que nós chamamos de maneira incorreta de aspectos primitivos da vida."

Os "aspectos primitivos", o que em termos mais gerais o autor associa a uma atitude não comercializada ante a vida, não se localizam exclusivamente no Brasil, mas são comuns a toda porção latina da América ou, mais ainda, à órbita latina, mediterrânea, do Ocidente. Nisso se baseiam os outros dois conceitos que nos parecem destacáveis de seu discurso. Um deles é a ideia de que foi a Itália, e não a França ou os países anglo-saxões, o modelo (e não necessariamente a influência) que pesou com mais força sobre o Brasil. A arquitetura moderna italiana é extremamente valiosa precisamente porque, segundo Rudofsky, na Itália ocorreram fatores similares de subdesenvolvimento relativo – ou relativo "primitivismo" –, nos quais também é similar a vocação intervencionista do Estado. Se a valorização da arquitetura italiana pode parecer surpreendente ao público norte-americano é porque "muito pouco se sabe sobre isto neste país, por razões que não tem nada a ver com a arquitetura".

E é por essas mesmas razões externas que entre muitos outros países se destacam nos Estados Unidos as obras apresentadas na exposição *Brazil Builds*. "Deve-se dizer entre parênteses e com o risco de parecer óbvio", aclara Rudofsky, "que o caso brasileiro não é isolado, mas a continuação de uma evolução da arquitetura que existe na Escandinávia, na Europa Central e nos países do Mediterrâneo. O recente descobrimento do Brasil resulta de uma feliz coincidência de um conjunto de fatores alheios à arquitetura. Só a presente Guerra tornou os norte-americanos conscientes da necessidade de alimentar seu interesse por seus vizinhos. Um país como a Argentina, que, além de vender carne, tem atualmente uma vida musical notável, é para os norte-americanos tão remoto como Atlântida. Se por algum motivo a Argentina chegasse a abandonar sua neutralidade seria imediatamente apta para o intercâmbio cultural".

A operação do *bom vizinho* não se limitou à triunfante exposição que acabamos de descrever. Outro de seus protagonistas foi Richard Neutra, que em princípios dos anos 1940 realizou um plano de construções em Porto Rico, lugar que se devia preservar como posição vigilante no acesso ao Caribe dos submarinos da frota alemã. Em 1945, Neutra viajou a vários países latino-americanos, também patrocinado pelo Departamento de Estado dos Estados Unidos.

Ao menos outras duas iniciativas culturais devem ser agregadas: uma é a consagração do interesse pela história da arquitetura na América Latina em 1947, com a edição de um número especial – o primeiro impresso não artesanal – do *Journal of the Society of Architectural Historians*. A outra é a edição, em 1946, do primeiro estudo sobre as cidades latino-americanas, a cargo de Francis Violich, também patrocinado oficialmente pelo governo norte-americano.

Conclusões

Tratei de mostrar, em síntese, não só ou não tanto que o *topos* da "arquitetura brasileira" foi construído entre 1939 e 1943, mas que a imagem dessa arquitetura "brasileira" estava associada em sua maior parte ao *extraordinário* talento individual de Oscar Niemeyer.

Por esse motivo, o que viria depois devia ter inevitavelmente a marca da *maneira*, e por esse mesmo motivo não podia apresentar, em longo prazo, nenhuma continuidade, mas frustração. Como a identificação da totalidade da arquitetura no Brasil com a arquitetura de Niemeyer era artificial, seria necessário forçar a realidade para processá-la nesse esquema. Em consequência, foi preciso deixar de lado uma grande quantidade de fermentos, ideias e experiências de enorme valor – inclusive as do próprio Costa –, as quais, por terem surgido sem ter de suportar o peso da *construção monumental* instalada pela operação do MoMA, seguramente teriam podido florescer em tantas novas e múltiplas propostas como as que ao longo de sua complexa e rica história, e como não podia deixar de ser, havia produzido até então o Brasil real.

Mas cabe também uma última observação que pertence ao conjunto da arquitetura na América Latina. Na apreciação internacional instalada a partir da operação do MoMA, a "arquitetura brasileira" foi sempre considerada um milagre. O que significa isso? Muito simples: quem iria supor que, em um subcontinente atravessado pelo primitivismo, pelo "obscurantismo ibérico", pela falta de industrialização e pela mestiçagem se poderia produzir tamanha amostra de qualidade? A resposta estava confinada na pergunta: necessariamente só podia se tratar de um "milagre", ou seja, de um fato contrário à natureza das coisas. Apesar dos textos de Giedion e Hitchcock tratando de desenhar um fundo regional ao "fenômeno brasileiro", este finalmente ficou situado como uma exceção. Vale a pena ter em conta que aceitar essa condição excepcional significa, simultaneamente, aceitar para o resto da produção moderna brasileira e latino-americana a *regra* da intranscendência e da mediocridade.

Notas

1. Cf. McCANN, Frank D. *The Brazilian American Alliance. 1937-1945*, Princeton, Princeton University Press, 1973; HILTON, Stanley E. *Brazil and the Great Powers, 1930-1939: the Politics of Trade Rivalry*. Austin, University of Texas, 1975.

2. Em maio do mesmo ano, Roosevelt ordenou a criação de um segundo comitê interdepartamental para estudar e promover as relações com estes países. Em julho foi aprovada a criação da Divisão para as Relações Culturais (DCR), da qual no mesmo ano derivaram uma série de medidas, como a criação de programas de rádio de onda curta em espanhol e português, o início da instalação da National Broadcasting Company e do Columbia Broadcasting System no Brasil e a inauguração de viagens regulares da Moore Mc Cormak Lines com subsídio governamental. Cf. WOOD, Bryce. *The Making of the Good Neighbor Policy*. Nova York, Columbia University Press, 1961.

3. Em um dos numerosos folhetos de propaganda editados pela Oficina de Assuntos Interamericanos de Washington durante a Guerra se podia ler claramente: "Durante meses, enquanto Dacar estava governado por Vichy, esse fato estratégico era uma fonte potencial de preocupações. Agora aquele tumor brasileiro se converteu no ponto mais importante neste hemisfério para a guerra desde um ponto de vista agressivo". *Brazil, Introduction to a Neighbor*. The Office of the Coordinator of Inter-American Affairs. Commerce Department Building, Washinghton DC.

4. Por exemplo: MCNAIRN, Stuart. *Why South America*. Londres, Marshall, Morgan & Scott, 1936; FREE-MAN, Lewis. *Discovering South America*, Nova York, Dodd, Mead & Co., 1937; CLARK, Sidney. *The East Coast of South America*, Nova York, 1940; GRISWOLD, Lawrence. *The other South America*, Nova York, 1941; CROW, Carl. *Meet the South Americans*, Harper & Brothers, Nova York, 1941. Sobre o Brasil, entre outros: HAGER, Alice Rogers. *Brazil: Giant to the South*. Nova York, Macmillan, 1945; KIPLING, Rudyard. *Brazilian Sketches*. Nova York, Doubleday, 1940; ZWEIG, Stefan. *Brazil, Land of the Future*. Nova York, The Viking Press, 1941; HUNNICUTT, Benjamin Harris. *Brazil Looks Forward*. Rio de Janeiro, Serviço Gráfico do Instituto Brasileiro de Geografia e Estatística, 1945; COOKE, Morris Llewellyn. *Brazil on the March: a Study in International Cooperation: Reflections on the Report of the American Techical Mission to Brazil*. Nova York/Londres, Whittlesey House, McGraw-hill Book Company, Inc, 1944.

5. Sobre as relações entre as artes no norte e no sul da América, ver CANCEL, Luis R. (org.). *The Latin American Spirit: Art and Artists in the United States, 1920-1970*. Nova York, Abrams, 1988.

6. Por exemplo, no diretório do MoMA, uma das entidades mais ativas nessa direção, podiam-se encontrar várias das pessoas que simultaneamente atuavam no Departamento de Estado. Para começar o *alma mater* do Museu, Nelson Rockefeller, que era o Chefe do Escritório de Coordenação de Assuntos Interamericanos (OCAI). E ainda John E. Abbott, Vice-Presidente Executivo do MoMA, e Monroe Wheeler, Diretor do Departamento de Exposições do MoMA, ambos membros da OCAI às ordens de Rockefeller; e Stephen Clark, Diretor do Conselho de Administração (Board of Trustees) do MoMA, e membro do Comitê Assessor de Arte da DRC.

7. Cf. a numerosa literatura sobre o tema: GELLMAN, Irwin F. *Good Neighbor Diplomacy: United States Policies in Latin America, 1933-1945*. Baltimore, Johns Hopkins University Press, 1979; ou diretamente envolvido: HERRING, Hubert Clinton. *Good Neighbors; Argentina, Brazil, Chile & Seventeen other Countries*. New Haven, Yale University Press, 1941.
8. "Unir as repúblicas do norte e do sul da América contra nosso inimigo comum", lia-se no artigo citado, "é um problema nacional urgente no qual o Museu se submergiu de maneira profunda. [...] Muito antes que nós ou nossos aliados latino-americanos declarassem a guerra, o Museu levou a cabo múltiplos programas de exibições, concertos, concursos e publicações as quais, acreditamos, ajudaram a estabelecer os fundamentos para o mútuo respeito e entendimento entre as Américas". *The Bulletin of the Museum of Modern Art*. Volume 10, n. 1, Nova York, MoMA, out./nov. 1942.
9. Franklin D. Roosevelt o propunha nestes termos: "Começo a visualizar uma atitude totalmente nova para as outras Repúblicas Americanas, baseada num sincero e honesto desejo, primeiro, de remover de suas mentes todo medo de uma agressão norte-americana – territorial ou financeira – e, segundo, de introduzí-los numa amável associação na qual nenhuma República teria vantagens indevidas". Apud WOOD, Bryce. Op. cit.
10. Com os mercados europeus enclausurados pela guerra, os primeiros anos de 1940 foram a era do descobrimento de *stars* latinas como Dolores del Rio, Lupe Vélez, César Romero, Desi Arnaz e Carmen Miranda, a quem regressaremos mais adiante, e nos mesmos anos *Voando para o Rio de Janeiro* (*Flying Down to Rio*), ou *Serentata tropical* (*Down Argentine Way*) ou *Aconteceu em Havana* (*A Weekend in Havana*). A elas seguiram: *Se eu fosse feliz* (*If I'm lucky*, 1946); *Copacabana* (1947); *O príncipe encantado* (*A Date with Judy*, 1948); *Romance carioca* (*Nancy Goes to Rio*, 1950) e *Morrendo de medo* (*Scared Stiff*, 1953). Cf. BURTON, Julianne. "Don (Juanito) Duck and the Imperial-patriarchal Unconscious: Disney Studios, the Good Neighbor Policy, and

the Packaging of Latin America". In PARKER, A.; RUSSO, M.; SOMMER, D.; YAEGER, P. (org.). *Nationalisms and Sexualities*. Nova York, Routledge, 1992.

11. As cenas foram construídas em Hollywood como um verdadeiro bricabraque dos sons, coisas, imagens e seres *truly exotic* colecionados e – salvo os últimos – transladados materialmente a Los Angeles pela Disney e sua equipe. Idem, ibidem.

12. Cf. RUSHING, W. Jackson. *Native American Art and the New York Avant Garde*. Austin, University of Texas Press, 1995.

13. WHITING JR., F. A. *The New World Is Still New*. Apud RUSHING, W. Jackson. Op. cit.

14. CUSKER, Joseph. *Dawn of a New Day. The World of Tomorrow: Science, Culture, and Community at the New York World's Fair.* Nova York, Queens Museum/New York University Press, 1980.

15. Cf. SMITH, Robert C. The Art of Cândido Portinari. *The Bulletin of the Museum of Modern Art*. Volume 7, n. 6, Nova York, MoMA, out. 1940.

16. KENT, Roger. Apud COCKCROFT, Eva. The United States and Socially Concerned Latin American Art: 1920-1970. In CANCEL, Luis R. (org.). Op.cit.

17. Efetivamente, embora o projeto tenha começado como a iniciativa de um grupo de comerciantes e terminado nas mãos de industriais e políticos, a Feira teve seu principal impulso depois de um jantar ocorrido em dezembro de 1935 no New York Civic Club. Dessa reunião participaram Michael Meredith, os arquitetos Harvey Wiley Corbett e Walter Dorwin Teague, o planejador urbano Henry Wright, o designer industrial Tom Woodner-Silverman e o crítico Lewis Mumford. Esse grupo gerou a ideia de que a futura Feira não devia mostrar, como suas antecessoras, os triunfos da Técnica e sim a integração desta com a Arte, sob um claro domínio de ideais humanistas. A cargo do plano foram designados Dorwin Teague e Robert Kohn, ex-presidente da AIA e fundador, com Mumford, da Regional Planning Assodation of America. A Feira deveria servir "para demonstrar a inter-relação entre tecnologia e sociedade, e o potencial para futuras mudanças planejadas". Tratava-se de "começar com a análise do papel da máquina e, em particular, com respeito às ideias de atraso cultural e caráter nacional". CUSKER, Joseph P. Op. cit.

18. BRUAND, Yves. *L'architecture contemporaine au Brésil*. Tese de doutoramento. Lille, Universidade de Paris IV 1971, 1973.

19. Cf. a conferência pronunciada a pretexto de sua apresentação nessa cidade: "Uma nova era cultural para as Américas. Paul Lester Wiener no Rio". Rio de Janeiro, Instituto Brasil-Estados Unidos, c. 1942.

20. Por meio de seu sogro Henry Morgenthau Jr., Secretário do Tesouro da presidência Roosevelt, Winer estabeleceu as estreitas relações com o Departamento de Estado que facilitaram a encomenda do pavilhão em Paris e os laços que mais tarde dariam origem a numerosos planos para cidades latino-americanas projetados em sociedade com José Luis Sert. O Pavilhão dos Estados Unidos na Feira de Paris teve um papel insignificante e não só por sua arquitetura. Anos mais tarde seu autor se queixaria de que, frente à magnificência propagandista dos pavilhões dos países "totalitários", "como potência de primeiro nível, a América não podia apresentar um edifício pequeno, mas como nação não estávamos preparados para uma propaganda política deste tipo. Nosso Congresso aprovou somente uma soma mínima para a participação americana, enquanto que Alemanha, Rússia e Itália gastaram cada uma dez vezes essa soma, deixando-nos somente a alternativa de competir na proporção a um décimo do custo". WIENER, Paul Lester. Future World's Fair. In ZUCKER, Paul (ed.). *New Architecture and City Planning. A Symposium*. Nova York, Philosophical Library, 1944.

21. A surpreendente relação modernismo/sensualidade deu em nada. Na edição da *Architectural Forum* dedicada ao Brasil destacando o desenvolvimento de sua arquitetura, em novembro de 1947, o comentarista acrescentava: "Para os norte-americanos, submergidos na sua riqueza tecnológica, este fenômeno é especialmente chamativo. Como pode ser que um país *atrasado* possa produzir de repente uma arquitetura tão vibrante e atualizada?".

22. O princípio da década foi celebrado com a Feira Internacional de Copenhague, que foi desenhada por Gunnar Asplund e serviu como referência para as que se seguiram, as quais não conseguiram superar sua elevada qualidade arquitetônica. Em 1934 ocorreu a Feira do Levante, em Tel Aviv, em 1935 a de Bruxelas, em 1936 a de Glasgow e em 1937 a de Paris. Ao longo destas experiências se podem registrar uma série de motivos recorrentes, como os restaurantes de amplas superfícies envidraçadas, os pilotis, as marquises ondulantes, as grandes rampas, as *loggias*, as helicoidais, os espaços de dupla ou tripla altura, ou as salas de baile de planta circular. No caso de Paris, 1937, é necessário para nosso argumento observar a qualidade do Pavilhão japonês, projetado por Sakakura, que, com a elegante articulação de suas galerias elevadas com a rampa de acesso e com o *treillage* que atua como protetor solar em um dos lados, constitui o modelo mais próximo da posterior construção brasileira.

23. COSTA, Lúcio. *Lúcio Costa: registro de uma vivência*. São Paulo, Empresa das Artes, 1995.

24. Em sua nota *Remembering of Fair Past*, por exemplo, Robert Rosenblum – que era uma criança nesse momento – certamente recorda a Pherispbere, o Futurama e o Trylon – os grandes edifícios centrais –, e também alguns pavilhões particulares, como o Dream of Vénus (de Dalí), o Hall of Pharmacy ou o Hall of Medicin, e entre os nacionais menciona os de Iraque, Polônia e Venezuela, referindo-se em particular à "emoção do pavilhão finlandês, cujos muros fluidos de madeira ondulada [...] me produziram o mesmo prazer da forma livre que havia encontrado a primeira vez que espiei quadros de Miró em Manhattan". Do edifício que nos ocupa, no entanto, não faz menção. E mais: segundo uma enquete da Gallup publicada em maio de 1939, "os visitantes da Feira gostam dos seguintes lugares de exibição: General Motors, o Centro Temático (*Democracity*), o da American Telephone and Telegraph,

Ford Motor Company, o pavilhão Soviético, o pavilhão Britânico e a Mostra dos Transportes Ferroviários". ROSENBLUM, Robert. Remembering of Fair Past. In ROSENBLUM, Robert (org.). *Remembering the Future. The New York World's Fair from 1939 to 1964*. Nova York, Rizzoli, 1989.

25. O Brasil também esteve presente esse mesmo ano na Exposição de São Francisco, com um pavilhão vagamente moderno e *monumentalista*.

26. Por este acordo, "o Export-Import Bank aceitava estender créditos para financiar compras nos Estados Unidos e emprestar ao Brasil US$ 19.200.000 para cancelar seus atrasos. A administração prometia enviar técnicos para ajudar a desenvolver as condições do Brasil para exportar materiais como borracha, manganês, ferro, níquel, cromo, quinina, óleos vegetais e frutas tropicais, e a solicitar ao Congresso a aprovação de um empréstimo de US$ 50.000.000 em ouro para capitalizar – e criar – o Banco Central do Brasil. O Banco também abria uma linha de crédito para estimular a importação de produtos brasileiros". McCANN, Frank D. Op. cit.

27. Na *Life*, uma das revistas mais populares e influentes dos Estados Unidos, publicaram-se artigos sobre o Brasil em numerosas oportunidades durante o mesmo ano. As seguintes afirmações, publicadas em maio, descrevem o tom desses artigos: "Dentre todas as grandes nações do mundo, o Brasil é provavelmente o melhor amigo dos Estados Unidos e, no entanto, o interesse norte-americano no Brasil é quase nulo. [...] Dado que o Brasil está abaixo do Equador, seu sul é frio e industrial e seu norte cálido. Seu Richmond é o Rio de Janeiro, sua Nova York é São Paulo. [...] O governo de Vargas quer modernizar o Brasil e deseja receber ajuda estrangeira. Os Estados Unidos, a Alemanha e a Grã-Bretanha estão sustentando uma amarga guerra comercial por essa grande terra de oportunidades". A versão em espanhol de *Selecciones del Reader's Digest* empregou temas brasileiros em suas capas de dezembro de 1945 e fevereiro de 1953. Mais valiosa em relação ao nosso tema são a de setembro de 1946, dedicada ao Ministério da Educação, e a de fevereiro de 1950, dedicada ao Yatch Club da Pampulha.

28. Cf. CARDOSO JR., Abel. *Carmen Miranda, a cantora do Brasil*. São Paulo, edição particular do autor, 1978.

29. Não era a primeira vez que se tentava uma operação similar: durante o ano anterior, Laura Suárez havia cantado na NBC, chegando inclusive a ser recebida por Roosevelt na Casa Branca. De maneira que já desde sua viagem Carmen era consciente das grandes possibilidades que podiam lhe ser oferecidas nos Estados Unidos. Na ocasião de sua partida, declarou: "Essa será a primeira chance importante para o samba. Por isso vou empregar todos os meus esforços para que tudo se cumpra, para que a música popular do Brasil conquiste a América do Norte, o que abriria o caminho para sua consagração em todo o mundo [...]. Vou transformar a temperança brasileira no gosto daquela boa gente [...] Nos meus números não faltará nada: canela, pimenta, dendê, cominho. Vou levar vatapá, caruru, mungunzá, balangandãs, aracajé...", e baianas. Idem, ibidem.

30. São vários os motivos que determinaram o êxito do *caráter* construído por Carmen. Recentemente começavam a se rodar filmes coloridos, e a tecnicolor era uma técnica rudimentar que devia empregar cores nítidas e sem matizes, o que facilitavam as combinações de vestidos, flores e frutas que davam o clima *tropical*. Todavia ademais, a figura de Carmen era de uma sexualidade ambígua. O fato de que ela aparecesse vestida dos pés à cabeça (especialmente esta última, coberta por turbantes e com o acréscimo de todo tipo de extravagantes adornos frutais) e com o busto coberto por adereços e colares constituía uma perfeita adaptação ao severo moralismo que levava as autoridades de Nova York a enclausurar espetáculos mais atrevidos. Como observou Eduardo Guastel: "Nestes tempos de nudismo é de se notar que Carmen Miranda não se desprende de nenhuma peça de seu vestuário e que sua incitação se reduz a um ligeiro movimento de cadeiras: se deve registrar também que a única parte visível de seu corpo são as duas ou três polegadas de cintura que separam a saia da blusa". Idem, ibidem.

31. Um jornalista da *Interiors* o apresentava deste modo: "Paul Lester Winer é conhecido pelo grande número de norte-americanos que visitaram a Feria de 1939-40 como o criador do Pavilhão Brasileiro, uma das exibições mais populares do setor dos países estrangeiros. O edifício erguido pelo senhor Winer em Paris representa um tipo de modernismo que ele já não pratica. O pavilhão do Brasil representa o tipo de arquitetura moderna à que agora dedica toda sua atenção. Pensou inclusive num nome para ela: o funcionalismo rítmico. Deus sabe bem que o edifício do Brasil foi suficientemente rítmico. Toda a noite pulsava com sambas e cifras e as vozes sibilantes dos cantores brasileiros, mas esse não é o tipo de ritmo do qual o senhor Winer nos fala". Rythmic Functionalism. *Interiors*. Volume 101, n. 4, Nova York, ago. 1941.

32. A associação entre a "arquitetura brasileira" e a figura de Carmen Miranda parece ter sido habitual. Também é proposta, por exemplo, por Sacheverell Sítwell em "The Brasilian Style", um dos artigos que compõe o número especial do *The Architectural Review* dedicado ao Brasil, em março de 1944. O artigo conecta a arquitetura com as cidades mais coloridas, Rio e Salvador, e depois afirma: "Quando aplaudimos Carmen Miranda, um dos poucos artistas dos filmes, é a Bahia o que recordamos".

33. Como tal, havia tido uma educação tradicional e classicista, primeiro na Universidade de Yale, onde obteve seu bacharelado em 1907, depois na Universidade de Columbia, onde estudou entre 1908 e 1911, e por último em Paris, onde residiu entre 1914 e 1915.

34. Cf. BARR JR., Alfred H. Two Exhibitions: Works of Art: Given or Promised; the Philip L. Goodwin Collection. In *The Bulletin of the Museum of Modern Art*. Volume 26, n. 1, Nova York, MoMA, 1958.

35. Cf. Comentários sobre a exibição "A Modern Museum: The 1939 Goodwin/Stone Building", ocorrida em Nova York, em 1989. Ver *Interior Design*. Volume 60, n. 10, Nova York, jul. 1989.

36. Também GOODWIN, Philip L. *French Architecture as a Source Material*. Nova York, Ludowici-Celadon Co., 1931.
37. Cf. MARQUIS, Alice Goldfarb; BARR JR., Alfred H. *Missionary for the Modern*. Chicago, Contemporary Books, 1989.
38. A busca de uma base indígena brasileira para um novo estilo artístico e arquitetônico era uma das correntes em discussão e caracterizou o projeto ganhador do concurso para o Ministério da Educação, de Archimedes Memória. Cf. CAVALCANTI, Lauro. *As preocupações do belo*. Rio de Janeiro, Taurus, 1995. Sobre o debate sobre as relações entre modernismo e construções rurais precárias, ver LIMA, José Tavares Correia. O popular na cultura, a arquitetura brasileira e a história: Gilberto Freyre, os mocambos, os modernistas e os primeiros anos do Iphan. In CARDOSO, Luiz António Fernandes; OLIVEIRA, Olivia Fernandes de (org.). *(Re)discutindo o Modernismo. Universalidade e diversidade do movimento moderno em arquitetura e urbanismo no Brasil*. Salvador, UFBA, 1997.
39. SANT'ANNA, Márcia. Modernismo e patrimônio: o antigo-moderno e o novo antigo. In CARDOSO, Luiz António Fernandes; OLIVEIRA, Olivia Fernandes de (org.). Op. cit.
40. Cf. COSTA, Lúcio. Op. cit.
41. LIMA JR., Augusto de. *A capitania das Minas Gerais*. Rio de Janeiro, Zélio Valverde, 1943.
42. VASCONCELLOS, Diego de. *A arte em Ouro Preto*. Ouro Preto, Edições da Academia Mineira, 1934.
43. GIURIA, Juan. *La riqueza arquitectónica de algunas ciudades del Brasil*. Montevidéu, Editorial El Siglo Ilustrado, 1937.
44. LIMA JR., Augusto de. Op. cit.
45. As casas projetadas por Rudofsky têm seus antecedentes em obras anteriores, realizadas junto a Luigi Cosenza na Itália, tais como a Villa Oro.
46. WILDER, Elizabeth. Brazil Builds. *Nation*, 3 jul. 1943. Apud JAMES, Mertice M.; BROWN, Dorothy (eds.). *The Book Review Digest*. 39th *Annual Communication*, Nova York, mar. 1943.

47. Introdução ao número de março de 1944 da revista londrina *The Architectural Review*.
48. SITWELL, Sacheverell. The Brazilian Style. *The Architectural Review*, Londres, mar. 1944.
49. Sobre as relações de Sert, Lèger e Giedion e as ideias da nova monumentalidade, ver OCKMAN, Joan. Los anos de la guerra; Nova York, nueva monumentalidad. In *Sert, Arquitecte a Nova York* (catálogo). Barcelona, Museu d'Art Contemporani, 1997. Sobre a atividade de Sert com relação à América Latina, ver no mesmo volume: MUMFORD, Eric. Los Ciam y Latinoamérica.
50. Cf. AMARAL, Aracy A. *Tarsila, sua obra e seu tempo*. São Paulo, Perspectiva/Edusp, 1975.
51. Cf. SCOTT, Felicity. Architecture without Architects. By Bernard Rudofsky. *Harvard Architectural Magazine*, outono 1998.
52. RUDOFSKY, Bernard. On Architecture and Architects. *New Pencil Points*, n. 4, East Stroudsburg, Pennsylvania, abr. 1943.

artigo 24 renato anelli

O MEDITERRÂNEO NOS TRÓPICOS. INTERLOCUÇÕES ENTRE ARQUITETURA MODERNA BRASILEIRA E ITALIANA

[1999]

O papel dos imigrantes europeus na constituição da cultura brasileira contemporânea é objeto de estudos em diversas áreas, e as especificidades dessas contribuições para a arquitetura e para o urbanismo vêm aflorando conforme se alargam os campos abrangidos pela historiografia especializada. O contato direto com as principais correntes das vanguardas artísticas e arquitetônicas, a formação e experiência profissional em condições técnicas mais avançadas que as brasileiras e a vivência de uma tradição urbana consolidada são apenas alguns dos aspectos que atravessam a contribuição desses arquitetos formados na Europa.

Em meio às várias nacionalidades aqui presentes, os italianos se destacam não apenas pela sua quantidade elevada como pelos paralelos entre a sua situação de origem e a situação brasileira. Por motivos distintos, Brasil e Itália entraram no século 20 ainda definindo sua identidade como nação moderna, além de defasados cultural, econômica e tecnologicamente em relação aos países mais industrializados. Para superar essa condição, desenvolvem atitudes semelhantes: ambos procuraram no seu passado as bases para a construção da sua identidade. Contudo, enquanto o Brasil apresenta a desconfortável situação de ex-colônia, a Itália carrega o peso de um passado glorioso. Se para os brasileiros o resgate da história rememorava uma condição pouco honrosa, para os italianos a modernidade seria sempre pensada como a atualização do passado clássico.

Como os brasileiros, os italianos viviam fora dos centros em que se produziam as novas propostas modernas, forçando-lhes o desenvolvimento de critérios de seleção e formas de adaptação dessas propostas às suas condições climáticas, produtivas e culturais.

Dos arquitetos formados na Itália nesse período, talvez tenha sido Rino Levi[1] aquele que primeiro explicitou a semelhança das duas atitudes. Em 1925, ainda estudante de quarto ano de arquitetura em Roma, Levi envia da Itália um artigo para o jornal *O Estado de São Paulo*. O objetivo era informar aos seus conterrâneos os avanços que presenciava na arquitetura europeia e apresentar o seu programa para a renovação da arquitetura e do urbanismo brasileiros:

> É preciso estudar o que se fez e o que se está fazendo no exterior e resolver os casos sobre estética da cidade com alma brasileira. Pelo clima, pela nossa natureza e costumes, as nossas cidades devem ter um caráter diferente das da Europa. Creio que a nossa florescente vegetação e todas as nossas inigualáveis belezas naturais podem e devem sugerir aos nossos artistas alguma coisa de original, dando às nossas cidades uma graça de vivacidade e de cores, única no mundo[2].

Evitando manifestar o mesmo interesse dos artistas da Semana de Arte Moderna de 1922 pelo passado colonial, Levi reproduz uma atitude que presenciava nas discussões da escola de Roma, em que Marcello Piacentini propunha "admitir o quanto há de universal, de correspondente à civilização contemporânea nos movimentos artísticos europeus, inserindo-lhes nossas peculiares características e tendo presente nossas exigências especiais de clima"[3].

Entretanto, foi o ucraniano Gregori Warchavchik[4], formado em Roma alguns anos antes, quem produziu as primeiras casas modernistas no Brasil, o que lhe valeu o título de nosso pioneiro da arquitetura moderna. Ainda que as particularidades das casas de Warchavchik estivessem na tensão entre seu abstracionismo rigoroso e as limitações técnicas locais, os projetos de seus jardins, realizados por Mina Klabin, incorporavam uma enorme variedade de espécies nativas até então ausentes do gosto europeizado do paisagismo local. Uma combinação que não passou desapercebida na Itália, em que Gio Ponti, ao comentar a publicação da sua primeira casa na revista *Domus*, ressaltaria que as "formas da arquitetura racional" da Casa da Rua Santa Cruz "demonstram sua grande qualidade de adaptação aos países quentes e se enquadram estupendamente na vegetação tropical"[5].

A partir de 1927 e ao longo dos anos 1930, Warchavchik (e logo a seguir Levi) difunde uma arquitetura moderna com muitos pontos em comum com aquela desenvolvida pelos seus colegas, então protagonistas do movimento racionalista italiano. A presença de Warchavchik em uma coletânea de arquitetura moderna organizada por Alberto Sartoris[6] demonstra sua proximidade não apenas com os racionalistas italianos, mas com uma ampla seleção de exemplos de arquitetura moderna espalhados por diversos países. Os critérios de seleção dessa obra contribuíram para revelar as particularidades do olhar italiano moderno, que filtrava o que via pelo mundo. Volumes geométricos bem definidos e proporcionados por regras clássicas, ausência de ornamentação, exploração dos contrastes entre a profundidade das aberturas e as superfícies claras das vedações e contidas explorações estruturais são constantes que variam pouco na comparação entre exemplares de Itália, Europa Central, Oriente e Brasil.

A formação romana, caracterizada a partir de 1921 pela concepção do arquiteto integral, foi fundamental para que estes arquitetos pudessem enfrentar os desafios encontrados na implantação da arquitetura moderna no Brasil. A proposta do arquiteto integral visava a formar um profissional com competência técnica e artística para intervir no processo de modernização das cidades italianas. Implementada em Roma nos anos de estudo de Rino Levi (um pouco posteriores aos anos de formação de Warchavchik), essa proposta foi fundamental para a implantação da nova arquitetura no Brasil. A capacidade técnica e os conhecimentos científicos adquiridos durante sua formação permitiram a Levi desenvolver processos e detalhes construtivos que adequavam as condições de produção local às formas da arquitetura moderna. Tentava-se superar os incômodos da primeira casa de Warchavchik, onde uma platibanda ocultava o uso do telhado tradicional. Os tetos planos e as paredes lisas eram desafios que exigiam novas formas de construir, que se adaptassem não apenas aos limites da construção civil, mas também às condições climáticas brasileiras[7].

A sólida formação científica foi também fundamental para trabalhar com os novos programas que surgiam. O conhecimento das teorias de acústica permitiu a Levi realizar os melhores cinemas e a melhor sala de concerto de São Paulo. A capacidade de trabalhar em equipe, coordenando o trabalho de profissionais de outras áreas, tornou-o, a partir de meados dos anos 1940, no projetista dos hospitais mais importantes de São Paulo, vindo a atuar como consultor internacional nessa área.

A atitude de Rino Levi frente à técnica e aos novos usos e funções, somada à sua forma de trabalho em equipe, deu margens a uma interpretação que o aproximou de Walter Gropius. No entanto, essa aproximação deve ser mediada pela entendimento da importância da concepção do arquiteto integral na formação italiana, que apesar dos paralelos com a proposição de Gropius, não apresentava a mesma radicalidade, jamais rompendo com uma concepção clássica de arquitetura. Apesar da competência técnica, persiste na formação italiana um procedimento compositivo, originário do ensino acadêmico, no qual os elementos dos estilos históricos são substituídos por elementos extraídos da arquitetura moderna[8].

No início dos anos 1940, surge nos projetos de Levi a estratégia de disposição dos volumes funcionais ao redor de um espaço aberto de valor positivo, identificável com as praças e pátios italianos. A adoção desse recurso de projeto alterou consideravelmente sua arquitetura e coincidiu com dois acontecimentos: a chegada em São Paulo de Daniele Calabi e Bernard Rudofsky, dois arquitetos modernos que vinham trabalhando na Itália com a tipologia de pátio, e a boa repercussão do Pavilhão do Brasil na Exposição de Nova York em 1939.

A inclusão do austríaco Bernard Rudofsky[9] no presente estudo se deve ao longo período que permaneceu na Itália (1932-38), onde explorou o potencial moderno da "arquitetura menor" existente na costa do Mediterrâneo. Rudofsky propõe que a cultura italiana resgate os valores do modo de vida cotidiana romana como alternativa à interpretação monumental da herança clássica. A casa deve tornar-se o "lugar da felicidade, sensual, solar, sã, *mediterrânea*"[10],parte de um programa que avança para a revisão do mobiliário e da moda, propondo um "novo modo de viver".

Rudofsky chega a São Paulo em dezembro de 1938, fugindo após a promulgação de leis raciais na Itália que, entre outras coisas, vetavam aos judeus o exercício de profissões de nível superior. Sua atuação no Brasil ficou longe de realizar plenamente seu programa italiano. As casas que construiu em São Paulo entre 1939 e 1940 articulam-se ao redor de pátios, introduzindo uma tipologia pouco usual nas habitações brasileiras do período. O projeto dos jardins segue as trilhas iniciadas por Mina Klabin nas casas de Warchavchik, explorando a riqueza da vegetação tropical, mas utilizando-a para isolar a casa, conferindo privacidade ao ambiente doméstico em meio a uma cidade que já apresentava os primeiros contratempos de uma urbanização acelerada e desorganizada.

Fugindo das mesmas leis raciais, Daniele Calabi[11] chega a São Paulo pouco depois, em 1939, estabelecendo com Rino Levi uma rica colaboração profissional. Apesar de apresentar uma atuação na Itália sem dúvida mais discreta que a de Rudofsky, Calabi trazia um considerável currículo de obras. Em artigo recente, Guido Zucconi chama a atenção para uma "ideia de espaço introverso" que estrutura vários de seus projetos: "Um espaço de forma quadrada ou retangular, alimentador da distribuição de um edifício de caráter, consequentemente, introverso"[12].

Pela convivência com esses dois arquitetos, Levi retoma o contato direto com a produção italiana recente, interrompido desde 1926. No entanto, essa convivência coincide com o amadurecimento de uma nova proposta de arquitetura moderna no Brasil, diferente daquela praticada em São Paulo até então. Se no início da década de 1930 Lúcio Costa convida Gregori Warchavchik para transferir sua experiência de projetos modernos em São Paulo para os arquitetos cariocas, a colaboração direta com Le Corbusier durante o projeto do Ministério da Educação e Saúde colocou a produção da arquitetura moderna no Rio de Janeiro em outro patamar. Vindo de uma prática neocolonial, Costa desenvolve a proposta de uma arquitetura moderna capaz de ser identificada como brasileira. O projeto de Costa e Niemeyer para o Pavilhão do Brasil em Nova York sintetiza alguns dos princípios dessa proposta: a liberdade da forma sinuosa do volume e a integração espacial com o jardim tropical. Se Levi nunca apresentou simpatias com os princípios da forma livre, o mesmo não ocorreu com a integração com o jardim. É possível supor que a disposição do jardim no Pavilhão de Nova York tenha interferido no diálogo entre a arquitetura de Levi e os pátios de Rudofsky e Calabi, resultando na série de projetos caracterizados pela presença do jardim como estruturador de toda sua espacialidade.

Logo a seguir, em 1941, Levi realiza o projeto do Sedes Sapientiae, uma escola em que os volumes das salas de aula, auditório/biblioteca e refeitório/alojamento estão dispostos ao redor de um jardim e conectados por uma marquise ondulada. Pouco depois, em 1944, Levi desenvolve esse partido no projeto da sua própria casa, a primeira de uma série em que as plantas permitem a completa continuidade entre o espaço da sala e do jardim, formando um conjunto fechado para o exterior urbano. Sem lançar mão da distribuição tipológica do pátio clássico, Levi cria aqui uma situação espacial cujas origens são atribuídas, por diversos críticos, à sua formação italiana, ainda que o débito às casas com pátio de Mies Van der Rohe seja mais evidente.

A especificidade brasileira seria conferida pelo tratamento do jardim, constituído por espécies recolhidas por Levi em suas viagens pelo interior do país, na sua maioria acompanhadas pelo seu grande amigo Roberto Burle Marx. Segundo fotos e depoimentos (a casa foi demolida em 1993), este jardim simulava uma mata, não seguindo qualquer ordem de composição. Era o instrumento para permitir um contato sensorial entre o morador e a natureza, representada aí pela vegetação e pela vida ao ar livre, capaz, segundo o arquiteto, de sugerir formas mais harmônicas de sociabilidade.

As transformações que Levi (e também Calabi, em menor grau) realiza em uma tipologia identificada como *italiana* confundem os críticos, que em alguns momentos reconhecem seu caráter mediterrâneo, em outros acentuam seu caráter tropical. Estamos longe, portanto, de uma simples influência italiana, mas próximos da realização do programa apresentado por Rino Levi em 1925, em que o clima, a vegetação e os costumes permitiriam a criação de uma arquitetura com alma brasileira.

Giancarlo Palanti[13] chega a São Paulo em 1946, trazendo no currículo uma sólida carreira em Milão, em grande parte com trabalhos em conjunto com Franco Albini e Renato Camus. Pertencente à segunda geração de arquitetos racionalistas, Palanti realiza na Itália uma obra rigorosa, sem concessões de qualquer espécie, com muitos paralelos com o funcionalismo alemão, os quais podem ser identificados na extensão de seu trabalho, que abrange desde o design de objetos até o projeto urbanístico.

A transferência para São Paulo não produziu no seu trabalho muitas alterações. Dando continuidade à prática de trabalho em parcerias, realizou o projeto para a Liga das Senhoras Católicas, com Daniele Calabi, pouco antes do retorno deste à Itália, e estabeleceu sociedade com Lina Bo Bardi[14] no Estúdio de Arte e Arquitetura Palma. Uma série de móveis em madeira compensada e vários projetos de interiores para lojas e casas foram os resultados dessa curta colaboração. Ao lado dos projetos de *stands* e interiores, em que realizou colaborações bem sucedidas com o artista gráfico Bramante Buffoni, Palanti se dedicou ao projeto de inúmeros edifícios, assumindo entre 1952 e 1954 a direção da seção de projetos da construtora Alfredo Mathias. Em 1956 iniciou uma colaboração com Henrique Mindlin que apresentou uma curiosa ressonância. Enquanto Palanti reproduzia aqui uma arquitetura que dava continuidade ao racionalismo italiano do entreguerras, Mindlin revelava em seus projetos sua admiração pela obra norte-americana de Mies Van Der Rohe. A colaboração entre ambos resultou numa obra filiada ao International Style, como é normalmente interpretada, em nítido contraponto às orientações preponderantes da arquitetura moderna brasileira.

A vinda de Lina Bo e Pietro Maria Bardi[15] ao Brasil em 1946 pode ser parcialmente creditada à sedução exercida na Europa do segundo pós-guerra pelas imagens da arquitetura moderna brasileira, então amplamente divulgadas após o sucesso da exibição *Brazil Builds*. Não se tratava mais de implantar uma cultura moderna, mas de explorar as possibilidades abertas por um país onde essa cultura já havia adquirido uma forte configuração própria.

A atuação do casal Bardi ultrapassou desde o início os limites disciplinares da arquitetura. Convidados pelo empresário Assis Chateaubriand, Pietro Bardi implanta e dirige o Museu de Arte de São Paulo, enquanto Lina Bo organiza e monta as exposições. Assumem o papel de agitadores culturais numa cidade às vésperas de se tornar o maior e mais poderoso centro urbano da América do Sul. Museu de arte (Masp), escola de design (Instituto de Arte Contemporânea), revista de arte e arquitetura (*Habitat*), séries de móveis de produção industrial, presença na mídia, projetos polêmicos – o conjunto de ações dos Bardi nos primeiros anos de Brasil encontra poucos paralelos pela competência na inserção e transformação de um meio culturalmente provinciano, mas potencialmente capaz de alavancar o processo de modernização do país. Nas palavras de Pietro Bardi, o Masp foi concebido "não bem como um museu", mas como um centro de cultura com o propósito de "contribuir para a efervescente arrancada industrial e social de São Paulo".

Apesar dos paralelos com os museus italianos surgidos durante o pós-guerra, a atuação dos Bardi reconhece a especificidade da situação brasileira, na qual o contato com o patrimônio artístico europeu era até então limitado a poucas mostras itinerantes, publicações com reproduções de baixa qualidade ou viagens de estudo, obviamente restritas aos poucos capazes de arcar com os seus altos custos. Desde o início, estava claro que o caráter didático do museu deveria assumir outra configuração.

Ao apresentar a concepção da museografia do Masp, Lina Bo defende a necessidade de deixar ao "espectador a observação pura e desprevenida", sem preconceitos que destaquem esta ou aquela obra de arte[16]. Portanto, a tarefa didática do museu não significava a transferência de valores e conhecimentos estabilizados, mas pretendia estimular a possibilidade de que o contato tardio de um país moderno com um contingente portentoso da cultura europeia gerasse um novo olhar sobre essa cultura.

O primeiro projeto museográfico para o Masp (1947) segue o caminho das experimentações desenvolvidas nas montagens de exposições desde meados dos anos 1930 na Itália[17]. Filia-se a uma linhagem de trabalhos que se inicia em 1934 com as mostras montadas por Edoardo Persico, Marcello Nizzoli e Franco Albini. Surgiram ali as primeiras estruturas expositivas construídas com tubos e perfis de aço que, dispostos em forma de grelhas ortogonais, suportavam desde painéis de propaganda do regime fascista até relíquias arqueológicas. A transparência desses dispositivos criava uma percepção simultânea do material exposto e do ambiente expositivo.

Os suportes que no Masp permitem a exposição dos quadros sem o fundo neutro de uma parede branca reproduzem diretamente as montagens de Albini para a mostra do artista italiano *Il Scipione* (Milão, 1942), e antecipam algumas soluções adotadas por ele a seguir no museu do Palazzo Bianco (Gênova, 1950). Ao defender a mostra nas páginas da revista *Lo Stile*[18], Guglielmo Pacchioni, o curador da exposição, sublinhou a necessidade de "dar sentido de atualidade" tanto à obra de um artista moderno, falecido alguns anos antes, quanto ao pesado ambiente acadêmico da Galeria de Brera, em Milão. Expor uma obra de arte significa dar um valor que a leva, "seja antiga ou moderna, para um plano de atualidade", tornando-a facilmente acessível ao maior número de observadores.

No segundo projeto do Masp (1957-1968) a concepção museográfico da pinacoteca extrapola os limites da museografia italiana, sempre limitada a se adequar a interiores de edifícios antigos. Suspensa a quatorze metros do solo, a pinacoteca é concebida como um espaço inteiramente aberto para a cidade através de suas paredes de vidros. Os suportes suspendem os quadros no ar (recurso frequente nas exposições italianas), e, como "cavaletes de cristal", nas palavras da arquiteta, permitem uma percepção imediata e simultânea do conjunto das obras, e destas com a cidade.

Essa atitude tem dois objetivos: pretende equiparar o valor da arte antiga ao da produção de vanguarda (retirando dos acadêmicos o monopólio da herança cultural) e superar a dicotomia entre popular e erudito. Para isso, procura destruir a "aura" que impede às pessoas simples compreenderem a obra de arte, mostrando-a como um "trabalho, altamente qualificado, mas trabalho; apresentado de modo que possa ser compreendido pelos não iniciados"[19].

O novo olhar sobre a cultura europeia, possível de surgir no Brasil, era para Lina Bo essencialmente popular. Escrevendo na revista de Bruno Zevi, Lina Bo defende que "não existem homens absolutamente incultos, a linguagem do povo não é a sua pronúncia errada, mas a sua maneira de construir o pensamento"[20]. A função de um museu num país com necessidades básicas mais prementes não é ociosa, pois pode ajudar a "despertar uma natural consciência, e adquirir consciência é politizar-se".

Sua aproximação com o popular não significa o interesse por algo exótico ou folclórico, mas sim uma atitude ética. Lina Bo reproduz no Brasil uma postura adotada pelos arquitetos italianos após a queda do fascismo. A vitória da Resistência levara os arquitetos a retomar as propostas de Giuseppe Pagano, de 1935-36, em que a "arquitetura menor" dos camponeses tornava-se exemplo de economia e modéstia para ser contraposto à decadência moral de um regime que gozara até então de ampla simpatia pelo seu caráter pretensamente renovador[21]. Se no campo político os arquitetos desiludidos com o fascismo acabaram por aderir às lutas pela sua derrota, no campo da arquitetura abandonaram as explorações de caráter clássico e geométrico-abstrato e passaram a procurar valores locais, soluções construtivas tradicionais, formas que evocassem a arquitetura simples rural.

O interesse pela arquitetura popular na Itália moderna apresenta outra importante particularidade. Ao contrário de outros países, onde a procura de raízes populares para a cultura nacional tornara-se um instrumento anticlassicista, na Itália, popular e clássico tornaram-se complementares de uma única "mediterraneidade"[22]. As alvas vilas das montanhas rochosas do Mediterrâneo eram entendidas como variante de um mesmo sentimento que alimentava também a arquitetura dos templos e palácios greco-romanos. Não se trata de uma oposição entre erudito e popular, mas de ênfases em polos diferentes de uma mesma cultura. Somente a partir desse contexto podemos entender o fácil deslocamento de Lina Bo entre projetos altamente sofisticados, como a sua Casa de Vidro, e obras que incorporam técnicas construtivas populares, como a casa Valeria Cirell com sua varanda de sapé.

Ao procurar o popular no Brasil, Lina encontra uma situação bastante diversa da italiana. Um povo constituído por sucessivas e diferenciadas imigrações (colonizadores portugueses, escravos africanos, imigrantes europeus e asiáticos) era essencialmente diferente de um povo enraizado vivendo ao longo de séculos numa mesma região. O fascínio por essa nova realidade a leva a aceitar o convite de Diógenes Rebouças para ensinar arquitetura na Universidade da Bahia, que vivia uma efervescência cultural durante o reitorado de Edgard Gonçalves. Entre 1958 e 1964 (haveria um segundo período na década de 1980), Lina Bo dirigiu o Museu de Arte Moderna e criou o Museu de Arte Popular, e ao lado de vários artistas e intelectuais europeus que se concentraram em Salvador enriqueceu o ambiente no qual se gestaram dois dos mais importantes movimentos culturais brasileiros: o Cinema Novo e a Tropicália[23].

De todos os europeus que ali estiveram, a obra de Lina Bo seria aquela que mais transformações sofreria. Sua origem italiana lhe conferia a predisposição em olhar para o popular como cultura e não como folclore. Como ressalta Antonio Risério, "o objeto popular é visto em sua inteireza e dignidade. Respeitado como trabalho humano e como solução criativa diante de um certo problema e a partir de determinados materiais"[24]. Impossível não traçar um paralelo com a interpretação que na mesma época outro italiano, Giulio Carlo Argan, efetivava da primeira etapa da Bauhaus de Gropius, em que a indústria deveria se constituir como uma evolução do artesanato, e não como a sua destruição. Uma concepção segundo a qual a formação do designer necessita do conhecimento que o artesão possui da ação da ferramenta sobre a matéria. Procura-se assim no artesanato "a expressão direta de um *ethos* popular ou da soma de experiências que constitui uma tradição"[25].

Trata-se de um outro projeto moderno no Brasil, alternativo àquele que se efetivava naqueles anos, marcados pela adesão ao projeto desenvolvimentista e pela construção de Brasília. Lina Bo pretendia que o desenvolvimento regional do nordeste brasileiro representasse uma alternativa ao projeto de industrialização que se efetivara no sudeste do país. A presença indígena e africana e as raízes populares da cultura nordestina haviam gerado uma "civilização da sobrevivência", e a facilidade do acesso à informação cultural moderna poderia permitir "a criação de uma verdadeira *contracultura* baseada em raízes reais e científicas, e não sobre bases levianas", permitindo que o Brasil entrasse na "história com um pé na pré-história"[26]. O atraso em relação aos países mais industrializados torna-se a possibilidade de construção de outra via para o desenvolvimento. Para isso, deveria ser evitado o caminho europeu da *finesse*, e o norte-americano dos *gadgets* e do consumo. O livro *Tempos de grossura: o design no impasse* resume os argumentos e o olhar seletivo que alimentou essa tentativa[27]. Os exemplares de objetos, roupas, esculturas, utensílios reunidos e fotografados por Lina Bo durante o período na Bahia revelam visualmente as bases desse outro caminho para o desenvolvimento, sem concessões ao folclore ou ao *kitsch*.

A reação das elites locais a esse trabalho foi violenta, reduzindo gradualmente o seu espaço. O golpe militar de 1964 encerrou dramaticamente essa experiência, com tropas militares ocupando o Museu de Arte Moderna da Bahia. Lina Bo retornou a São Paulo, onde retomou sua atividade no Masp. Apresentou uma produção discreta até o início da década de 1980, quando o sucesso do projeto de reconversão de uma antiga fábrica lhe conferiu um novo alento. Após a inauguração da obra, Lina Bo organizou uma série de exposições, adaptando o projeto cultural desenvolvido na Bahia para a situação paulista e demonstrando a plena validade daquele projeto.

A seleção dos arquitetos que apresentamos neste artigo deixou de fora importantes arquitetos que tiveram atuações passageiras na cultura arquitetônica brasileira[28]. Todos aqueles que comentamos ajudaram a construir a produção arquitetônica moderna no Brasil. As duas gerações refletem não apenas uma diferença cronológica, como também uma diferença substantiva de situações em que elas atuaram. A primeira inicia a trajetória da arquitetura moderna no Brasil, enfrentando o temas da modernidade e da identidade nacional. A segunda amplia o campo de atuação dessa arquitetura num momento em que ela já está consolidada e o problema da identidade não é mais central. Em ambos os casos a contribuição italiana não constituiu um campo isolado da corrente principal da arquitetura moderna brasileira, estabelecendo com ela uma constante interação dentro de um mesmo campo. Uma atitude rigorosa frente à técnica e ao programa de funcionalidade, assim como uma intimidade entre arquitetura e urbanismo, decorrentes da concepção do arquiteto integral, marcaram discretamente essa contribuição. Os jardins nas casas introvertidas de Rino Levi e a aproximação com a cultura popular de Lina Bo constituíram as notas mais expressivas da contribuição italiana.

No caso de Lina Bo, as tensões introduzidas pela sua produção no projeto moderno brasileiro hegemônico resultaram na leitura apressada de alguns comentaristas que a situaram no campo pós-moderno ou contextualista. A reação irada da arquiteta fala por si: "O pós-moderno internacional é a maior falência da arquitetura contemporânea"[29]. O declínio do projeto moderno resultou no esquecimento da sua riqueza e abrangência, e qualquer variação passou a ser vista como dissidência. É mais do que hora de recuperá-las, pois sem um campo abrangente mas comum de produção continuaremos atolados na pobreza contemporânea.

Notas

1. Rino Levi (São Paulo, 1901 – Bahia, 1965). Filho de pais italianos, formou-se em Roma em 1926, retornando ao Brasil no mesmo ano. Ao longo de quase 40 anos de carreira apresentou uma produção de qualidade crescente, destacando-se pela sua forma de trabalho em equipes e pelo desenvolvimento de várias tipologias funcionais especializadas (cinemas, hospitais, fábricas, teatros).

2. LEVI, Rino. Arquitetura e estética das cidades. *O Estado de São Paulo*, São Paulo, 15 out. 1925.

3. PIACENTINI, Marcello. *Architettura d'oggi*. Roma, Paolo Cremonese, 1930.

4. Gregori Warchavchik (Odessa, 1896 – São Paulo, 1972). Formou-se em Roma em 1920, vindo para o Brasil em 1924. A partir dos anos 1940, após um período de intensa militância pela arquitetura moderna, tendo sido inclusive delegado brasileiro nos CIAMs, a produção arquitetônica de Warchavchik entra em declínio.

5. PONTI, Gio. Architettura moderna al Brasile. *Domus,* n. 64, Milão, abr. 1933.

6. SARTORIS, Alberto. *Gli elementi dell'architettura funzionale*. Milão, Ulrico Hoepli, 1932.

7. O retorno dos telhados escondidos por platibandas na segunda metade dos anos 1930 revela a complexidade técnica para a produção de lajes impermeabilizadas no clima brasileiro, caracterizado por uma grande amplitude de variação térmica num mesmo dia.

8. Cf. PASQUALI, Alessandro. Scuola di architettura. *Casabella*, n. 84, Milão, dez. 1934, p. 36-43.

9. Bernard Rudofsky (Zauchtl, Áustria, 1905 – Nova York, 1988). Formado em Viena em 1928, transfere-se para a Itália em 1932, trabalhando com Gio Ponti (inclusive como redator da revista *Domus*) e Luigi Cosenza até 1938, quando foge para o Brasil. Em 1941 participa da exposição *Organic Design* no MoMa de Nova York, transferindo sua residência para lá a partir de outubro desse ano. Contribui com Philip Goodwin e Kidder Smith para a realização da exposição "Brazil Builds", que entre outras obras apresentou algumas de suas casas brasileiras.

10. Guarnieri, Andrea. Design anonimo e design spontaneo. *Abitare*, n. 317, Milão, p. 228-335, e RUDOFSKY, Bernard. Non ci vuole un nuovo modo di construire, ci vuole un nuovo modo di vivere. *Domus,* n. 123, Milão, mar. 1938, p. 6-9.

11. Daniele Calabi (Verona, 1906 – Veneza, 1964). Forma-se engenheiro em Pádova, em 1929, e obtém o título de arquiteto em Milão, em 1933. Transfere-se para o Brasil em 1939, atuando em São Paulo até 1948, quando retorna à Itália.

12. ZUCCONI, Guido. Daniele Calabi: variazione di una idea di spazio introverso. *Domus*, n. 743, Milão, nov. 1992, p. 81-88. Versão brasileira: ZUCCONI, Guido. Daniele Calabi: variações de um espaço introvertido. Tradução de Renato Anelli. *Óculum*, n. 5/6, Campinas, PUC-Campinas, mar. 1995, p. 56-61.

13. Giancarlo Palanti (Milão, 1906 – São Paulo, 1977). Forma-se arquiteto pelo Politécnico de Milão em 1929. Redator de *Domus* entre janeiro de 1932 e novembro de 1933, quando se transferiu para a revista *Casabella*. Veio para o Brasil em 1946, fixando-se em São Paulo. Cf. ROCHA, Angela Maria. *Uma produção do espaço em São Paulo*. Dissertação de mestrado. São Paulo, FAU USP, 1991.

14. Lina Bo Bardi (Roma, 1914 – São Paulo, 1992). Formada em 1939 pela Faculdade de Arquitetura de Roma, trabalhou nas revistas *Lo Stile*, *Domus* e *A* entre 1941 e 1946, quando se casa com Pietro Maria Bardi, vindo em seguida para o Brasil. Cf. FERRAZ, Marcelo (org.). *Lina Bo Bardi*. São Paulo, Instituto Lina Bo e P. M. Bardi, 1993.

15. Pietro Maria Bardi (La Spezia, Itália, 1900). Militante da arte e da arquitetura moderna na Itália, participou da organização das duas exposições de arquitetura racionalista, dirigindo a seguir a revista *Quadrante*. Após o final da Segunda Guerra veio ao Brasil a convite de Assis Chateaubriand para montar o Masp.

16. BARDI, Lina Bo. O Museu de Arte de São Paulo – função social dos museus. *Habitat*, n. 1, São Paulo, out./dez. 1950, p. 17.

17. A seguir estão desenvolvidos os argumentos apresentados inicialmente no seguinte artigo: ANELLI, Renato. Reforma compromete projeto original do Masp. *O Estado de São Paulo*, São Paulo, 1998, p. 8-8. Com o artigo, o autor envolveu-se no debate público sobre a remoção da museografia de Lina Bo Bardi, promovida pela direção do museu.

18. Revista dirigida por Gio Ponti, na qual Pietro Maria Bardi escrevia sobre arte e Lina Bo fazia as capas e algumas ilustrações.

19. BARDI, Lina Bo. Explicações sobre o Museu de Arte. *O Estado de São Paulo*, 5 abr. 1970. Arquivo Instituto Lina Bo e P. M. Bardi.

20. BARDI, Lina Bo. Museo di Arte di San Paolo del Brasile. *Architettura – cronache e storia*, n. 210, Milão, abr. 1973, p. 779.

21. Cf. CIUCCI, Giorgio. *Gli architetti e il fascismo – Architettura e città 1922-1944*. Turim, Einaudi, 1989; e TAFURI, Manfredo. *Storia dell'architettura italiana 1944-1985*. Turim, Einaudi, 1986. O caso de Pagano é exemplar, pois de militante fascista nos anos 1920 e 1930, passa a lutar na Resistência contra a República de Salò, morrendo na prisão em Mauthausen em abril de 1945.

22. DANESI, Silvia. Aporie dell'architettura italiana in período fascista – mediterraneità e purismo. In DANESI, Silvia; PATETTA, Luciano (org.). *Il Razionalismo e l'architettura in Italia durante il fascismo*. Milão, Electa,1988.

23. Encontravam-se em Salvador nesse mesmo período o músico alemão Han Koellreutter, o escritor português Agostinho da Silva, o antropólogo francês Pierre Verger, a bailarina polonesa Yanka Rudzka e o músico suíço Anton Smetak. Sobre esse período florescente da cultura brasileira de vanguarda na Bahia, ver RISÉRIO, Antonio. *Avant-garde na Bahia*. São Paulo, Instituto Lina e P. M. Bardi, 1995.

24. RISÉRIO, Antonio. Op. cit., p. 116.

25. ARGAN, Giulio Carlo (1951). *Walter Gropius e la Bauhaus*. Turim, Einaudi, 1988.

26. BARDI, Lina Bo. Museo di Arte di San Paolo del Brasile. Op. cit., p. 779.

27. BARDI, Lina Bo. *Tempos de grossura: o design no impasse*. São Paulo, Instituto Lina Bo e P. M. Bardi, 1994. O livro foi preparado em 1980 e interrompido em 1981 por decisão da autora. A publicação em 1994 foi coordenada por Marcelo Suzuki.

28. Marcello Piacentini, que viera ao Brasil por ocasião do concurso do Ministério da Educação e Saúde, realizou um projeto não construído para a Universidade do Brasil no Rio de Janeiro (1935-38), um edifício e uma residência para o empresário Francisco Matarazzo (1938-39), em São Paulo (Cf. TOGNON, Marcos. *Marcello Piacentini – arquitetura no Brasil*, dissertação de mestrado. Campinas, IFCH Unicamp, 1993). Franco Albini realizou com Franca Helg a montagem da Mostra de Arte Italiana De Caravaggio a Tieppolo, na comemoração do IV Centenário da Cidade de São Paulo (1954), dentro do edifício em forma de cúpula projetado por Oscar Niemeyer no Parque Ibirapuera. Gio Ponti fez três projetos não construídos em São Paulo, um deles para o Edifício Itália (1953), o mais alto edifício da cidade. Marco Zanuso projetou a fábrica Olivetti (1957) ao longo da Rodovia Presidente Dutra em Guarulhos, um dos poucos edifícios organicistas no Brasil. Temos notícias de que em Recife atuou outro italiano, Mario Russo, que está sendo objeto dos pesquisadores Maria de Fátima Campello, Fernando Diniz e Renata Cabral.

29. BARDI, Lina Bo. Uma aula de arquitetura. *Projeto*, n. 149, São Paulo, jan./fev. 1992, p. 63.

artigo 25 fernando aliata e claudia shmidt

LÚCIO COSTA, O EPISÓDIO MONLEVADE E AUGUSTE PERRET

[1999]

As figuras com as quais se construiu o cânone da arquitetura moderna compartilham, em geral, o denominador comum de uma educação alternativa, não acadêmica. São egressos de escolas politécnicas, de engenharia, estagiários de ateliês ou autodidatas, etc.: costumam possuir dados biográficos distintivos que parecem sustentar por sua singularidade posteriores produções modernistas[1]. Embora este recorte que forma parte dos textos fundantes da história da arquitetura moderna tenha sido revisado e hajam se estabelecido diferentes vinculações destes personagens com o que poderíamos denominar de "mundo clássico"[2], a ideia não deixa de estar presente na hora de abordar a obra de arquitetos formados até a primeira metade do século 20[3].

Desta perspectiva, a leitura da produção de Lúcio Costa gera ao menos um desafio inquietante. Aluno da Escola de Belas Artes do Rio de Janeiro, a instituição de maior tradição *beaux-arts* na América do Sul, cujas origens remontam à missão francesa que chegou à capital do Império em 1816, Costa está inserido fora deste esquema canônico e se apresenta como herdeiro direto de um *corpus* teórico que permanentemente se confronta com a modernidade arquitetônica.

Esta posição singular nos permite indagar algumas questões, que partem de sua educação acadêmica e que se enlaçam com as teorias modernistas em uma complexa trama de vínculos. Vínculos que não estão enunciados com clareza nas narrativas justificativas de sua ação – que o próprio Costa constrói em diversos períodos de sua longa vida –, nem tampouco nas interpretações ensaiadas sobre sua tardia conversão ao modernismo[4]. Avançar nesta direção implica prestar atenção a outras referências de Lúcio Costa: concretamente, a atenção que, a partir de seu pensamento formado no espírito da *beaux-arts*, dirige à obra de Auguste Perret em contradição com as inflexões que lhe provocam as especulações de Le Corbusier. Ambas as figuras se revelam, depois de tudo, expoentes dessa brecha aparentemente inconciliável – renovação acadêmica *versus* modernismo vanguardista – na qual o arquiteto brasileiro se colocará voluntariamente para tentar uma constante mediação.

Em 1926, depois de uma rápida e exitosa carreira profissional, Costa empreende uma viagem de aprendizagem à Europa que, cremos, será decisiva em sua produção posterior[5]. Devemos levar em conta que até esse momento Costa aparecia como um consolidado expoente da arquitetura neocolonial. E, como já foi reiteradamente analisada, esta modalidade estilística, à qual se credita múltiplas origens, contém em si certas preocupações que são derivações diretas da evolução da teoria acadêmica. Isto é, o fato de que a arquitetura baseada na matriz projetual elaborada pela tradição acadêmica francesa se preocupe com o fim último da geração do *caráter* nacional de cada povo e produza traços estilísticos de acordo com essa tradição transmitida é um dos fatores que influem mais profundamente na construção dessa variante linguística. Assim parece interpretá-lo a elite acadêmica não só do Brasil, mas do resto de América Latina entre as décadas de 1910 e 1920[6]. Desse ponto de vista, o neocolonial pode resultar no ponto de chegada natural de um pensamento teórico, advindo do academicismo europeu, que desde meados do século 19 luta pela conformação de particularidades locais, filhas naturais das condições geográficas distintas.

O olhar com que Lúcio Costa observa a realidade arquitetônica do velho continente em sua viagem de 1926 está fortemente marcado por sua educação e também por essa particular condição de ser uma espécie de "*beaux-arts* de ultramar", que abraçou com convicção visando a causa da formação de um estilo nacional. No entanto, a primeira consequência de seu périplo europeu será sua desilusão frente ao neocolonial. Ao observar *in situ* os exemplos da arquitetura tradicional portuguesa poderá constatar a diferença entre estilos derivados da correta utilização de uma técnica construtiva tradicional e a cópia confusa de estilemas que produz a idealização neocolonial[7].

Não seria casual, então, frente a este desencanto, que o arquiteto observe com atenção o debate em curso em sua metrópole *intelectual*, no campo do que poderíamos chamar a renovação acadêmica. De fato, em uma sintonia similar às afirmações surgidas em torno do neocolonial, o clima do debate arquitetônico na França continuava com a problemática do século 19 de conformar o "estilo nacional". A aplicação dos historicismos à arquitetura pública, praticada até o início da Primeira Guerra Mundial, havia dado finalmente lugar a uma crise de representação. Uma das respostas possíveis, a partir da primeira pós-guerra, era a denominada "nova tradição" – linha assim definida por Hitchcock[8] – propulsora de um estilo historicista "modernizado" que chegaria a se impor nas arquiteturas oficiais até os anos 1930. Em 1927, o concurso para a Sociedade das Nações colocaria em confronto, por meio dos projetos premiados, três correntes dominantes: a já mencionada nova tradição, o movimento moderno e a antiga arquitetura *beaux-arts*. Panorama no qual deveríamos agregar a presença do movimento regionalista francês, que propunha a revalorização da cultura local no contexto dos processos de descentralização[9].

Em outro registro, a polêmica sobre a busca de uma expressão arquitetônica "nacional" poderia ser sintetizada em duas posturas: de um lado, os que entendiam que a França era um conjunto de partes, uma associação de províncias e colônias; de outro, os que a concebiam como uma unidade integral entre a metrópole e as colônias, sem solução de continuidade. Um episódio que resume esta questão é o projeto para o Musée des Colonies em Paris, edifício que formou parte do programa da Exposition Coloniale Internationale, realizada em 1931, e que seria a última feira destinada ao colonialismo internacional[10]. Nesta oportunidade, em contraste com as exposições anteriores e com as propostas dos outros países, a França se colocou um olhar para o futuro, com uma ênfase mais didática em difundir ao mundo as potencialidades de suas colônias, alentar os investimentos e instruir os próprios franceses sobre a assimilação dos colonizados. Por isso não se trataria desta vez de realizar um pavilhão – efêmero e circunstancial –, mas de aproveitar a oportunidade para construir um edifício, que depois se transformasse em museu[11]. O primeiro projeto foi concedido a León Jaussely, um consagrado ganhador do *Grand Prix de Rome* e diretor das exposições internacionais entre 1921 e 1927[12]. No entanto, sua proposta em estilo norte-africano foi rechaçada pela comissão organizadora da feira de 1931, pois a linguagem não era adequada para um edifício permanente, de caráter público monumental que deveria ser, além de tudo, "nacional" e "colonial".

O projeto, posteriormente aceito e construído, era de outro egresso da École de Beaux-Arts, Albert Laprade, que havia interpretado o problema de como evocar o mundo colonial em um edifício metropolitano, situação inédita em seu país. Laprade não recorreu a um estilo colonial de fidelidade arqueológica, mas a uma "arquitetura simples, nobre, calma e neutra" (que poderia incluir evocações abstratas do espírito ou caráter colonial em um segundo plano)[13], em sintonia com a nova tradição, e com o *rappel a l'ordre,* que caracterizaria boa parte da arquitetura oficial francesa durante a década de 1930[14]. Este episódio parece outorgar o triunfo aos que apoiam a política cultural de uma França homogenizadora, que se afasta dos estilos locais (mourisco, norte-africano, etc.) recorrendo à alternativa do primitivismo, mas com a ideia preconcebida de encontrar ali as formas puras e primárias, os materiais em estado bruto e a exaltação do caráter artesanal dos sistemas construtivos que pudessem unificar particularidade e classicismo.

Esta linha de pensamento, concentrada na relação entre os sistemas construtivos e a conformação da linguagem – e na qual, mais adiante, veremos como se insere Lúcio Costa –, estava representada por Auguste Perret, figura que manteve uma tensão permanente com a Académie des Beaux-Arts da França. Perret se distanciou, desafiou e confrontou a instituição, para – já no final de sua vida – ser consagrado por ela, com sua inclusão definitiva[15].

Perret estava fortemente imbuído da preocupação em conferir uma linguagem modernista aos valores clássicos da tradição francesa ditados pela academia: a harmonia e o equilíbrio foram sempre para ele inquestionáveis. Le Corbusier, em um texto preparado especialmente para um número mo-

nográfico da revista *Architecture d'Aujourd'Hui* dedicado a Perret, o define assim, em 1932: "Auguste Perret não é um revolucionário. É um *continuateur.* Sua personalidade integra está nesta continuidade das grandes, nobres e elegantes verdades da arquitetura francesa"[16].

Perret olhava para a história interessado naquilo que assinalava Viollet-le-Duc e também Choisy: o desenvolvimento do gótico. Para esta linha de pensamento, que podia evocar por sua vez antecedentes mais antigos, a arquitetura é o resultado da construção. Nesse sentido, a Idade Média seria o exemplo por excelência de um período no qual, do ponto de vista da racionalidade construtiva, havia podido desenvolver uma linha estilística com coerência. Diferente de seus antecessores desta escola, que só conseguiam apontar a contradição entre passado e presente, Perret pensava que esta corrente de pensamento podia agora se sustentar na esperança de que a aplicação do concreto armado produziria uma modalidade construtiva capaz de gerar um novo estilo, de acordo com sua época. Perret dava importância à experiência da construção como base da formação da arquitetura, em um tom crítico e de reclame de uma *École* que havia abandonado fazia tempo este aspecto da formação, dando lugar à abertura, varias décadas antes, da École Spéciale d'Architecture. Em suas obras, o concreto armado é a manifestação da incorporação dos novos sistemas construtivos, mas também é o componente que admite a criação de uma linguagem derivada dos lineamentos da composição da arquitetura clássica francesa que se faz presente a partir da utilização de uma geometria abstrata, produto de uma rígida modulação. Esta linguagem sincrética, no entanto, permite agregar sugestões decorativas que podem escapar aos modelos tradicionais atribuídos a correntes diversas, como a decoração ensaiada pelo próprio Perret na famosa casa da rua Franklin.

Numa perspectiva similar sobre as possibilidades do concreto armado colocou-se aparentemente a primeira arquitetura de Le Corbusier, antes que a influência da vanguarda pictórica o afastasse cada vez mais de Perret. À primeira vista, a casa Dominó e as casas Monol compartilham esta inspiração inicial: a estrutura ortogonal de concreto armado é o que define a morfologia. Mas as relações de Le Corbusier com um campo de preocupações estéticas que transcendem o racionalismo estrutural se acentuarão a partir dos anos 1930, apresentando-se então como um problema em aberto num dos produtos posteriores à sua viagem pela América Latina: a casa Errázuriz.

Diferentemente da obra de Perret, esta casa demonstra que a arquitetura moderna não se caracteriza pela aparição de um sistema construtivo que exige um estilo de acordo com sua organização, mas que se diferencia por ser um procedimento de composição; um modo de operar que pode ser aplicado a um método construtivo tão primitivo como o da madeira e da pedra. Nesse sentido, a casa Errázuriz, com sua estrutura de troncos pouco aparelhados e seus muros de pesada alvenaria de pedra, põe em contradição a visão que Le Corbusier poderia também ter herdado de Choisy. As formas arquitetônicas, a aparição dos estilos, como consequência natural da evolução das técnicas construtivas, parecem já não ter sentido frente a este objeto. Se a premissa do modelo de Choisy podia ser aplicada sem problemas à evolução do concreto armado, sistema que possibilitava a separação absoluta entre os fechamentos e a estrutura, e, além disso, gerar uma inusitada liberdade formal, a pergunta que parece ficar em aberto dali em diante para Le Corbusier seria: o que justificaria o retorno aos modos tradicionais, atuando dentro do método estilístico moderno?

Acreditamos que essa tensão entre arquitetura moderna como procedimento ou como resultante de uma transformação técnica, assim como a preocupação com a assimilação das características da tradição local, presentes no debate dos anos 1920, são os problemas aos quais Costa tentará dar resposta em sua primeira produção.

No entanto, a assimilação deste complexo panorama não será imediata. Durante os primeiros anos da década de 1930, a tumultuosa e falida direção da Escola de Belas Artes do Rio de Janeiro, e sua associação inicial com Warchavchik no escritório com diversas orientações modernas (desde Wright a Mies), cujos resultados podem ser vistos nos projetos de suas primeiras casas modernas, constituem um período de reflexão e acomodamento. Mas este período se interrompe com um projeto, ao qual o próprio Lúcio Costa dedica grande atenção na publicação posterior de sua obra: o conjunto de Monlevade. Aqui se apresentam pela primeira vez as questões que enunciamos, o que torna importante uma análise detalhada do projeto. O empreendimento – uma vila operária próxima de um complexo industrial de mineração, que deveria ser encravado no coração do Estado de Minas Gerais –, permite a Costa uma primeira reflexão teórica, na qual tentará se mover com inteira independência, selecionando as ideias do interior deste debate ao qual fazíamos referência. E também trabalhar em uma área que havia conhecido em suas viagens pelo interior do país e que apreciava pelos valores de autenticidade construtiva de sua edilícia tradicional.

Para a organização das habitações desta vila industrial, Costa retoma alguns elementos que caracterizam as casas Loucheur de Le Corbusier (1929): uma planta de pilotis livre e um muro medianeiro realizado artesanalmente. Mas as similitudes terminam ali. Diferentemente do arquiteto suíço, que coloca esta casa experimental como resultado da pré-fabricação metálica, Costa descarta a pré-fabricação, introduzindo o vernacular, uma introdução que se fará em termos diferentes do modo corbusiano. Enquanto no Le Corbusier da casa Errázuriz ou da Mandrot o vernáculo penetra abertamente a partir do mundo da pintura, como um violento gesto disposto a mudar as regras de jogo, como um objeto capaz de alterar radicalmente a composição, como uma introdução brutal da materialidade manual que pode gerar tensões impensadas, em Costa o vernáculo comparece como parte de um exercício de contenção e sincretismo.

Em Monlevade, a nova tecnologia se impõe com os pilotis e a planta livre como matriz constituinte de todo o conjunto, mas esta presença é contida explicitamente pelo esforço de Costa de fazê-la coexistir com as práticas artesanais, a partir da geração de um limite entre o plano da planta livre e a casa-habitação. Superpostas à modernidade técnica, o adobe com estrutura de bambu, os fechamentos com treliçados de taquara, as janelas de guilhotina e o *trillage* são os elementos que um olhar atento soube resgatar do passado para fazer, antes de tudo, construção. Ou seja, aquela construção comum que devia conformar a linguagem do novo tempo, para além das diferentes singularidades arquitetônicas. O objetivo parece ser a possibilidade de gerar um estilo, uma linguagem da construção menor, de caráter sincrético entre tradição e modernidade. Uma operação que, mediante um esforço intelectual, tenta ultrapassar o hiato aberto pelas rupturas da vanguarda. E a inspiração pode ter vindo de Auguste Perret. Para o "construtor"[17] francês, como já antecipamos, arquitetura e construção deveriam se fundir em uma coisa só.

As citações e referências a Perret, que já haviam sido assinaladas por Bruand em seu trabalho[18], são ainda mais evidentes no equipamento da pequena vila operária. Aqui aparece com clareza o esforço de manter um equilíbrio entre a construção tradicional e os novos materiais, ainda que estes últimos se imponham como uma constante formal homogeneizadora de forma similar aos exercícios de redefinição tipológica, colocados pelo mestre francês[19]. A série de edifícios de Monlevade tenta adotar a ideia de nervuras estruturais e vedações, colocada conceitualmente por Choisy e desenvolvida por Perret. Mas, diferentemente do uso de decorações classicistas, Costa transforma a vedação em uma reelaboração de certas permanências da arquitetura vernacular brasileira. Não é casual então que uma das referências explícitas no armazém da vila operária seja os armazéns da Argélia, que Perret realizou em 1915. Duas questões fundamentais se colocavam ali. Em primeiro lugar, tratava-se de um programa de serviços, mais próximo à construção do que à grande arquitetura metropolitana, na qual Perret incursionaria *a posteriori* em Paris. Em segunda instância, o território, uma paragem colonial do norte da África, justificava a recepção das influências da tradição vernácula mediterrânea do mesmo modo que, depois, Costa utiliza as brasileiras. Curiosamente esta fonte formal tão sugestiva parece ser a mesma que Le Corbusier utilizou para um de seus primeiros projetos: as casas Monol, de 1919.

Também a igreja de Monlevade pode ser considerada uma citação explícita da Notre-Dame de Raincy. Retomando os lineamentos estéticos da obra de Perret de 1925, a igreja é o único elemento do projeto em que Costa não exibe pilotis exteriores, colunas nem estrutura, mas que se apresenta através da fachada, aquilo que Le Corbusier condenava em Perret[20].

Em um período no qual Costa recorda que em seu escritório a prática profissional foi deixada de lado por um tempo para estudar a fundo a obra publicada de Le Corbusier[21], Monlevade aparece como uma exploração em outra direção. O arquiteto brasileiro não se abandona ao impacto que o mundo artesanal possa produzir em suas operações arquitetônicas, como sucede a Le Corbusier até gerar uma arquitetura que renuncia a toda contenção racional e que terminará por definir todo um gênero que percorrerá ininterruptamente sua obra, de forma paralela a outras pesquisas. Em Costa, a incorporação do vernaculismo é um objetivo moral, tendente a definir uma particularidade regional que deve encontrar seu lugar em uma estrutura teórica, contida pela racionalidade e que inclua, sem sobressaltos, o ensino da história e do caráter local, como se tivesse preferido a tradição acadêmica.

A postura de Costa se distancia também claramente do projeto mais representativo de cidade operária por esses anos: a *Cité industrielle* de Tony Garnier. O arquiteto lionês queria modificar a sociedade propondo novos modos de vida: em sua proposta não havia igrejas nem edifícios governamentais. O caráter local se dava pela inserção em um ponto estratégico do conjunto – próximo à estação de trem – de uma reprodução de cidade gótica. Lúcio Costa, em tom oposto, exaltará a vida da comunidade tal qual se desenvolve contemporaneamente, tentando melhorar suas condições sem alterar seus lineamentos gerais – "aquela fila de casas que serpenteia *ombro a ombro* ao longo das ruas e que tão bem caracteriza as cidades do nosso interior, foi voluntariamente quebrada, para permitir maior intimidade" e uma comunicação pessoal entre os vizinhos –, que ficariam muito distantes de abordar algum traço de utopia ou radicalismo político[22]. É que a matriz de composição urbana de Monlevade pode provir, como parecem prová-lo as citações dos textos de J. Nolen e F. Law Olmsted que encabeçam a memória do projeto, das contemporâneas realizações norte-americanas derivadas de Radburn, como Greenbelt, Maryland (1936), nas quais a proposta de transformação passava por incorporar a arte e a natureza ao planejamento de novas cidades em um plano geral de descentralização e ocupação harmônica do território.

A expressão mais conservadora do plano para esta aldeia industrial nos confirma mais ainda a posição de quem quer abandonar abruptamente os abalos convulsivos da vanguarda para chegar ao platô de uma expressão representativa e consolidada do modernismo que retome, depois de um necessário desprendimento, os laços com o passado. Esta concepção emerge no famoso artigo que Costa publica em 1937 na *Revista do Serviço do Patrimônio Histórico e Artístico Nacional*, no qual tentará traçar uma divisória de águas entre a produção criativa e individual do barroco, principalmente dos trabalhos do Aleijadinho, e aquela incumbida aos anônimos mestres de obras que, recebendo a herança da arquitetura popular lusitana, realizaram um lento processo evolutivo de adaptação que gerou aquilo sobre o qual os historiadores da arte não falam, mas que constitui a paisagem arquitetônica brasileira por excelência. Na construção menor Costa encontra uma essencialidade construtiva, uma simplicidade, que está muito distante da exuberância e que reclama como aqueles atributos que se têm de saber ler, dentro da confusão, para estabelecer um encadeamento com o passado.

O que se define em Monlevade então, é uma vontade que pretende outorgar continuidade aos modos locais dentro do novo sistema do concreto armado. Ou seja, se a estrutura da nova pedra artificial é uma concepção universal que define o século 20, a particularidade brasileira estará em aplicar a essa estrutura aquelas invariantes que a sapiência construtiva consagrou depois de séculos de experimentação com os elementos apropriados que podem responder ao clima e às vivências locais. Este sincretismo se distancia profundamente de qualquer contaminação descontrolada. O arquiteto não se deixa vencer pelos elementos que conformam a diferença, mas os incorpora em um exercício de síntese, algo que é em definitivo uma operação de inclusão para poder incorporar o diferente, à maneira das últimas elucubrações da teoria acadêmica. Uma operação que bem poderíamos considerar como *assimilação* – tal como a de Laprade no Musée des Colonies – no sentido do clima do debate francês.

Monlevade propõe um caminho distinto ao que depois será a experiência do Ministério e que parece ter outras variáveis tão profundas e marcadas em Costa como o foi a ulterior influência corbusiana ou as prósperas colaborações com Niemeyer. Variáveis que não desaparecem *a posteriori* na obra do arquiteto brasileiro e que voltam a se fazer presentes no gênero doméstico, naquela que podemos considerar sua produção mais particular: as casas de Roberto Marinho (1937), de Hungria Machado (1942), de Barão de Saavedra (1942), o Hotel do Parque São Clemente em Nova Friburgo (1944) e também o conjunto do parque Guinle (1948-54).

Diferentemente das figuras de Niemeyer ou Reidy, daquela imagem recorrente da arquitetura brasileira como um canteiro de ousada e às vezes superabundante criatividade, a preocupação de Costa pela construção de um estilo nacional e suas buscas na construção o ligam mais intimamente com o anônimo, no sentido quatremeriano, isto é, àquela produção que possa dar conta do protótipo e do uso sem a marca de particularidade ou de autor. Lida desta maneira, essa vertente da obra de Costa amplia sua dívida com aqueles ideais de "deliberada limitação plástica do formalismo neoclássico", os quais o separam não só de alguns aspectos de Le Corbusier, mas fundamentalmente de Oscar Niemeyer.

Costa faz escassa menção em seus escritos à figura de Perret e relata – não sem um gosto de amargura – a incompreensão que demonstrou o mestre francês quando visitou no Rio a obra do Ministério, de passagem em sua viagem para Buenos Aires e Santiago de Chile. Pelo contrário, sempre tentou se reconhecer e apresentar como "discípulo" ou seguidor de Le Corbusier, apontando como um marco a visita do mestre francês ao Rio de Janeiro em 1936. Mas, ao mesmo tempo, Costa localiza em primeiro plano outro marco: a chegada a seu país de Victor Grandjean de Montigny, o fundador da Academia Imperial de Belas Artes no Rio, como a figura que instalou a modernidade no Brasil. A comparação entre o "velho professor" e o "autodidata de temperamento" ocupa um lugar particular em seu livro *Registro de uma vivência*. Um retrato de Montigny em página completa antecede a reedição de seu artigo de 1951[23], dentro de um volume cuja estética se aproxima mais à de um catálogo – como se ele mesmo tivesse sido curador de sua própria mostra – que a uma edição bibliográfica de sua produção.

Para quem quiser ler entrelinhas, para quem possa avançar mais além da estudada modéstia que emerge de seus escritos, Lúcio Costa nos propõe uma construção nada casual de quem pôde superar as convulsões da vanguarda, os experimentalismos estéreis, a grandiloquência escultórica de Aleijadinho e expandir uma ponte até a continuidade de uma tradição que não deveria se interromper nunca.

Uma tradição que, retomando a interpretação perretiana do pensamento *beaux-arts*, se expressa em uma linha que começa em Monlevade colocando, à maneira de Quatremère, o valor da arquitetura na criação coletiva, na construção de uma história plural na qual, ao final, as expressões muito particulares, os caprichos linguísticos e os ex-abruptos formais carecem já de sentido.

Notas

1. Ainda que o argumento seja conhecido, é oportuno recordar que F. L. Wright se formou nos ateliês de Adler e Sullivan; Walter Gropius em Munique e Berlim nas oficinas do período do Werkbund; Alvar Aalto é graduado pela Escola Politécnica de Helsinki; Le Corbusier se forma na École d'Art de A Chaux-de-Fonds e depois realiza estágios nos escritórios de Auguste Perret e Peter Behrens; Mies van der Rohe recebeu uma educação similar, mas também Behrens, os holandeses e ainda Viollet-le-Duc, valorizado por sua posição antiacadêmica. Esses personagens, constituídos em modelos, são os que articulam as narrações heroicas do movimento moderno de autores como Henry-Russel Hitchcock, Sigfried Giedion ou Nicolau Pevsner, entre outros. Sua formação não convencional aparece como uma das provas mais notórias de sua rejeição à tradição clássica.

2. A partir da análise de Colin Rowe – *A matemática da habitação ideal* (1947) ou *Maneirismo e arquitetura moderna* (1950) –, muito se avançou na consideração das relações entre cultura acadêmica e arquitetura moderna, dentro de uma abundante produção que por sua extensão não poderíamos citar aqui.

3. Frampton relata a relação de Lúcio Costa com a École de Beaux Arts no momento em que é nomeado diretor para produzir a entrada da arquitetura moderna no Rio de Janeiro e não como antecedente sólido de sua formação. Cf. FRAMPTON, Kenneth. *Historia crítica de la arquitectura moderna*. 9ª edição. Barcelona, Gustavo Gili, 1998, p. 258.

4. Nós nos referimos fundamentalmente aos seguintes artigos: Carta – Depoimento (1948); A obra de Oscar Niemeyer (prefácio de PAPADAKI, Stamo. *The Work of Oscar Niemeyer*. Nova

York, Reinhold, 1950); Muita construção, alguma arquitetura e um milagre (1951); Oportunidade perdida (1953), todos eles publicados in XAVIER, Alberto (org.). *Lúcio Costa: sobre arquitetura.* Textos de Lúcio Costa. Porto Alegre, Centro dos Estudantes Universitários de Arquitetura, 1962, respectivamente nas páginas 123-128; 161-165; 169-201; 252-259. Exceções no campo historiográfico constituem-se as análises presentes em COMAS, Carlos Eduardo Dias. Teoria acadêmica, arquitetura moderna e corolário brasileiro. *Anais do Instituto de Arte Americano,* n. 26, Buenos Aires, 1988, p. 85-96 (artigo republicado no volume 1 desta coletânea). Dias Comas, utilizando a metodologia de Colin Rowe, introduz na análise das obras paradigmáticas do modernismo brasileiro aspectos teóricos de clara conotação acadêmica.

5. Recordemos que não era sua primeira visita à Europa. Já havia viajado em sua infância e adolescência a New Castle, onde cursou parte de seus estudos; depois esteve uns meses em Paris e Liverpool; posteriormente com sua família em sua adolescência, antes de começar seus estudos de arquitetura.

6. LIERNUR, Jorge Francisco. Verbete "neocolonial". In LIERNUR, Jorge Francisco; ALIATA, Fernando. *Diccionario histórico de arquitectura, habitat e urbanismo em la Argentina*; LIERNUR, Jorge Francisco. ¿Arquitectura del Império Español o arquitectura criolla? Notas sobre las representaciones "neocoloniales" de la arquitectura producida durante la denominación española en América. *Anais do Instituto de Arte Americano,* n. 27/28, Buenos Aires, 1991.

7. "Comecei a perceber o equívoco do chamado neocolonial, lamentável mistura de arquitetura religiosa e civil, de pormenores próprios de épocas e técnicas diferentes, quando teria sido tão fácil aproveitar a experiência tradicional no que ela pode ter de válido para hoje e para sempre". COSTA, Lúcio. À guisa de sumário. *Lúcio Costa: registro de uma vivência.* São Paulo, Empresa das Artes, 1995, p. 16.

8. Embora o termo "nova tradição" tenha sido cunhado por Henry-Russel Hitchcock, tomamos aqui a reconsideração que faz Kenneth Frampton entendendo-a como uma linha que se apoia no elementarismo (de Guadet) e que produz uma série de obras que tratam de romper com o estilo público recebido do neobarroco, oferecendo como resultado um estilo clássico nu, que predominou nos anos 1930. FRAMPTON, Kenneth. Op. cit., p. 212.

9. Esta corrente se vinculava com as políticas de descentralização. Um entusiasta seguidor desta linha foi Tony Garnier, que neste contexto propôs seu projeto da *Cité industrielle* em Lyon.

10. MORTON, Patrícia. National and Colonial: The Musée des Colonies at the Colonial Exposition, Paris, 1931. *The Art Bulletin*, Nova York, CAA, jun. 1998, p. 357-377.

11. Atualmente é o Musée des Arts Africains, em Paris.

12. Jaussely, que ganhou o Grand Prix de Roma em 1903, compartilhou seu *stage* na Académie de France à Rome com Tony Garnier, entre outros. Cabe recordar o intercâmbio entre ambos e a presença de ideias de Jaussely – urbanista e autor do plano para Barcelona em 1904 – no projeto da *Cité industrielle* do arquiteto lionês.

13. No Musée des Colonies a escultura evocava as especificidades da vida das colônias. Realizadas pelo escultor Alfred Janniot, os frisos "concretizavam o sentimento". Deixando intacta a primazia da arquitetura, o ornamento aplicado foi tratado com motivos *coloniais* abstratos. MORTON, Patrícia. Op. cit., p. 366 e segs.

14. Obras como o Musée des Travaux Publics de Perret ou o Falais Chaillot, ambos de 1937, inscrevem-se nesta linha.

15. Foi nomeado membro da Académie em 1944. D. D. Egbert. *The Beaux-Arts Tradition in French Architecture*. Nova Jersey, Princeton University Press, 1980, p. 80.

16. CORBUSIER, Le. Perret par Le Corbusier. *Architecture d'Aujourd'Hui*, n. 7, Paris, 1932, p. 7-9.

17. Peter Collins, em seu livro *Concrete: the Vision of a New Architecture: a Study of Auguste Perret and his Precursors* (Nova York, Horizon Press, 1959), intitula de "O construtor" o capítulo no qual descreve as obras de Perret. Este apelativo é o traço mais valorizado por Le Corbusier em relação à obra do francês. Le Corbusier diz: "Desde [Notre-Dame de Raincy, 1925] há um paradoxo: Auguste Perret se divide em dois homens, o construtor [o mais elevado, o mais digno], e o arquiteto num sentido que já não corresponde mais aos tempos modernos". CORBUSIER, Le. Perret par Le Corbusier (op. cit.).

18. BRUAND, Yves. *Arquitetura contemporânea no Brasil.* São Paulo, Perspectiva, 1991, p. 75.

19. Também as apelações a Perret são evidentes em seus escritos. No famoso "Razões da nova arquitetura", afirma o seguinte sobre sistema construtivo e definição de um estilo: "[a arquitetura moderna] caracteriza-se, aos olhos do leigo, pelo aspecto industrial e ausência de ornamentação. É nessa uniformidade que esconde, com efeito, a sua grande força e beleza: casas de moradia, palácios, fábricas, apesar das diferenças e particularidades de cada um, têm entre si certo ar de parentesco, de família, que – conquanto possa aborrecer àquele gosto (quase mania) de variedade a que nos acostumou o ecletismo diletante do século passado – é um sintoma inequívoco de vitalidade e vigor, a maior prova de já não estarmos mais diante de experiências caprichosas e inconsistentes como aquelas que precederam, porém, de um todo orgânico, subordinado a uma disciplina, um ritmo, – diante de um verdadeiro estilo enfim, no melhor sentido da palavra. Porque esta uniformidade sempre existiu e caracterizou os grandes estilos. A chamada arquitetura *gótica,* por exemplo, que o público se habituou a considerar própria apenas para construções de caráter religioso, era, na época, uma forma de construção generalizada – exatamente como o concreto armado hoje em dia – e aplicada indistintamente a toda sorte de edifícios, tanto de caráter militar como civil ou eclesiástico". COSTA, Lúcio. Razões da nova arquitetura (1934). *Lúcio Costa: registro de uma vivência.* Op. cit., p. 114.

20. Em seu já citado artigo de 1932, Le Corbusier condena o critério que adota Perret em Notre-Dame de Raincy. Assinala que o tratamento da fachada "como uma máscara" é o paradoxo que lhe permitirá ser admitido no Institut de France.

21. Sobre o Ministério de Educação e Saúde de 1936, diz: "Os novos conceitos arquitetônicos, formulados na década anterior [refere-se à década de 1920], ainda não haviam sido assimilados pela opinião culta e popular e eram violentamente refutados. Mas para mim, que tinha dedicado o *chômage* de 32 a 35, ao estudo da obra teórica de Le Corbusier, o problema arquitetônico parecia então indissoluvelmente entranhado no problema social, porquanto oriundos da mesma fonte – a revolução industrial do século 19 –, e esse vínculo de origem conferia sentido ético à tarefa em que estávamos empenhados, exigindo-nos dedicação total, como se fôssemos, na nossa área, moralmente responsáveis pelo bom encaminhamento da meta comum". COSTA, Lúcio. Relato pessoal (1975). *Lúcio Costa: registro de uma vivência.* Op. cit., p. 135.

22. COSTA, Lúcio. Monlevade (1934). Idem, ibidem, p. 91-99.

23. COSTA, Lúcio. Muita construção, alguma arquitetura e um milagre (1951). Idem, ibidem.

artigo 26 otília beatriz fiori arantes

RESUMO DE LÚCIO COSTA

[2002]

O Brasil é uma procissão de milagres[1.]

Sérgio Buarque de Holanda, *Visão do paraíso*

Teria a moderna arquitetura brasileira surgido por milagre? Ao menos parece ser essa a opinião de Lúcio Costa, ao adotar, em seu antológico ensaio de 1951, o título: "Muita construção, alguma arquitetura e um milagre". Sem poder esmiuçar aqui todas as suas razões, é preciso reconhecer de saída que normalmente nos países periféricos e, por isso mesmo, de tradições culturais não sedimentadas, os surtos de modernização parecem acontecer por obra do acaso. E, para reforçar essa quase certeza quanto ao caráter fortuito desse feito histórico, quando indagado, por exemplo, sobre quando e como aderiu à arquitetura moderna, Lúcio Costa invariavelmente dizia tê-la descoberto muito tarde e, aparentemente, ao sabor de circunstâncias que poderiam não ter ocorrido, acrescentando que, se não fosse assim, possivelmente, ela própria não teria existido.

É evidente que sua conhecida discrição não lhe permitiria falar apenas de si próprio, mas de uma série de coincidências que acabaram por colocar, por exemplo, Le Corbusier e Oscar Niemeyer em sua rota, sem o que o referido milagre não teria se dado. Que haja sempre em tais casos uma combinação de fatores subjetivos e objetivos, não se discute.

Arranjos mais ou menos rotineiros em se tratando de culturas orgânicas, mas em geral bastante acidentais num meio em princípio adverso às grandes manobras do espírito e, como não poderia deixar de ser, bem mais dependentes de felizes acasos ou repentes que passam então por geniais.

Na conta dos acasos, alinho alguns dos episódios narrados por Lúcio Costa[2]. Em primeiro lugar, sua sempre lembrada ida à Europa, em 1926, menos para estudo do que "por motivos sentimentais insolúveis", interrompendo suas não muito inspiradas atividades de arquiteto neocolonial, ou "eclético-acadêmico", como ele mesmo se reveria mais tarde. Mesmo desmotivado, não deixou de ver e estudar a arquitetura europeia, com a qual de resto se familiarizara depois de viver longos anos no Velho Mundo. Mas, ao contrário dos jovens modernistas de São Paulo que lá se encontravam na mesma época, sem prestar a menor atenção à eclosão do modelo original de sua redescoberta da verdade arquitetônica do país. Tanto assim que, na viagem de volta, um ano depois, jogando *forca* numa roda de passageiros mais atentos ao que se passava pelo mundo, não reconheceu Le Corbusier num L inicial. Morreu na forca, mas registrou esse nome para o resto da vida. Anedota que não se cansava de contar para demonstrar o quanto na época estava alheio às novas tendências, ou talvez para maliciosamente sugerir o segredo desta outra *devinette*: o ter guardado para sempre o hábito de assinar apenas com as iniciais L.C., homenagem de vida inteira à lição do Mestre.

Logo depois, uma pneumonia que contraíra nessa mesma viagem obrigou-o a voltar a Minas para uma estação de cura. Outra ocasião igualmente fortuita: revendo nossa arquitetura colonial, deu-se conta afinal, e de uma vez por todas, dos equívocos em que incorrera o chamado *neocolonial* ao qual aderira – "lamentável mistura de arquitetura religiosa e civil, de pormenores próprios de épocas e técnicas diferentes, quando teria sido tão fácil aproveitar a experiência tradicional no que ela tem de válido para hoje e para sempre".

A verdade é que as viagens à Europa e a Minas causaram uma espécie de curto-circuito no percurso do nosso arquiteto franco-brasileiro, de algum modo prenunciando o que se seguiria. Some-se a isso o fato de ter *achado* numa revista não especializada – *Para todos* – a casa modernista de Warchavchik, que logo tentará reproduzir, aliás sem êxito, pois a cliente que encomendara o projeto não gostou nada do que viu: "Eu venho lhe pedir uma carruagem e o sr. quer me impingir um automóvel!". Gesto intempestivo, ao qual talvez não se seguissem outros, não fosse o convite para imprimir novos rumos à Escola Nacional de Belas Artes, em 1930, por alguém que ele nunca vira antes e que o fora buscar em Correias, nada mais nada menos do que Rodrigo Mello Franco de Andrade, que, passados sete anos, o levará para o recém-criado Iphan (Instituto do Patrimônio Histórico e Artístico Nacional).

Esses alguns dos acasos que teriam feito de Lúcio Costa um moderno. Mas já estavam dadas aí as premissas daquilo que, na sua, ou na nossa, arquitetura, emendava (sem querer) no mandamento modernista, em especial como o formulara Mário de Andrade: é necessário "tradicionalizar" o nosso passado, quer dizer, o Brasil. Espécie de antídoto contra a moléstia de Nabuco: o mal-estar do exílio na própria terra. Antes de tudo, um novo modo de referir o passado ao presente, vivê-lo e não revivê-lo – reconstruir o passado vivo "pesando em nossos gestos".

Aqui um dos embriões do que se poderia chamar de *efeito retroativo do processo de formação*, que procura se completar por influxo moderno necessariamente externo e por isso mesmo preponderante, como veremos logo a seguir. Primeira versão do futuro "desrecalque localista" de que falará António Cândido. Ou ainda, na linguagem também psicanalítica de outro precursor, Gilberto Freyre, quando em 1926 encarecia por sua vez a necessidade de "destabuizar" o Brasil, destapando-se o país encoberto pela mentirada oficial – uma cura psicanalítica enfim, que removeria todos os álibis do bovarismo nacional.

Avançando o sinal – pois ainda não reconstituímos todas as peças do quebra-cabeça, na origem do referido "milagre" –, também será possível falar em "desrecalque" ou "destape", no mencionado sentido psicanalítico-cultural do termo, no caso da moderna arquitetura brasileira. Desde que tomemos a arquitetura burguesa dos estilos históricos de encomenda como um sintoma neurótico encobridor do país arquitetônico real, é só descascar, tirar o verniz e trazer à luz do dia a sinceridade da estrutura construída. Ora, a terapia também é moderna e importada, a honestidade construtiva dos modernos, branca e asséptica como a ética produtiva do trabalho que ela trazia em seu âmago. O que se passou, então, é claro que com a mediação do *abrasileiramento* do programa corbusiano? Lúcio Costa simplesmente reconheceu no esqueleto moderno, aliviado da superafetação dos estilos de época, um laço de família com a antiga sabedoria construtiva da arquitetura civil colonial.

Moderno sem ser modernista

Uma ressalva antes de prosseguir, evitando a impropriedade do amálgama. Na verdade, Lúcio Costa nunca se reconheceu no movimento modernista, ao menos no alto modernismo dos anos 1920, quando o arquiteto carioca (que viria a ser, justamente por esse sinuoso processo de individuação, a personificação mais acabada do movimento moderno em arquitetura no Brasil) ainda se debatia com equívocos como o do arremedo neocolonial.

No entanto, ao chegar à arquitetura moderna apenas nos anos 1930, beneficiou-se da virada modernista do período construtivo-iluminista, de organização institucional da cultura e seus correlatos. Assim, é preciso não esquecer que o mesmo não tão jovem L.C., que se declarou moderno um pouco tarde e, aparentemente, motivado pela redescoberta do Brasil, primeiro alegou as "Razões da nova arquitetura" (1934) para, alguns anos mais tarde, como *expert* em patrimônio, repertoriar a "Documentação necessária" (1937) que faria dela, sem embargo de sua feição internacional, "uma manifestação de caráter local". Um passado, portanto, revisitado de um ponto de vista moderno já constituído, como queria Mário de Andrade.

Ao mesmo tempo, ao chegar como que *post festum* à virada modernista, a energia utópica dos primeiros tempos de demolição e sarcasmo já arrefecera, e com ela a fantasia de uma ordem social alternativa à qual a nova técnica construtiva deveria em princípio pertencer. Vantagens e desvantagens nessa estreia de um retardatário: por exemplo, dentre as primeiras, o benefício do referido desrecalque, ocorrido nos anos 1920, porém já rotinizado; assim como a substituição do mito modernista do país não oficial pelo mito da nação moderna, mas sob o patrocínio do Estado, na conta das desvantagens.

Talvez se possa dizer, concluindo esta digressão preliminar sobre o caráter "nacional" da moderna arquitetura brasileira como a concebeu Lúcio Costa, que, em matéria de movimento moderno, a originalidade da contribuição brasileira consiste precisamente neste fato singular, a saber, que em nosso país os modernos foram os primeiros (e os mais autorizados e aparelhados) a se empenhar na recuperação e preservação da arquitetura tradicional, as mesmas pessoas que propunham a renovação moderna reclamavam uma retomada do antigo. São assim antes de tudo modernos e não passadistas (isto é, acadêmicos) e, por serem justamente modernos, são os primeiros a reatar (noutro registro) com a tradição.

Não cabe denunciar de saída a incongruência, a favor ou contra. Trata-se, é evidente, de uma *configuração objetiva*. A chave do enigma está na decifração da lógica desse dispositivo material a ser identificado e não se esgota no simples desmascaramento, ou acatamento, do ideário envolvido: o do abrasileiramento bem ou malsucedido da arquitetura moderna.

Nossa via de passagem

Aliás, se atacarmos diretamente o problema pela raiz estrutural mencionada, será preciso ressaltar que o arranjo entre moderno e tradicional é a fórmula histórica da feição original, rigorosamente não clássica, que tomou a via de passagem brasileira do antigo sistema colonial-mercantil para o novo mundo do capital industrial. Esse arranjo é o motor que impulsiona a dinâmica heterodoxa da nossa formação social, econômica e cultural, se confrontada com a norma europeia de transição do feudalismo para o capitalismo. Aqui não houve isso; nascemos *modernos* e *coloniais*, sob a égide do capitalismo comercial em expansão. Daí a escravidão, a monocultura, etc., voltadas para o mercado internacional, produção a um só tempo *patriarcal* e mercantil.

As mil formas antagônicas e conciliatórias de convivência entre capitalismo e escravidão – Brasil burguês e país colonial – estão na origem do *esquema* de Lúcio Costa. Por isso mesmo, um esquema de convergência com o Estado, de confluência com o que será o moderno Estado Novo sucedido pelo Estado desenvolvimentista do segundo Getúlio e de JK. Mas isso é apenas o horizonte histórico mais remoto.

Não há como escamotear o outro lado desta revisão do passado, mesmo quando feita com intuitos prospectivos. Ser fiel ao patrimônio histórico e à tradição artística local porque se é moderno, e não apesar de, é o mesmo, e mais cem mil mediações, que modernizar repondo, ou refuncionalizando, o antigo regime herdado e restaurado: numa palavra, o moderno cresce e se alimenta reproduzindo seu lastro colonial.

De obstáculo e resíduo o arcaísmo passa a instrumento da opressão mais moderna. O Brasil é assim até hoje: um passo ultramoderno de inserção internacional subordinada dado, como sempre, pela mesmíssima coalizão conservadora consolidada no compromisso de 1930. Modernização conservadora, como o nome indica, quer dizer isso mesmo, reestruturação produtiva com iniquidade social, a nova e a velha.

E modernização como enclave num incipiente aparato produtivo dos elevados padrões de consumo das elites – esse o nicho da moderna arquitetura brasileira. Daí sua *ambiguidade*: prometia desenvolvimento, isto é, homogeneização social num país dualizado, quando na verdade só fazia aprofundar uma modernização restringida, sublinhando ainda mais o desajuste do enxerto. Falsidade também na involuntária associação ufanista com o desenvolvimentismo. Os textos e as obras dos anos 1950, especialmente Brasília, serão a prova cabal da verdadeira natureza de nossa modernização – arquitetura incluída, e não como fator menor.

Um marco

Retomo os fatos. Após o fracasso na reforma da Escola Nacional de Belas Artes e o Salão de 1931, Lúcio Costa, apesar de colaborar com Warchavchik, que a seu convite se fixara por um tempo no Rio, passa por um longo período (1932 a 1935) que ele chama de *chômage*, graças ao qual terá oportunidade de estudar os modernos, em especial, Le Corbusier, que lhe pareceu o mais sugestivo de todos. Tais lições, bem assimiladas, logo transparecerão tanto em seus textos e memoriais quanto nos projetos. Não se pode esquecer que foi nesse período que projetou as casas sem dono, a *aldeia* de Monlevade e escreveu "Razões da nova arquitetura".

Mas talvez o mais importante efeito deste aprendizado: Lúcio Costa, que não havia prestado muita atenção à vinda ao Brasil, em 1929, do arquiteto suíço-francês, passados sete anos vai propor a Capanema trazê-lo para ser ouvido sobre o projeto da Universidade e o prédio do Ministério da

Educação e Saúde Pública – ambos prioridades do ministro e que deveriam simbolizar uma reforma da educação à altura dos novos tempos (estávamos em plena era Vargas e às vésperas do Estado Novo). O campus seria obra de Piacentini (que Capanema teimava em ver como um moderno e não, simplesmente, como um fascista) e, para o edifício do Mesp, se decidiu pelo concurso, em que saiu vencedor Archimedes Memória com um prédio em estilo marajoara...

Foi quando a influência decisiva de Lúcio Costa se fez sentir, alterando totalmente os rumos que tais iniciativas iam tomando. Convenceu ministro e presidente a trazerem o maior arquiteto da atualidade. Chegava assim novamente ao Brasil, em 1936, Le Corbusier, que refez o anteprojeto da Cidade Universitária e elaborou o primeiro estudo do Ministério da Educação e Saúde Pública, além de proferir conferências no Rio e em São Paulo sobre a nova arquitetura.

Nesse meio tempo, havia se constituído, no Rio, um grupo de jovens arquitetos sob a orientação de Lúcio Costa, que – como ele mesmo dizia – fazia dos textos de Le Corbusier o livro sagrado da arquitetura, e foi com eles que deu seguimento aos dois projetos. O núcleo estava de tal forma impregnado pelas lições do mestre que, quando se apresentou a oportunidade de pôr em prática a teoria, a resposta foi instantânea, na aparência de "espontânea contribuição nativa" – como dirá mais tarde Lúcio Costa, acrescentando: eles estavam tão imbuídos da necessidade de conciliar arte e técnica, e de dar à generalidade dos homens uma vida sã, como "em princípio a idade da máquina tecnicamente faculta" (segundo o melhor receituário corbusiano), que se "*tornaram modernos sem querer*" [grifo meu]. Assim, em 1937, começava o Ministério da Educação (só inaugurado em 1945), sob o signo da modernidade técnica, com a participação de Oscar Niemeyer, Carlos Leão, Afonso Reidy, Jorge Moreira e Ernani Vasconcellos.

O projeto, embora baseado no risco original do próprio Le Corbusier e obedecendo rigorosamente às cinco máximas do Mestre, sofreria entretanto *adaptações* numa direção que já assinalava os novos rumos da nossa arquitetura: a mudança de escala dos pilotis, a verticalidade do prédio, a implantação no terreno, os volumes entrelaçados, acrescidos dos brise-soleil na fachada e os azulejos com desenhos de Portinari. Soluções que não só *abrasileiravam* o projeto de Le Corbusier, mas, especialmente, cumprindo o papel que cabia a uma tal iniciativa patrocinada pelo Estado, monumentalizavam o edifício, tornando-o matriz e símbolo da nossa arquitetura e da nossa *modernidade*. Nas palavras do próprio Lúcio: "Marco definitivo da nova arquitetura brasileira, que haveria de se revelar igualmente, apenas construído, *padrão internacional* e onde a doutrina e as soluções preconizadas por Le Corbusier tomaram corpo *na sua feição monumental* pela primeira vez" [grifos meus].

Portanto, não apenas "mudança de cenário", mas, nada mais, nada menos do que "estreia de peça nova em *temporada* que se inaugura", como na feliz imagem do próprio Lúcio Costa no texto famoso de 1951 para caracterizar as transformações resultantes de mudanças técnicas capazes de inaugurar um outro ciclo econômico e social. Por isso mesmo, algo como uma "revolução", mas como que ocorrida por "milagre" (termo cujo sentido aqui começa a ganhar um teor mais preciso): "Milagre por assim dizer *double-face*". E explica: "Se pensarmos na proverbial ineficiência dos nossos operários ou no atraso da nossa indústria, em comparação com o salto ocorrido nos usos e costumes da população, na aptidão das oficinas e na proficiência dos profissionais [...], passando, da noite para o dia e por consenso unânime da crítica estrangeira idônea, a encabeçar o período de renovação que vem atravessando a arquitetura contemporânea".

Uma arquitetura que *deu certo*

O mesmo Lúcio Costa – sempre de acordo com o balanço de 1951 – é o primeiro a reconhecer ("*et pour cause*") que, aqui e ali, a arquitetura moderna começava a tomar pé entre nós. No entanto, entre tantos nomes e obras citados, nada que sintetizasse de forma perfeita algo que pudesse vir a ser reconhecido daí para a frente como um modelo de moderna arquitetura brasileira, como foi o caso do Mesp, desde então símbolo inconteste de algo realmente novo. Como observara em 1948, numa carta-resposta a Geraldo Ferraz, uma arquitetura moderna exemplar não poderia restringir-se a fatos isolados e sem futuro, em geral de pura imitação.

Essa cristalização veio com a Revolução de 1930. Foi quando, num meio alternadamente desinteressado ou hostil, começou a vingar uma nova maneira de conceber, projetar e construir. O processo de renovação já esboçado individualmente começou assim a organizar-se quando, dispensando o leva e traz da mera curiosidade transoceânica, estabeleceu-se um vínculo direto com as fontes originais do movimento mundial, isto é, quando se começou a passar a limpo as ideias trazidas em pessoa pelo próprio Le

Corbusier. Em pouco mais de dez anos formou-se a moderna arquitetura brasileira.

Deu-se então aquele "milagre" que principiou a desafiar a curiosidade perplexa de arquitetos e críticos europeus e americanos, exatos doze anos depois da primeira casa modernista brasileira. Experimento notável, mas sem maiores consequências, ao contrário do que sucederia com o Ministério e sua prole imediata, definindo o sentido geral dos acontecimentos e atestando o alto grau de consciência e aptidão já alcançados àquela altura: primeiro, os prédios projetados e construídos durante o longo e acidentado transcurso das obras desse edifício inaugural; logo a seguir o Pavilhão de Nova York; finalmente, o conjunto da Pampulha, de Oscar Niemeyer.

Assim, das manifestações avulsas ao *sistema*, menos de duas décadas – um aparato de fato impressionante, sobretudo pela perícia técnica demonstrada em tão pouco tempo – de ensaio geral. Um milagre... E Lúcio Costa dá a entender, despistando como sempre, que tudo poderia ser também fruto de uma feliz coincidência, ainda uma vez: a presença de uma personalidade nesses três episódios, capaz de captar as possibilidades latentes e dar-lhes uma resposta à altura, e que se mostraria a seguir decisiva para a.arquitetura brasileira contemporânea, o jovem Niemeyer: "Desse momento em diante o rumo diferente se impôs e a nova era estava assegurada", conclui.

Aliás, é bom lembrar que, em 1953, diante da ressalva feita por Max Bill à "esplêndida realização do Pedregulho" em meio à crítica aos excessos formais da arquitetura brasileira, Lúcio Costa não teve dúvidas, sem tirar o mérito de Reidy, em afirmar categoricamente: "A arquitetura brasileira na sua feição atual – o Pedregulho inclusive – não existiria. Foi ali [na Pampulha] que as *suas características diferenciadas se definiram*". Justamente a marca registrada de uma arquitetura que, descolada de sua base real, iria se afirmar, a partir de então, pelo seu viés preponderantemente estético.

(Lúcio Costa poderia ter incluído o seu conjunto do Parque Guinle, mas não o fez. Méritos, e não poucos, à parte, se o modelo vitorioso fosse esse, o futuro daquela que passou a ser identificada desde então como a moderna arquitetura brasileira certamente teria sido outro, mas mestre Lúcio, como um *metteur-en-scène* consciente – afinal, fora ele que convidara Niemeyer a participar do projeto para o Mesp e o levara a Nova York para colaborar no Pavilhão –, não teve dúvidas em definir como deveria prosseguir o espetáculo. Espetáculo sim, porque é disso que se trata, para bem e para mal: de uma *arquitetura espetacular*).

Ato contínuo, quer dizer, mais ou menos por volta da segunda metade dos anos 1940, seu principal protagonista e formulador transformou-se além do mais em intérprete dessa história exemplar, que também se poderia chamar de história dos brasileiros no seu desejo de ter uma arquitetura coerentemente moderna, na expressão de Antonio Cândido, referindo-se às "motivações" na origem da formação da nossa literatura.

O esquema da *formação*

Para entender o propósito de Lúcio Costa ao se pôr a contar essa história de uma arquitetura que *deu certo*, é preciso ter em mente que na verdade retomava um velho problema da nossa crítica, ou seja, a oscilação do local e do mundial em torno de um ponto de equilíbrio buscado por integração progressiva dessa dupla fidelidade que aflige todo cidadão de um país ainda em transe de passagem. Na mesma época (anos 1950), Antonio Candido escrevia um livro decisivo a respeito – *Formação da literatura brasileira*. Embora tenha sido o primeiro a explicá-la cabalmente, a ideia de *formação* vinha figurando obsessivamente no centro de vários livros fundadores da nossa tradição crítica, mesmo quando não atende diretamente por esse nome, como no caso de *Raízes do Brasil*, de Sérgio Buarque de Holanda.

Alguns exemplos: *Formação do Brasil contemporâneo*, *Formação econômica do Brasil*, *Formação política do Brasil*, *Formação do patronato político brasileiro,* etc. Na ideia de *formação* se concentra o essencial do debate intelectual brasileiro, que sempre girou em torno da questão crucial da passagem, moderna por excelência, da colônia à nação. É portanto de formação nacional que se trata, sobre o pano de fundo da sempre presente herança colonial a ser superada.

O esquema básico talvez possa ser assim resumido: *formação* é propósito *construtivo* deliberado das elites dirigentes e cultivadas, empenhadas em dotar o país de linhas evolutivas que culminem no funcionamento coerente de um sistema cultural local, tendo por modelo e parâmetro crítico a relativa organicidade da vida cultural europeia. Supõe, portanto, o ideal de concatenação, continuidade, tradição, em contrapartida à barafunda de nossa vida mental, em que nada se segue de nada; ou seja, supõe um *sistema* de referências recíprocas por oposição às manifestações avulsas e isoladas. Havendo então formação em andamento, e não abortos, cedo ou tarde se apresentaria uma espécie de causalidade interna ou linha evolutiva cuja força, advinda da capacidade de pôr em *forma* o processo local, acabaria por redundar (este o voto de Antonio Candido, ao estudar a formação da nossa literatura) em superação da dependência cultural[3].

Voltando a Lúcio Costa e seu *esquema* de formação, talvez fosse o caso de recapitularmos o que seja uma arquitetura moderna nacional, devidamente *formada*. Em primeiro lugar, é preciso relembrar que não haveria formação sem o enxerto plantado diretamente pelo próprio Le Corbusier e sobretudo sob o referido alto patrocínio de um Estado autoritário e protodesenvolvimentista. Sem essa conjunção não haveria gênio da raça que realizasse o desejo dos brasileiros de ter uma arquitetura à altura dos novos tempos. Continuaríamos acumulando amostras gratuitas de casas modernistas que poderiam estar tanto em Higienópolis, Vila Mariana ou qualquer outro bairro de São Paulo e Rio de Janeiro, como em Paris ou Viena.

Está pois subentendido que nos países dependentes o influxo externo permanece preponderante – o que não faria sentido na França ou na Inglaterra, por exemplo, países com um sistema cultural por assim dizer acabado desde o nascedouro. Que a exigência de atualização é um imperativo social e do sistema produtivo mundial. E que não há atualização sem um razoável desajuste, já que não há forma sem pressupostos materiais congênitos e que estes últimos não circulam como as ideias e as mercadorias. No caso particular da arquitetura moderna, esse descompasso saltava aos olhos pelas razões de defasagem histórico-material arquissabidas e o formalismo do transplante não se fez esperar. Razão do sucesso mundial de público e crítica, aquela estilística suspensa no ar parecia brotar do âmago mesmo do movimento moderno.

Deu-se aí o que ninguém podia prever, um notável fenômeno de depuração negativa, o Brasil como câmara de decantação da arquitetura moderna . O desajuste local como que revelava o fundo falso do original como sua verdade. Ao mesmo tempo, o desacerto bem-sucedido, que poderia funcionar como plataforma crítica de observação da arquitetura moderna em plano mundial, foi concomitantemente transfigurado como revelação plástica do passado arquitetônico local, habilitando o país ao título de "criador endógeno do movimento moderno", que só terá existência então enquanto manifestação local. Transformada equivocadamente por alguns críticos em um regionalismo a mais...

Convenhamos que tal desfecho não é trivial. Demonstrava-se aqui uma verdade local que traduzia a falsidade da matriz universal ao mesmo tempo que a verdade mundial do falso local. Numa palavra, uma desqualificação recíproca, um desmentido mútuo que não estava no programa, daí o privilégio de um ponto de vista crítico ancorado na experiência brasileira, cujo alcance então é mundial[4].

Esses os elementos *formativos* do sistema cultural brasileiro presentes no esforço teórico e projetual de Lúcio Costa. Vê-se pois que não só é possível como é necessário, para o seu exato entendimento, falar de uma formação da arquitetura moderna no Brasil.

Esse o horizonte real do *esquema* milagroso de Lúcio Costa: o propósito deliberado de atualização e emparelhamento do Brasil com o resto do mundo civilizado, que por sua vez não será Nação (depois de ter sido Colônia) sem o auxílio das técnicas construtivas mais avançadas, etc. Esquema ele mesmo incompreensível sem a enorme rotação de eixo em nossa vida mental produzida pela Revolução de 1930 e que pode ser assim resumida: novamente, a cultura moderna funcionando como instrumento de descoberta, em princípio desoficializada, da assim chamada desde aquela época "realidade brasileira".

Ocorre que todo esse enredo, embora fortemente apoiado na realidade, ou por isso mesmo, não passa de um conto bem urdido – aliás, como acabamos de ver, de acordo com uma espécie de lógica espontânea da formação, sorte de esquema mental brasileiro a guiar os passos de nossos melhores espíritos –, fantasia exata que veio desde então assumindo proporções mitológicas, tal o sucesso com que cada obra da moderna arquitetura brasileira, grandiosa ou não, reforçava a lenda de sua própria origem fabulosa.

Sem dúvida, a moderna arquitetura brasileira se formou, ou, como prefere Lúcio, a arquitetura moderna no Brasil "deu certo". Mas o problema está justamente nisto: afinal, num país onde "tudo está a bem dizer por fazer", como implantar uma arquitetura diretamente vinculada ao progresso técnico?, perguntava-se Lúcio Costa, ainda no início dos anos 1930. Ora, o desencontro entre doutrina e pressuposto social é de fato a regra nesses casos de enxerto, à qual nem Lúcio Costa nem o que se passará com a nossa arquitetura farão exceção. Só que nesse caso particular, não obstante a distância real entre centro avançado e periferia retardatária, deu-se uma notável inversão de papeis, convertendo o descompasso num grande acerto, pois foi a distorção da cópia que revelou, como vimos, a verdade profunda do original. O viés estético enaltecido como marca nacional denunciava afinal sob o prisma comprometedor da Margem o *formalismo integral* do Centro – a abstração mesma do espaço ordenado pelo Capital. O resultado é conhecido: o viés estetizante que se quis preservar na arquitetura brasileira, rebaixando o eixo social sempre alegado e nunca ativado materialmente, acabou numa espécie de exorcismo, em nome, é claro, da autonomia da arte.

O remate

Brasília seria a expressão máxima dessa torção. Esse *passo conclusivo*, entretanto, ainda não havia sido nem sequer cogitado quando Lúcio Costa montou o seu *esquema*, embora venha a ser um capítulo essencial dessa história. Conclusivo em todos os sentidos. De fato o fecho – na ocasião, triunfal – de um roteiro, pessoal e coletivo, que principiara por um "milagre" (o Ministério) e culminara numa "miragem" (Brasília). Brasília haveria de ser o CQD da fórmula exitosa da nossa arquitetura. Mais uma vez éramos os pioneiros na aplicação integral do receituário moderno (Ciams/Corbusier) na construção, a partir de zero, de uma cidade. Do edifício à cidade. Ainda sob patrocínio do Estado, só que agora, Estado do Desenvolvimento, do qual nossa arquitetura moderna não apenas era a testemunha mais visível, mas, num certo sentido, por razões intrínsecas, uma invenção que tinha se mostrado necessariamente desenvolvimentista *avant la lettre*.

Se nos anos 1930 já se podia falar num "desejo dos brasileiros de ter uma arquitetura moderna", com patrocínio do Estado e tudo, é na década de 1950 que ela se torna realmente emblemática de um Brasil moderno – novamente em jogo o pano de fundo do debate nacional: passagem de Colônia a Nação, simbolizada, em sua plenitude retórica máxima, na fundação de uma capital. Num e noutro plano trata-se de uma "chave de abóbada" (na própria expressão de L.C. ao defender a sua cidade, em 1967). Momento decisivo na rota ascendente de um povo subdesenvolvido; mas de um povo que reinventa sua capital "sob o signo da arte". Coroamento cultural e sinal definitivo de maioridade intelectual.

Trata-se, na verdade, de uma dupla *formação* – a do sistema cultural brasileiro, nas suas várias ramificações (da literatura à arquitetura), e a de um sistema econômico enquanto base material capaz de articular uma sociedade nacional minimamente homogênea. Uma não vai sem a outra, sobretudo quando o tema é Brasília, projeção mental impensável sem os requisitos materiais para tanto. Conotação desenvolvimentista também na designação Alvorada para o palácio presidencial. Sem falar no próprio traçado do Plano Piloto, atualização da cruz cabralina na forma de um avião pousando no cerrado central (na metáfora do próprio memorial descritivo), a anunciar um verdadeiro ato de refundação do país. Ao mesmo tempo, como não entrever na própria imagem da aeronave pairando sobre o chão rústico da ex-colônia mais uma de nossas modernizações pelo alto, como que suspensas no ar, desmoronando ao menor tranco do país antigo, porém real?

Notas

1. Adaptação do último parágrafo de HOLANDA, Sérgio Buarque de. *Visão do paraíso: motivos endêmicos no descobrimento e colonização*. São Paulo, Brasiliense, 1992.

2. Refiro-me ao livro COSTA, Lúcio. *Lúcio Costa: registro de uma vivência*. São Paulo, Empresa das Artes, 1995. Não por acaso o título da única coletânea autorizada de seus textos. Nele as duas histórias se cruzam – a pessoal e a da arquitetura moderna brasileira – como num único movimento, e aparecem aqui em forma de *resumo*. Resumo tem, pois, um duplo sentido: o da síntese feita por Lúcio Costa e, nesta homenagem que lhe presto, o da recapitulação resumida de outros trabalhos meus sobre sua invenção da arquitetura moderna brasileira, tanto quanto do *esquema* capaz de interpretá-la.

3. Sobre esse conceito de formação, ver ARANTES, Paulo; ARANTES, Otília. O sentido da 'formação' hoje. *Praga*, n. 4, São Paulo, Hucitec, 1997.

4. Nesse contraponto o leitor terá, sem dúvida, reconhecido a chave crítica do ciclo machadiano de Roberto Schwarz. Aliás, tudo o que no meu argumento entronca na tradição crítica que culmina no referido ciclo não cabe obviamente em nota de rodapé.

artigo 27 edson mahfuz

O CLÁSSICO, O POÉTICO E O ERÓTICO: MÉTODO, CONTEXTO E PROGRAMA NA OBRA DE OSCAR NIEMEYER

[2002]

Um detalhe chama a atenção de quem se dedica a investigar a bibliografia disponível no Brasil sobre a obra de Oscar Niemeyer. É que, com raras e honrosas exceções[1], esses textos podem ser classificados em dois tipos básicos: aqueles que o elevam às alturas, chamando-o por vezes de "arquiteto do século", por outras de "maior arquiteto vivo", não aceitando qualquer crítica à sua obra, por mais construtiva e objetiva que seja, e aqueles que o transformam em vilão, em artista irresponsável e incoerente, negando qualquer qualidade à sua obra.

Esses tipos de manifestação, por seu impressionismo e emocionalismo, só servem para confundir as coisas, contribuindo para a manutenção, no Brasil, do status da arquitetura como algo que não é passível de uma análise crítica fundamentada em categorias de interpretação bem identificadas, só restando então as opções já mencionadas: o amor ou a repulsa, ambos, neste caso, igualmente cegos e improdutivos. Há também, é claro, aqueles que, ocultando-se sob o manto protetor da ética profissional, que impediria qualquer interpretação crítica da obra de um colega, condenam qualquer iniciativa nesse sentido, atrasando enormemente o desenvolvimento da nossa arquitetura.

Embora sabidamente nenhuma crítica seja neutra ou imparcial, pode-se aspirar a uma objetividade maior, a partir da explicitação dos sistemas interpretativos que se usa ao proceder a análise de um artefato arquitetônico ou da obra de um arquiteto.

Assim, interessa-me olhar para a obra de Oscar Niemeyer com vistas a encontrar respostas para três inquietações básicas, entre outras:

1. Haverá um método projetual subjacente à produção de Niemeyer? A resposta só poderá ser encontrada por meio de uma análise tipológica e morfológica dessa produção.

2. Qual a relação existente entre a arquitetura de Oscar Niemeyer e a de Le Corbusier? E de que forma específica ela acontece?

3. Como pode ser vista a obra de Oscar Niemeyer à luz de certos desenvolvimentos teóricos acontecidos nos últimos 25 anos, que tratam, por exemplo, da contraposição entre a ideia de cidade, propugnada pela Carta de Atenas, e uma concepção urbana mais tradicional[2], de uma redefinição do conceito de espaço arquitetônico e da importância do conceito de originalidade na prática e no ensino de arquitetura, etc.?

É sabido que toda geração fabrica sua história, e que, até certo ponto, toda análise ou crítica de arte é uma obra de ficção. É possível que nada do que será dito a seguir corresponda à ideia que Oscar Niemeyer tem de sua própria arquitetura, e que muitas das características da sua obra apontadas aqui só existam na mente de quem a analisa. Não há problema nisso. A verdadeira obra de arte possui uma densidade tal que permite várias interpretações, às vezes até conflitantes. Portanto, não me proponho a desvendar a *verdade* sobre a arquitetura de Oscar Niemeyer, mas apenas apresentar uma interpretação possível.

Método e produção

Uma das concepções mais arraigadas a respeito de Niemeyer é a de que ele não teria um método de trabalho. Seu trabalho consistiria em invenções constantes, e a cada projeto ele partiria do zero, não se apoiando em nenhum precedente, apenas em sua sensibilidade e criatividade. De saída, e tal afirmação será desenvolvida a seguir, podemos dizer que isso não é o que se pode extrair da sua obra, pois ela fornece mais do que suficientes evidências de que Oscar Niemeyer trabalha com um repertório formal e compositivo fechado, partes do qual são aplicadas em todos os seus projetos. Além disso, vários elementos desse repertório se desenvolvem por meio da adaptação, transformação e/ou inversão de elementos, estratégias compositivas extraídas da obra de Le Corbusier.

Um dos aspectos mais importantes do repertório de Oscar Niemeyer é a maneira como ele transforma uma estratégia compositiva empregada por Le Corbusier na maioria dos seus edifícios. Essa estratégia, graficamente representada pelo esquema Dom-ino, é a materialização dos seus "cinco pontos para uma arquitetura", e caracteriza-se pela presença no interior de um volume prismático de um sistema estrutural regular, racional e homogêneo, contraposto a um sistema de espaços caracterizados como volumes independentes dentro dessa grelha estrutural, não raro espaços definidos por paredes curvas ou inclinadas em relação à estrutura. A significação desse esquema reside, como observou Kenneth Frampton, na resolução de um problema que havia sido inicialmente apontado por Adolf Loos: "Como combinar o conforto e a informalidade da planta Artes e Ofícios com as asperezas da forma geométrica, se não neoclássica – como reconciliar o domínio privado da comodidade moderna e a fachada pública da ordem arquitetônica"[3].

É também significativa nessa estratégia a tendência a contrastar espaços secundários e repetitivos – usualmente ortogonais e seguindo as direções da malha estrutural – com os espaços hierarquicamente mais importantes. Esses são tratados como objetos especiais e recebem formas únicas, não ortogonais.

Inicialmente em sua carreira, Niemeyer emprega o Dom-ino de forma direta, embora não literal, preservando suas características básicas, enquanto o adapta à situação específica, como é o caso do projeto para o Pavilhão Brasileiro para a Feira Mundial de Nova York, 1939. O segundo passo nesse desenvolvimento é representado pelo Cassino da Pampulha, um dos pontos altos em sua carreira. Nesse projeto, a planta livre foi levada a um novo nível de fluidez e interpenetração, em que a ideia de *passeio arquitetônico* – introduzida na arquitetura moderna por Le Corbusier – é reinterpretada. Aqui, a rampa, localizada em posição central análoga à da rampa da Ville Savoie, "articula o espaço como a estrutura de um jogo elaborado"[4], assumindo uma condição protagônica. O objeto especial – neste caso o volume curvilíneo do restaurante e teatro –, que no precedente corbusiano era sempre contido pelo volume prismático, migra para o exterior do edifício, estabelecendo uma tensão entre seus dois componentes básicos.

No primeiro caso do Pavilhão do Brasil, tínhamos os dois tipos de elementos, repetitivos e especiais, coexistindo dentro de um campo bem delimitado. No Cassino, o elemento especial começa a separar-se do corpo prismático, embora a tensão formal e espacial ainda exista devido à interpenetração dos volumes. O terceiro passo nessa sequência lógica consiste na separação total – ao menos do ponto de vista visual – entre elementos repetitivos e especiais, princípio já presente no projeto para o edifício-sede do Ministério da Educação e Saúde, de 1936, mas que aparece na obra individual de Oscar Niemeyer, pela primeira vez, nos projetos para o Parque do Ibirapuera e para o Hospital Sul América. A decomposição do programa em partes repetitivas e especiais, seu afastamento sobre o terreno, sua posterior conexão por meio de marquises tornaram-se a estratégia compositiva preferencial para programas de porte médio e grande desde então. Embora o princípio de decomposição em partes menores seja realmente apropriado para grandes programas, o afastamento excessivo entre os componentes elimina a tensão decorrente da proximidade entre volumes diferentes e gera problemas na relação entre edifício e seu contexto, os quais serão discutidos mais adiante.

Ficam assim caracterizados três partidos básicos na obra de Oscar Niemeyer. O primeiro, que chamaremos de *monolítico* ou *compacto*, determina que todos os elementos sejam abrigados por um volume elementar, ou que tendam, na sua forma geral, à forma de um sólido regular tal qual um cubo, cilindro, etc. Esse partido é empregado em um grande número de projetos: os palácios do Planalto e da Alvorada, o Itamaraty, o Teatro Nacional, o Museu da cidade, todos em Brasília, assim como os museus de Caracas e Niterói.

O segundo partido adotado por Niemeyer se baseia no princípio de composição elementar que

Reyner Banham identifica como a principal característica da arquitetura progressiva do começo do século 20, ou seja:

> o fato de que ela era concebida em termos de um volume separado e definido para cada função, e composta de tal forma que essa separação e definição era deixada clara[5].

Essa estratégia compositiva, comumente utilizada no período entreguerras, como nos projetos de Le Corbusier para a Liga das Nações e o Palácio dos Sovietes, aparece como o instrumento projetual predominante na obra de Oscar Niemeyer, em duas variantes básicas. A primeira apresenta os volumes constituintes, decorrentes da decomposição do programa em elementos formalmente distintos correspondentes a cada função diferente, relacionando-se entre si por interpenetração ou proximidade, caracterizando-se o resultado como um objeto único composto de partes menores que o todo. Essa variante aparece em projetos para programas de tamanho médio e que sugerem uma conexão direta entre suas partes, como, por exemplo, o Cassino da Pampulha, a Biblioteca Pública de Belo Horizonte, a sede da Editora Mondadori, o Ministério das Relações Exteriores da Argélia e o primeiro projeto para a Cesp São Paulo, o qual, de forma brilhante, retoma, em escala maior, temas já empregados no conjunto da Pampulha, tais como: interpenetração de volumes, contraste entre elementos horizontais e verticais e o uso de uma marquise de forma livre como elemento de conexão entre as partes do edifício.

O terceiro partido utilizado por Niemeyer constitui uma segunda variante do princípio de composição elementar já descrito. Empregado para programas de grande porte, à decomposição do programa em átomos funcionais segue-se sua configuração em volumes de formas simples, usualmente prismas regulares – e que abrigam, via de regra, as funções repetitivas –, e volumes de formas mais complexas, em geral envolvendo o uso de curvas em planta e corte, que abrigam as funções especiais do programa[6]. Utilizada pela primeira vez no Parque do Ibirapuera, essa estratégia aparece também nos projetos para Universidade de Constantine, Universidade Científica, Centro de Negócios e Centro Cívico, todos na Argélia, Centro Administrativo de Pernambuco, Centro Cívico de São Paulo e Memorial da América Latina, entre outros.

A diferença básica entre os dois partidos reside nas grandes distâncias existentes entre as partes do projeto que representam essa terceira estratégia compositiva.

Todo artefato arquitetônico ou projeto é constituído por certo número de partes, organizadas por meio de um princípio de organização – ou estratégia compositiva. Tendo sido decifradas suas estratégias compositivas, impõe-se a pergunta: com que elementos/partes trabalha Niemeyer? Eles variam a cada projeto ou há uma continuidade no uso de certos elementos? Uma consulta à sua obra indicará que Oscar Niemeyer usa, como já foi visto, não apenas um número limitado de estratégias compositivas, mas também um número limitado de elementos, os quais são utilizados em quase todos os seus projetos. Salientam-se dentre os elementos utilizados por Oscar Niemeyer os seguintes:

1. *A barra horizontal* retilínea ou curva – edifício de altura variável cuja dimensão predominante é a longitudinal –, geralmente sobre pilotis: edifício de apartamentos em Petrópolis, RJ; Centro Administrativo de Pernambuco, Recife; Centro

Cívico de Argel, Argélia; e a Bolsa de Trabalho de Bobigny, França.

2. *A torre*. Hotel Nacional, Rio de Janeiro; Cesp, São Paulo; Congresso Nacional, Brasília; Centro de Negócios de Argel, Argélia.

3. *O prédio viga*: uma estrutura principal define a forma exterior do edifício, da qual o edifício propriamente dito é suspenso: Sedes Mondadori e Fatta, Itália; Cesp, 1985; Embaixada do Brasil em Cuba.

4. *O edifício circular de baixa altura* – diâmetro sempre pelo menos duas vezes maior que a altura – presente nos projetos para a Cesp, 1985; Cesp, 1979; Universidade de Constantine; Museus de Brasília e do Índio; Centro Administrativo de Pernambuco.

5. *A marquise orgânica*, definida por curvas estruturadas – isto é, composta de retas e curvas menores – que aparece na Casa do Baile da Pampulha, cresce de tamanho no edifício de apartamentos de Petrópolis, agiganta-se no Ibirapuera e torna-se habitável no projeto para o Cesp, de 1979.

6. *A plataforma*, uma superfície horizontal que delimita o espaço de interação e a coexistência entre os volumes principais de uma composição, um *tapete* sobre o plano horizontal. Essa plataforma pode se constituir em um episódio bidimensional, um tratamento de piso, como é o caso na Universidade de Constantine e do projeto para a Líbia, ou num elemento que abriga espaços no seu interior, como são os casos do edifício do Congresso Nacional, em Brasília, do Centro Administrativo de Pernambuco – sob cuja plataforma estão localizados os estacionamentos – e do projeto de uma ilha de lazer nos Emirados Árabes.

7. As *cascas de forma livre*, variações sobre o precedente da Capela da Pampulha, tais como as que apa-

recem na Universidade de Constatine, no Centro Administrativo de Pernambuco e no Memorial da América Latina.
8. As calotas, cúpulas semiesféricas, ou quase, às vezes com iluminação zenital: Centro Administrativo de Pernambuco e ilha de lazer nos Emirados Árabes.

Enquanto os projetos menores utilizam naturalmente um número limitado desses elementos, alguns dos projetos maiores apresentam-se como verdadeiros catálogos, em que a maioria dos componentes é empregada. Bom exemplo disso é o projeto realizado para a Líbia, o qual incluiu em seu programa hotéis, apartamentos, centro de convenções e exposições, restaurantes, etc., e onde aparecem as barras retilíneas e curvas, a torre, a plataforma, o edifício circular baixo, a cobertura tipo *casca*, a calota esférica e a marquise que cria espaços intermediários.

O que precede parece deixar claro que Niemeyer emprega um método que consiste na aplicação de um número limitado de estratégias compositivas e elementos de composição a todos os tipos de programa, escolhendo dentro do universo finito de seu repertório as estratégias e elementos que lhe pareçam mais apropriados a cada caso. Esse método implica desvinculação entre forma e função, o que o afasta radicalmente do funcionalismo ortodoxo – que preconizava a função como geradora da forma – e nos permite estabelecer uma inesperada conexão entre seu método de trabalho e o método compositivo de um arquiteto como Aldo Rossi[7], aparentemente tão distante de Niemeyer.

Acreditando que um edifício pode ser o palco para muitas ações diferentes através do tempo – e por isso mesmo não deve ser projetado sob medida para servir apenas a uma função específica –, Rossi desenvolveu uma teoria de projeto em que os elementos de composição são preestabelecidos e formalmente definidos, sem significado *a priori*. Esses elementos adquirem significado a cada vez que são recombinados, pois o significado da arquitetura reside, para Rossi, na "operação, no uso e no caráter de um artefato arquitetônico, não em suas partes"[8]. Isso é exatamente o que acontece na obra de Oscar Niemeyer, embora o seu repertório derive de fontes diferentes das de Aldo Rossi[9]. Do mesmo modo que na obra do arquiteto italiano, o significado de cada projeto de Niemeyer depende muito mais da maneira como são combinados e usados os elementos do que de sua forma específica.

É interessante notar que o método compositivo adotado por Rossi e Niemeyer é análogo ao antigo processo de bricolagem, descrito por Lévi-Strauss em *The Savage Mind*. O *bricoleur*, uma espécie de "homem dos sete instrumentos", é alguém com grande habilidade manual e vocação para resolver problemas os mais diversos, que desenvolve sua atividade empregando sempre os mesmos meios, qualquer que seja o problema com o qual se depara[10].

Neste ponto, em que supostamente se conhece um pouco melhor o método compositivo de Oscar Niemeyer e os elementos que emprega, algumas observações se impõem. Apesar das declarações em favor da busca do imprevisível em arquitetura, a de Niemeyer é hoje bastante previsível. Não porque tenha perdido a criatividade ou a energia, mas porque essa é uma característica inevitável do trabalho artístico que se baseia em um sistema de formas e princípios organizativos, o qual é aperfeiçoado a cada projeto, em vez de ser reinventado a cada ocasião[11].

O que num primeiro momento é invenção (como as formas criadas na Pampulha), logo adiante se torna convenção e passa a ser parte de um repertório. A defesa da invenção constante é mistificadora, pois tal coisa não acontece na prática. Além do mais, o grau de originalidade de um trabalho, quando é elevado, pode até mesmo impedir o seu entendimento, pois, como é sabido, dependemos da memória para encontrar significado no mundo das coisas e das pessoas. A arquitetura de Niemeyer *é* hoje familiar a todos, gostem dela ou não, e isso abre a possibilidade de identificação com ela.

Espaço e cidade

E quais seriam as implicações urbanísticas dos princípios compositivos subjacentes à obra de Oscar Niemeyer ou, mais precisamente, que relações determinam entre edifício e espaço aberto, e entre edifício e contexto urbano? Essa discussão exige o reconhecimento da existência de duas concepções de espaço arquitetônico, ligadas a duas concepções gerais de espaço.

A primeira, derivada da filosofia de Aristóteles, postula que o espaço só pode existir na presença de objetos que tenham existência física e extensão tridimensional. De acordo com essa concepção, um espaço aberto só poderá ser considerado como tal se for definido por objetos – edifícios ou não. O corolário urbano dessa ideia é a cidade tradicional, com seus espaços abertos conformados e delimitados por edifícios e/ou construções vazadas que os circundam, uma situação na qual os espaços abertos são figuras vistas contra um fundo de edificações.

A segunda noção geral de espaço, de origem platônica, concebe o espaço como uma condição *a priori,* um fenômeno natural, contínuo, indefinido e abstrato, no qual o homem insere suas criações, procurando perturbá-lo ao mínimo. Se o espaço é algo já existente na natureza, não é resultado de nenhuma intervenção humana, não pode ser concebido como forma. Logo, não é passível de ser projetado. Essa concepção espacial, no início do movimento moderno, passou a competir com a outra e, em muitos casos, significou uma renúncia ao projeto do espaço aberto, ficando a atividade do arquiteto limitada à criação dos objetos que iriam ocupar aquele espaço.

Enquanto a noção aristotélica de espaço leva a um envolvimento com a forma *do* espaço, a noção platônica/modernista induz a uma preocupação com a criação de formas *no* espaço. A consequência disso é o tipo de urbanismo praticado na maior parte deste século, concebido em termos de objetos que se relacionam no espaço, mantendo cada um a sua individualidade, nem sempre levando em conta a forma tridimensional do espaço que os circunda.

Colin Rowe, ao abordar as relações entre sólidos e vazios urbanos com o auxílio dos diagramas figura/fundo, sugere que aqueles dois modelos urbanos podem ser tipificados como acrópole e fórum. Nos dois casos o edificado representa o sólido, sendo o vazio representado pelos espaços abertos; mas há uma inversão no que se refere ao que é figura e o que é fundo: no modelo acrópole, o edifício é figura sobre um fundo espacial; no modelo fórum, o espaço adquire uma condição figural definida, vista contra um fundo de edifícios.

Todos os projetos maiores de Niemeyer, nos quais lida com grandes programas decompostos e abrigados em volumes individualizados, correspondem ao modelo acrópole. Já nos casos de programas menores, abrigados em edifícios únicos, encontramos objetos pontuais, soltos no espaço aberto, sem gerar espaços bem definidos[12]. Nos casos de programas maiores, persistem os problemas de indefinição tridimensional do espaço aberto, aos quais são acrescidos problemas de escala causados pelas distâncias entre elementos e pelo próprio tamanho de certos elementos[13].

Em quase todos os projetos maiores, como os realizados para Pernambuco e para a Líbia, a estratégia básica é agrupar os edifícios principais sobre uma plataforma de enormes dimensões e localizar outros grupos de menor importância de acordo com algum princípio mais geral de organização que, nos dois casos citados, é linear. De qualquer forma, nem os edifícios que compõem o grupo principal nem os que formam os demais grupos configuram o espaço aberto, que é sempre residual. Em toda obra de Niemeyer, com exceção da Passarela do Samba, no Rio de Janeiro, não se encontrará nenhum espaço aberto volumetricamente definido, isto é, materializado em três dimensões. O máximo que se pode encontrar, neste sentido, é a delimitação de uma plataforma, o que não é suficiente para criar um espaço aberto com características de volume positivo.

Mas o principal problema desses grandes e indefinidos espaços abertos é que não chegam a formar lugares, cuja essência fenomenológica, de acordo com Heidegger, depende da natureza concreta de seus limites tridimensionais – suas bordas.

O limite não é aquilo no qual algo termina, mas, como os gregos reconheciam, o limite é aquilo a partir do qual algo começa a existir[14].

Esse problema dos limites e da criação de lugares está ligado diretamente ao estado atual da cidade contemporânea. É preciso admitir que a cidade como totalidade significativa não mais existe. Aquela cidade em que o tecido homogêneo e repetitivo operava como contexto, o qual, por sua condição de fundo, servia para destacar e dar significado aos edifícios e espaços abertos dei.mportância coletiva, está hoje em dissolução e em processo de megalopolização.

A principal tarefa de um arquiteto, hoje, é tentar sempre e onde for possível, criar lugares, isto é, fazer e definir domínios públicos que, em certas condições, tenham uma chance de existir[15].

Uma das condições a que Frampton se refere é a existência de limites tridimensionais suficientemente definidos para poder resistir ao interminável processo de transformação das cidades atuais. A introversão parece ser a única saída possível para a criação de lugares em situações destituídas de um tecido urbano denso, coerente e significativo. Tal é o caso das grandes cidades brasileiras, embora possa não sê-lo em países com Líbia e Argélia, em que um tecido mais consolidado, talvez ainda existente, poderia, por contraste, proporcionar aos projetos rarefeitos de Niemeyer um contexto que garanta e estabeleça o seu significado como objeto especial – ou monumento, dependendo de sua importância coletiva.

Composições urbanas do tipo acrópole necessitam de um tecido que lhes possa dar significado. A acrópole e o fórum necessitam-se mutuamente. Faltando esse tecido, e sem limites bem definidos, muito de sua força se dilui, pois carecendo da introversão necessária à configuração de lugares, o que se tem é uma coleção de objetos no espaço, por mais belos que sejam.

Não se trata de pregar uma volta à cidade tradicional, pré-moderna. A cidade ideal não é aquela cuja concepção privilegia o objeto isolado como paradigma, nem a que favorece o tecido denso e contínuo do qual se destacam espaços figurais. Mais proveitoso seria pensar em uma dialética entre objeto isolado, espaço figural e tecido denso, apoiados pela justaposição de funções, o que permitiria a convivência de várias possibilidades espaciais e funcionais em benefício da riqueza da vida urbana e de sua experiência[16].

O clássico, o poético e o erótico

Embora possa parecer estranho, pode-se dizer que Niemeyer é um arquiteto *clássico*, pois trabalha dentro de um sistema. A exemplo dos arquitetos da renascença, ele emprega um número finito de estratégias compositivas e de elementos de composição – componentes de um repertório desenvolvido lenta e seguramente – para todos os problemas aos quais lhe é pedida uma solução arquitetônica. A tradição do novo não predomina no caso de Oscar Niemeyer; tão logo um novo elemento é inventado ou descoberto (no sentido etimológico de trazer à tona algo que já existia no terreno das possibilidades, mas estava invisível), passa a integrar o seu repertório, convencionaliza-se e é passível de utilização para os mais diversos propósitos. A surpresa e o significado global de um projeto de Niemeyer dependem da maneira como aqueles elementos são compostos em cada caso. Além da distinção básica entre elementos programáticos repetitivos e especiais, que são normalmente abrigados, respectivamente, em formas simples e complexas, os elementos do repertório de Oscar Niemeyer não possuem significados *a priori*. É exatamente isso que permite, por exemplo, que as formas das coberturas da capela da Pampulha sejam reutilizadas em projetos tão diferentes como um restaurante/casa de barcos e uma residência particular[17], e que um elemento menor como a janela retangular de cantos arredondados apareça nos Cieps, no Sambódromo e no recente projeto para a Embaixada Brasileira em Cuba.

John Hejduk, falando sobre arquitetos que também se caracterizavam por trabalhar dentro de um sistema (no caso, Le Corbusier e Aldo Rossi), disse:

> Esses *caras* são inteligentes. Eles definem o seu problema e não se deixam seduzir por todas as coisas. Limitando o seu problema, eles expandem o seu universo[18].

A arquitetura de Oscar Niemeyer é também poética, pois transcende os aspectos puramente programáticos e técnicos de cada problema, partindo aberta e claramente em busca da beleza arquitetônica. Certa vez Paul Valéry disse que a distinção entre literatura e jornalismo reside no fato de que, em literatura, a forma persiste após o significado ser conhecido[19]. É essa persistência da forma que caracteriza a grande arquitetura, e que faz com que a lembrança que se guarda de uma visita à catedral de Brasília seja a da experiência da sua forma e da sua luminosidade, muito mais do que a experiência religiosa de uma missa celebrada no seu interior.

A busca da beleza e da poesia, em arquitetura, é fundamental, mas é preciso que se tenha muito cuidado com os termos em que essa busca é colocada.

Afirmações como "toda forma que cria beleza tem uma função definida, é das mais importantes na arquitetura", embora em alguma medida verdadeiras, são também perigosas, pois raros arquitetos têm o talento de Niemeyer, e essa afirmação é muitas vezes usada por outros para justificar proposições frívolas e inapropriadas em nome dessa mesma busca da beleza. É preciso também perguntar: beleza para quem? Como se sabe, o conceito de beleza não é fixo e tem mudado bastante desde os tempos remotos de Platão. Se o conceito de beleza é algo polêmico, e devemos admitir que as formas que Niemeyer cria são belas para uns e feias para outros, é preciso reconhecer a importância da sua atitude que, por sua ênfase no poético, na busca da beleza, restitui à arquitetura moderna brasileira o terceiro elemento da tríade vitruviana, reduzida pelo funcionalismo ortodoxo aos termos solidez (*firmitas*) e comodidade (*commoditas*), com a consequente exclusão da beleza (*venustas*) ou, pelo menos, sua redução à condição de resultante das outras duas.

> O erotismo não é o excesso de prazer, mas o prazer do excesso[20].

Um último aspecto da obra de Oscar Niemeyer que me parece importante é o seu erotismo, resultante da sua sensualidade e da transgressão dos limites do decoro arquitetônico. Mais apropriado que utilizar a tríade vitruviana em relação à obra de Niemeyer seria aplicar a definição de arquitetura de Alberti, *firmitas, commoditas e voluptas* (prazer), pois é exatamente isso que a obra deste arquiteto sugere: o prazer de fazer e de vivenciar a forma arquitetônica.

A sensualidade e o erotismo dessa arquitetura se revelam por meio do excesso. Excesso de elementos, de espaço, de estrutura – representados por vãos gigantescos – que, embora explicados em termos de compromisso com uma certa pureza estrutural e com as potencialidades do concreto armado, são na verdade decorrência de uma preferência estética pessoal pelo excesso[21].

Notas

1. FRAMPTON, Kenneth. *Modern Architecture: a Critical History*. Nova York/Toronto, Oxford University, 1981. Versão brasileira: FRAMPTON, Kenneth. *História crítica da arquitetura moderna*. Tradução de Jefferson Luiz Camargo. São Paulo, Martins Fontes, 2000; BRUAND, Yves. *Arquitetura contemporânea no Brasil*. São Paulo, Perspectiva, 1981; e artigos de Comas escritos nos anos 1980 e 1990, como, por exemplo, COMAS, Carlos Eduardo Dias. Niemeyer-sur-Tietê, ou a modernidade de ontem. *Projeto*, n. 89, São Paulo, jul. 1986, p. 90-93.

2. Essa visão mais tradicional da cidade vem ganhando força desde o início dos anos 1970 e, nos últimos anos, passou a predominar na prática urbanística na América do Norte e no Caribe.

3. FRAMPTON, Kenneth. Op. cit., p. 158.

4. Idem, ibidem, p. 255.

5. BANHAM, Reyner. *Teoria e projeto na primeira era da máquina*. São Paulo, Perspectiva, 1975, p. 36.

6. COMAS, Carlos Eduardo Dias. Op. cit., p. 225.

7. Não há aqui qualquer intenção de estabelecer afiliações e influências, mas simplesmente uma tentativa de traçar um paralelo entre o trabalho de dois arquitetos que, a partir de procedimentos análogos, alcançam resultados tão radicalmente diferentes no seu aspecto formal.

8. Sobre o método compositivo de Aldo Rossi, ver MAHFUZ, Edson. *Ensaio sobre a razão compositiva*. Belo Horizonte, AP Cultural, 1995.

9. Rossi utiliza elementos retirados da arquitetura encontrada nas cidades da Lombardia, transformando-os por meio de um processo de depuração e abstração que pretende reduzir o precedente à sua essência. Já os elementos de Niemeyer parecem derivar de fontes tão variadas como a própria história (na capela da Pampulha o tradicional tipo eclesiástico, nave longitudinal mais campanário, é adotado, enquanto os palácios de Brasília lembram os templos peristilares gregos pela posição de suas colunas), a arquitetura de Le Corbusier e suas lembranças de formas curvas presentes nas igrejas de Minas, nas montanhas brasileiras e na forma feminina (sobre essa última fonte, ver NIEMEYER, Oscar. *A forma na arquitetura*. Rio de Janeiro, Avenir, 1978, p. 22).

10. "O *bricoleur* desempenha com competência um grande número de tarefas diversas; mas, ao contrário do engenheiro, não subordina a realização de cada uma delas à disponibilidade de matérias-primas obtidas e concebidas para o projeto específico. O seu universo é fechado, e as regras do seu jogo são sempre a utilização de uma série de ferramentas e materiais finita e heterogênea, pois seus elementos não apresentam nenhuma relação direta com o projeto em curso, ou mesmo com qualquer outro projeto, sendo o resultado circunstancial de todas as ocasiões que teve de renovar ou enriquecer o seu estoque, ou de mantê-lo com o que sobrou de outras construções e destruições. O repertório dos meios do *bricoleur* não pode, portanto, ser definido em termos de um projeto (o que implicaria existência, ao menos em teoria, de tantos conjuntos de ferramentas e materiais quantos fossem os diferentes tipos de projeto). Tais elementos não são especializados a ponto de terem apenas um uso definido e determinado, mas representam uma série de relações reais e possíveis; são *operadores* que podem ser usados para qualquer operação desse tipo". LÉVI-STRAUSS, Claude. *The Savage Mind*, Londres, Weidenfield and Nicholson, 1962, p. 17. Versão brasileira: LÉVI-STRAUSS, Claude. *O pensamento selvagem*. Tradução de Maria Celeste da Costa e Souza e Almir de Oliveira Aguiar. São Paulo, Companhia Editorial Nacional, 1970.

11. Para ficarmos apenas no século 20, veremos que os maiores arquitetos desse período também trabalhavam com sistemas fechados. Alvar Aalto e Louis Kahn são prova disso. Arquitetos geniais como Le Corbusier e Wright chegaram a desenvolver mais de um sistema ao longo de suas prolíficas carreiras.

12. Em alguns casos, como no Museu do Índio, em Brasília, há um espaço aberto no interior da edificação, mas o espaço que circunda a edificação segue sendo residual.

13. COMAS, Carlos Eduardo Dias. Op. cit., p. 91. Ver também MAHFUZ, Edson. Do minimalismo e da dispersão como método projetual. *Cadernos de arquitetura Ritter dos Reis*. Volume 4. Op. cit.

14. HEIDEGGER, Martin. Building, Dwelling, Thinking. In *Poetry, Language, Thought*. Nova York, Harper Colophon, 1974, p. 154. Apud FRAMPTON, Kenneth. Towards a Critical Regionalism: Six Points for an Architecture of Resistance. In FOSTER, Hal (ed.). *The Anti-Aesthetic. Essays on Post Modern Culture*. Port Townsend, Bay Press, 1983, p. 24.

15. FRAMPTON, Kenneth. In PELLI, César (org.). *Yale Seminars in Architecture*. Volume 1. Cambridge, Yale School of Architecture, 1981, p. 105.

16. Ver ROWE, Colin. *Collage City*. Cambridge, MIT Press, 1981.

17. Refiro-me aos projetos para o Restaurante e Casa de Barcos Leblon, Rio de Janeiro – RJ, 1944, e a residência Burton Tremaine, em Santa Bárbara, Califórnia, EUA, 1947.

18. HEJDUK, John. In PELLI, César (org.). *Yale Seminars in Architecture*. Volume 2. Cambridge, Yale School of Architecture, 1981, p. 219.

19. Apud EISENMAN, Peter. In PELLI, César (org.). Idem, ibidem, p. 50.

20. TSCHUMI, Bernard. The Pleasure of Architecture. *Architectural Design*, mar. 1977, p. 217.

21. Evidência disso é o fato de que Niemeyer aceitava os elementos robustos e o excesso de vigas na obra de Le Corbusier, sem se importar que fossem contrários à lógica inerente ao concreto armado.

artigo 28 abilio guerra

LÚCIO COSTA, GREGORI WARCHAVCHIK E ROBERTO BURLE MARX: SÍNTESE ENTRE ARQUITETURA E NATUREZA TROPICAL

[2002]

A solução colonialista que condenara a grande palmeira imperial não fizera mais do que copiar os jardins românticos, avant la lettre, do fim do século 18. Burle Marx mostrou o caráter falso dessa pretensa solução ao ir buscar o material de que carecia nas fontes verdadeiras, isto é, na vegetação brasileira de recursos inesgotáveis, desde a floresta amazônica, de onde nos trouxe espécimes em todo o esplêndido vigor de sua selvajaria, aos fundos das casinhas de caboclo ou à beira dos caminhos, onde foi apanhar plantas e flores abandonadas, desprezadas, mas familiares à ambiência da roça brasileira, como os cães vagabundos, sem donos, dos fundos de quintal.
Mário Pedrosa, Arquitetura e atualidade. In *Dos murais de Portinari aos espaços de Brasília*

Lúcio Costa (1902-1998) faria cem anos em 2002, ano em que se sucedem merecidas homenagens a um dos principais intelectuais do Brasil. Já são significativos também os esforços analíticos que enfocam sua obra, realizados por intelectuais de porte, como Yves Bruand, Carlos Martins, Hugo Segawa, Otília Arantes, Margareth da Silva Pereira, Sophia da Silva Telles e outros. Nossos estudos têm se voltado para a elucidação do processo de montagem discursiva da arquitetura moderna brasileira, processo artificial de conferir retrospectivamente uma suposta organicidade a um processo histórico que passa a ser considerado, a partir dessa ótica, como a síntese entre o ideário moderno europeu e as raízes da cultura brasileira. Montagem em que, certamente, o pensamento de Lúcio Costa é peça-chave. No nosso entendimento, o juízo proferido por Costa – na realidade uma interpretação e adaptação pessoal do ideário forjado pelo modernismo paulista, em especial por Mário e Oswald de Andrade – de tão repetido tornou-se um axioma intocável há até bem pouco tempo. Como diz Otília Arantes, a versão do arquiteto carioca comporta-se como uma "história exemplar de formação", uma espécie de "conto bem urdido", uma "fantasia exata que veio desde então assumindo proporções mitológicas, tal o sucesso com que cada obra da moderna arquitetura brasileira, grandiosa ou não, reforçava a fábula de sua própria origem miraculosa"[1].

Tal fenômeno só foi possível por estar Lúcio Costa dos dois lados do tapume: no terreno da prática, como o líder primeiro dos jovens arquitetos brasileiros que dariam ao mundo o primeiro arranha-céu moderno segundo os princípios corbusianos – o edifício-sede do Ministério da Educação e Saúde Pública, no Rio de Janeiro; e no terreno das ideias, como principal teórico do grupo e autor intelectual da visão que entende a história da arquitetura tupiniquim como um *religio* dos liames quebrados entre o moderno e a tradição. Durante o período em que seus postulados vigoraram como verdades históricas, poucas vezes se entrou no mérito dos compromissos assumidos que, de tão extensivos e profundos, davam à arquitetura um protagonismo decisivo na própria história do país. As demandas de responsabilidade dos arquitetos corresponderiam a um extenso arco, que ia da materialização estética da racialidade até a instalação adequada do homem brasileiro no território tropical. É justamente sobre a participação de Lúcio Costa neste último território, participação pouco conhecida e explorada, que nos deteremos aqui. Ao contrário de outros acontecimentos e desenvolvimentos históricos em que sempre ocupou papel principal, no caso específico da constituição de um pensamento paisagístico moderno brasileiro ele terá um papel menos destacado, mas não menos decisivo pois caberá a ele a formação do principal protagonista.

O arquiteto-paisagista Roberto Burle Marx (1909-1994) cumprirá, na evolução da arquitetura moderna brasileira, um papel de primeira grandeza, não só pelo seu reconhecido talento pessoal, que resultou numa obra inovadora, mas também pela função chave que desempenhará na legitimação dos exemplares arquitetônicos como verdadeiros *espécimes brasileiros*. Ao longo de sua extensa vida profissional – quando teve a oportunidade única de formar dupla com Lúcio Costa, Oscar Niemeyer, Affonso Eduardo Reidy, Rino Levi, Vilanova Artigas e outras estrelas de primeira e segunda grandeza de nossa arquitetura –, Roberto Burle Marx percorreu caminhos variados, fez experiências diversas, mas sempre mantendo um valor originário – a de que o jardim é um artifício que deve reintegrar o homem à sua paisagem natural.

Os ensinamentos que recebeu ainda muito jovem de Lúcio Costa se incrustaram de tal forma em seu modo de ver o mundo que parecia não se dar conta do fato. Nas diversas entrevistas dadas – que é o material que dispomos, diante de sua atitude refratária ao texto *teórico* –, as referências de Burle Marx ao velho mestre são sempre simpáticas, mas se restringem, em geral, ao comentário do episódio de sua iniciação profissional nas artes do paisagismo e à rica experiência da convivência pessoal, porém sem entrar no mérito das claras influências intelectuais. "Quando jovem, vivia na mesma rua que Lúcio Costa. Ele me conheceu quando eu tinha quatorze ou quinze anos e esse fato contribuiu para minha carreira. Ele viu o jardim que eu realizava em minha própria casa e, como naquele tempo construía a residência de uma família Schwartz, convidou-me a fazer também aquele jardim"[2]. Contudo, não há, no nosso entendimento, como compreender a fundo a obra paisagística de Roberto Burle Marx sem levar em conta o tributo devido a Lúcio Costa.

É recorrente nos textos sobre Burle Marx o papel decisivo que teve em sua vida a descoberta das plantas brasileiras apresentadas como espécimes exóticos em jardim berlinense. O episódio foi elevado à condição de mito formador pelo próprio paisagista, que se referiu ao fato diversas vezes: "Fiz uma viagem à Alemanha em 1928, onde vivi um ano e meio em Berlim. Essa viagem me influenciou muito. No Jardim Botânico de Dahlem, que era um jardim extraordinário, vi pela primeira vez uma grande quantidade de plantas brasileiras, usadas pela primeira vez com objetivos paisagísticos. Nós, brasileiros, não as usávamos, por considerá-las vulgares. Compreendi então que, em meu país, a inspiração deveria se basear, sobretudo, nas espécies autóctones"[3]. O quanto essa lembrança é fidedigna ou uma memória fabricada retroativamente não temos – infelizmente – como estabelecer. Mas é pouco provável que em 1928 as impressões de encantamento com as plantas autóctones brasileiras tivessem levado Burle Marx à convicção de uma utilização necessária. Afinal, há um passo a ser dado aqui: não é uma valoração plásticopaisagística que leva a uma utilização exclusivista, mas um julgamento mais fundo de *conveniência*, que acreditamos só ter sido possível na sua experiência ao longo dos anos 1930.

Sua primeira obra profissional, o jardim da casa de Alfredo Schwartz, de 1932, colocou-o em contato mais íntimo não só com Lúcio Costa, mas também com Gregori Warchavchik (1896-1976), sócio do arquiteto carioca na ocasião. O arquiteto russo já havia anteriormente, em projetos residenciais construídos em São Paulo, dado grande importância ao jardim, contando aqui com a colaboração de sua esposa, Mina Klabin. Demonstrando que sua condição de migrante estrangeiro não o deixou imune às discussões em curso no modernismo paulista[4], acabou se enfrentando com o tema da *brasilidade*, porém de uma forma subsidiária, pois lhe faltava tanto a vivência como o estudo sistemático em relação às questões abordadas. Já na mítica casa da rua Santa Cruz, de 1927-28, marco histórico de pioneirismo no transplante para o Brasil dos princípios da arquitetura moderna europeia, teríamos dois elementos que atestam a preocupação com a tradição nacional e com a paisagem nativa – a varanda posterior e os jardins. A questão já foi abordada anteriormente por Agnaldo Farias:

> A fachada posterior, com sua varanda formada pelo telhado esparramado, apresenta certa familiaridade com as construções tradicionais brasileiras, que não se pode advertir contemplando-se apenas a fachada principal. Warchavchik alega que justamente ali estaria, além do paisagismo realizado por sua esposa, Mina – paisagismo que, aliás, estaria sempre marcando uma expressiva presença nas obras futuras do arquiteto –, um exemplo da sua tentativa de construir uma arquitetura que se harmonizasse com a tradição do país[5].

Essas observações estão fundadas em alguns depoimentos da época e devidamente registrados por Geraldo Ferraz, responsável pelo primeiro estudo importante realizado sobre o arquiteto russo. Em 1928, Couto de Barros, redator-chefe do *Diário Nacional*, assinala a consonância entre a arquitetura e o jardim da Casa Modernista, destacando a autoria de Mina Klabin na concepção do arranjo de cactos e palmeiras que "dão ao conjunto uma nota feliz de tropicalismo e disciplina"[6]. No ano seguinte, o pedagogo e idealizador do conceito de escola-parque Anísio Teixeira destaca em entrevista a brasilidade da obra: "Nunca tive uma impressão mais forte da casa brasileira [...] como quando visitei a sua residência de linhas fortes e claras, construída toda de cimento, ferro e vidro, dentro de uma moldura de gigantescos cactos nacionais. A obra era brasileira porque era um consórcio inteligente entre o espírito do homem e as características da terra"[7]. Mas será o próprio arquiteto, em artigo para o *Correio Paulistano*, que falará com mais propriedade das próprias intenções:

> Não querendo copiar o que na Europa está se fazendo, inspirado pelo encanto das paisagens brasileiras, tentei criar um caráter de arquitetura que se adaptasse a esta região, ao clima e também às antigas tradições desta terra. Ao lado de linhas retas, nítidas, verticais e horizontais, que constituem, em forma de cubos e planos, o principal elemento da arquitetura moderna, fiz uso das tão decorativas e características telhas coloniais e creio que consegui idear uma casa muito brasileira, pela sua perfeita adaptação ao ambiente. O jardim, de caráter tropical, em redor da casa, contém toda a riqueza das plantas típicas brasileiras[8].

A tênue preocupação com a tradição – tênue mas não desprezível, se levarmos em conta a presença da telha colonial de obras muito posteriores de arquitetos brasileiros – vai ser abandonada em suas obras posteriores, mas não a importância dada aos jardins, que passam a ser considerados um contraponto que acabariam valorizando pelo contraste as formas geométricas do projeto arquitetônico. Em carta datada de 1930 e enviada ao arquiteto Sigfried Giedion, secretário geral do Ciam, Warchavchik explica a função da vegetação em seus projetos: "Os nossos aliados mais eficientes, pelo menos no Brasil, são a natureza tropical que emoldura tão favoravelmente a casa moderna com *cactus* e outros vegetais soberbos e a luz magnífica, que destaca os perfis claros e nítidos das construções sobre o fundo verde escuro dos jardins"[9]. Esse papel dado à vegetação – de moldura tropical para o edifício moderno – tem um alcance muito restrito e alcançou nas mãos do casal Warchavchik um desenvolvimento acanhado, principalmente se compararmos anacronicamente com as posteriores soluções paisagísticas de Burle Marx. Contudo, a utilização da flora nativa com a clara intenção de acomodação regional da arquitetura moderna internacional, expressa em diversas ocasiões pelo arquiteto russo e visível para os intelectuais da época, foi solapada da compreensão evolutiva de nossa arquitetura com o claro intuito de reforçar a versão posterior de Lúcio Costa para o surgimento da "arquitetura moderna brasileira".

Um avanço no tempo se faz necessário. Em 1948, Geraldo Ferraz irá contestar o epíteto de *pioneiro da arquitetura contemporânea no Brasil* atribuída à Lúcio Costa e cobra do arquiteto carioca um depoimento para desfazer o que chamou de "falseamento informativo" e "escamoteação da verdade histórica"[10]. Em tom panfletário, Ferraz advoga a primazia de

Gregori Warchavchik e Flávio de Carvalho, que num ambiente cultural sem cultivo e hostil, enfrentando a ignorância sórdida dos detratores, teriam conseguido pensar e construir as primeiras edificações modernas no país. Seriam eles, ainda no final dos anos 1920, os legítimos representantes brasileiros das vanguardas europeias, cabendo a eles portanto a homenagem de pioneirismo. Lúcio Costa não fugiu da provocação. Sua resposta, contudo, foi desconcertante. Abandonando a polidez que lhe era característica, desloca por completo a argumentação ao afirmar que "arquitetura não é *far-west*", não adiantando, portanto, "perderem tempo à procura de pioneiros"[11]. A questão essencial não estaria em se saber qual foi o primeiro edifício moderno ou qual arquiteto sofreu mais com a hostilidade conservadora ou reacionária, mas em verificar onde residia a colaboração qualitativa e diferenciada que daria à arquitetura moderna uma trajetória peculiar em nosso país. Surge aqui uma nuance que fará carreira vitoriosa nas cenas crítica e histórica brasileiras – de um lado, a *arquitetura moderna realizada no Brasil*, segundo os princípios estabelecidos na Europa, que foram importados e aplicados em bloco, e que poderia muito bem ter acontecido em qualquer outro país do mundo; de outro, a *arquitetura moderna brasileira*, algo inusitado e surpreendente, que vicejou única e tão somente aqui, encontrando formas e soluções plásticas inusitadas, ganhando por este motivo o interesse e os elogios da crítica estrangeira.

Nas duas décadas que separam os passos iniciais da introdução da arquitetura moderna no Brasil e a instauração da visão histórica de Lúcio Costa ocorreu o soterramento das intenções de *abrasileiramento* defendidas por Gregori Warchavchik. Mas, ao que tudo indica, tal formulação original não passou desapercebida ao jovem arquiteto Lúcio Costa. Recém saído das hostes neocoloniais, não havia ainda encontrado um caminho seguro a seguir dentro da cena moderna, no qual vai dar os primeiros passos em 1934, com os croquis e o memorial para a Vila Monlevade. Os projetos desses anos incertos, que Lúcio Costa chama significativamente de *chômage*[12], a maior parte não construídos, são resultados, segundo sua própria opinião, do estudo sistemático que faz dos baluartes da arquitetura moderna europeia: "A clientela continuava a querer casas de *estilo* – francês, inglês, *colonial* – coisa que eu então não conseguia mais fazer. Na falta de trabalho, inventava casas para terrenos convencionais de doze metros por trinta e seis – *casas sem dono*. E estudei a fundo as propostas e obras dos criadores, Gropius, Mies van der Rohe, Le Corbusier"[13].

Observando os projetos das *casas sem dono*, de Mies van der Rohe pouco se vê – talvez apenas o caráter introspectivo, semelhante ao presente nas casas-pátio da década de 1930 –, mas os desenhos mostram um Lúcio Costa familiarizado com o arsenal corbusiano, em especial os pilotis, e também com a rigorosa geometria de Gropius, mas no registro dado por Warchavchik – os volumes simples e homogêneos contrastando com a vegetação tropical adotado nas suas casas paulistas. Nas três casas sem dono de Lúcio Costa temos o contraste volume simples *versus* vegetação e, em duas delas temos redes presas em pilotis, tal como adotaria em Monlevade, em 1934, e três décadas depois, no Pavilhão do Brasil na 13ª Trienal de Milão, em 1964[14]. Ainda nos anos 1930 projetaria para seu cunhado a chácara Coelho Duarte segundo o mesmo encaminhamento, mas já demonstrando visivelmente maior controle dos elementos formais modernos e utilizando pela primeira vez o recuo do fechamento na planta inferior para a criação de uma varanda, fórmula repetida com grande êxito no Park Hotel São Clemente vários anos depois.

Roberto Burle Marx ensaia seus primeiros passos profissionais justamente nesse momento de incertezas e mudanças pelo qual passava Lúcio Costa, do qual, inevitavelmente, compartilhou. Convidado pelo próprio arquiteto carioca para ser professor da Escola Nacional de Belas Artes e para ser seu sócio em escritório no Rio de Janeiro, Gregori Warchavchik acaba exercendo sobre Lúcio Costa uma ascendência momentânea, mas significativa e certamente menosprezada pelos críticos e historiadores. Mais do que informar ao anfitrião carioca sobre soluções concretas da relação entre arquitetura moderna e paisagem brasileira, a experimentação já em curso do arquiteto russo assinalava o enorme desafio envolvido – tanto no aspecto conceitual como nos conhecimentos científicos necessários –, desafios para os quais não estava preparado e jamais viria a estar. Com o passar do tempo, questões propostas pelo casal Warchavchik e que mereceram um tímido desenvolvimento – tradição brasileira e natureza tropical – vão se tornar centrais em Lúcio Costa, e vai caber a seu pupilo, o jovem Burle Marx, o papel principal de enfrentamento de um dos desafios: integrar a arquitetura moderna na paisagem tropical. Coincidência ou não, em seu primeiro projeto paisagístico de maior significação cultural, Burle Marx vai se valer dos *cactus* – tão apreciados por Mina Warchavchik[15] – para obter o muito almejado selo de brasilidade em seu jardim.

Em 1935, na condição de diretor de Parques, subordinado à Diretoria de Arquitetura e Construções da cidade do Recife, Burle Marx vai projetar o Cactário Madalena para a praça Euclides da Cunha. Esta e outras propostas de jardins para Recife causaram uma enorme celeuma junto às elites locais e contavam com a simpatia dos intelectuais modernos recifenses – Gilberto Freyre, Joaquim Cardozo, Cícero Dias e outros. Os conservadores, liderados por "Mário Melo, do Instituto Arqueológico do Recife, reagem ao que entendem ser uma tentativa de devolver a cidade para a selva". Numa contenda em que os dois lados querem ocupar a mesma trincheira de defesa da brasilidade – repetindo curiosamente o confronto entre modernos e neocoloniais na década passada –, as armas usadas são muito distintas: enquanto Melo apela para o passado heroico local ofendido com a retirada de um monumento comemorativo, Burle Marx vai se defender dizendo que está "semeando a *alma brasileira* e divulgando o *senso de brasilidade*"[16].

A defesa que Burle Marx faz da utilização do cactus no Recife não se baseia apenas em suas qualidades paisagísticas intrínsecas, mas sobretudo na sua adequação, por ser nativa da região. Advoga, já na ocasião, a utilização quase exclusiva de espécimes locais, abrindo exceção apenas para situações em que houvesse grande semelhança entre o clima original e o do transplante[17]. Mas no Brasil, onde o número de espécies autóctones de árvores e arbustos é infindável, não haveria razão para o uso de plantas exóticas, cujo grande prejuízo é transformar o *caráter da paisagem*[18]. Sua atuação no exterior muitas vezes provocou estupor ou mesmo decepção ao adotar o mesmo princípio, como é o caso do jardim que realizou em Viena em 1962[19] e os Jardins da Exposição Internacional de Caracas (futuro Parque del Este) na segunda metade da década de 1950[20].

O princípio defendido pelo paisagista não pode ser confundido com um nacionalismo esquemático, pois prevê uma aprofundada observação do lugar específico aonde será implantado o projeto paisagístico. Então, dentro do mesmo país ou mesmo

dentro de uma região geográfica pode haver incompatibilidades, como explica o próprio Burle Marx: "Eu creio que, para fazermos um jardim, temos que começar por entender o ambiente, o meio ambiente. Se eu faço um jardim para o Amazonas, esse mesmo jardim não pode servir para o Rio de Janeiro ou São Paulo. Temos que compreender que devemos utilizar plantas da natureza e, com elas, construir jardins feitos pelo e para o homem"[21]. Muitas vezes pode haver um grande prejuízo quando o autor do jardim não consegue compreender a realidade natural do local, aquilo que não foi elaborado pelo homem, o que o impossibilitará de criar algo devidamente relacionado com o preexistente. É o que ocorreu, segundo Burle Marx, com um paisagista japonês contratado para realizar o jardim do Palácio da Alvorada, a residência oficial do presidente da República em Brasília, que não teria compreendido a paisagem brasileira, dando ao local um *caráter paisagístico japonês*[22].

No entanto, as reações aqui e acolá contra os projetos de Burle Marx se fundam em gostos arraigados, que esperam de um jardim algo que não se conhece, gosto que mantém correspondência com o desenvolvimento de tradições específicas do paisagismo. Sempre haverá quem ache encantador a diferença – um parque exuberante de plantas tropicais no meio de uma cidade moderna de clima temperado ou então um parque com vegetação europeia disciplinada com rígida geometria em meio ao caos urbano de uma cidade de algum país pobre e populoso. Cabe aqui uma pergunta que contém implicações diversas: por que um jardim deve utilizar necessariamente plantas nativas da região? Ora, qualquer que seja a resposta, ela não conseguirá se restringir a aspectos paisagísticos estritos, pois não há como justificar que uma ambiência seja boa ou ruim, ou que as texturas resultantes de uma certa composição vegetativa sejam bonitas ou feias apenas pela preexistência ou não das espécies utilizadas na região. Os valores de onde se irradia o julgamento de valor encontram-se em outro âmbito, do qual seria muito difícil nos ocuparmos caso fôssemos obrigados a nos restringir às falas esparsas de Burle Marx e caso não tivéssemos a límpida explanação de Mario Pedrosa, que dedicou ao paisagismo pelo menos dois artigos.

Num deles, chamado "Arquitetura paisagística no Brasil" e publicado no *Jornal do Brasil* em 9 de janeiro de 1958, Mario Pedrosa lembra a péssima reputação da natureza brasílica perante as gerações passadas: "O fato é que essa natureza natural, isto é, tropical e exuberante, não era bem vista pelos nossos avós. Dela se tinha medo"[23]. Pedrosa retoma aqui os argumentos desenvolvidos por José Lins do Rego alguns poucos anos antes no artigo "O homem e a paisagem", publicado na revista francesa *L'Architecture d'Aujourd'Hui*. O literato paraibano trata de maneira sintética a acomodação do homem no território brasileiro desde a descoberta e colonização pelos portugueses. Em sua ótica, o que teríamos como constante na relação homem/paisagem em toda a história do Brasil seria uma reiterada impossibilidade de harmonia – "o homem se opunha à natureza"; "[vivia] em permanente luta com a paisagem"; "nada de carinho para com a terra". A agressividade do meio, o predomínio da imponência e exuberância da mata tropical, o temor frente ao nativo tapuia, esses e outros fatores da mesma ordem teriam caracterizado o habitat humano como um refúgio, um abrigo, uma fortaleza, ou seja, uma espécie *locus* apartado das avassaladoras forças naturais e preexistentes. "Era preciso, portanto, viver em permanente luta com a paisagem, que nos enchia de terror. A casa brasileira, no princípio, não foi uma morada, mas uma espécie de trincheira"[24].

Este "terror" provocado pelo ambiente hostil seria uma constante na vida do colonizador, provocando uma sensação de perene estranhamento, de não pertencimento, que se materializa em uma acomodação no território que reflete fielmente a dimensão psíquica – sítios protegidos por paliçadas, muros e muralhas, mínimos territórios da cultura e civilização humanas, resguardados da natureza hostil e inclemente. A argumentação de Lins do Rego, por sua vez, recupera antiga concepção de Graça Aranha, o *terror cósmico* diante da natureza, tratada com pretensões filosóficas no livro ensaístico *Estética da vida*[25], publicado em 1921, mas que já tinha sido suporte narrativo para seu famoso romance *Canaã* de 1902, em que as ações e percepções dos personagens são condicionadas pelo meio natural:

> A floresta tropical é o esplendor da força da desordem. Árvores de todos os tamanhos e de todas as feições; árvores que se alteiam, umas eretas, procurando emparelhar-se com as iguais e desenhar a linha de uma ordem ideal, quando outras lhes saem ao encontro, interrompendo a simetria,

entre elas se curvam e derreiam até ao chão a farta e sombria coma. [...] Se por entre as folhas secas amontoadas no solo se escapa um réptil, então o ligeiro farfalhar delas corta a doce combinação do silêncio; há no ar uma deslocação fugaz como um relâmpago, pelos nervos de todo o mato perpassa um arrepio, e os viajantes que caminham, cheios de solidão augusta, voltam-se inquietos, sentindo no corpo o frio elétrico do pavor[26]

A concepção mesológica abraçada por Graça Aranha, de grande influência no final do século 19, adentra o século 20 e perpassa a produção intelectual e artística brasileira, inclusive a moderna. Ela acalenta um desejo de harmonia e correspondência entre a natureza tropical e o homem que busca se aninhar em seu seio. O medo, o terror, precisava ser amainado e caberia à cultura e em especial à arte o trabalho necessário para esse fim. Se em Graça Aranha temos um desejo ou uma promessa, em José Lins do Rego já temos uma constatação. Ao primeiro coube participação destacada na Semana de Arte Moderna de 1922, sendo um dos principais responsáveis pela adesão modernista à convicção mesológica que supõe íntima relação entre cultura humana e meio natural. O segundo, participante da terceira fase do modernismo brasileiro, momento em que a ânsia vanguardista já tinha sido substituída pela acomodação da literatura regionalista de extrato moderno, confere ao processo ocorrido dentro da arquitetura um final feliz. Entre um e outro – projeto de futuro e narrativa do passado – acontece a visita do arquiteto suíço-francês Le Corbusier ao Brasil e a instauração da arquitetura moderna brasileira.

Le Corbusier foi, portanto, o ponto de partida para que a nova escola de arquitetura brasileira pudesse se exprimir com uma grande espontaneidade e chegar a soluções ori-

> ginais. Como a música de Villa Lobos, a força expressiva de um Lúcio Costa e um Niemeyer foi uma criação intrinsecamente nossa, algo que brotou de nossa própria vida. O retorno à natureza, e o valor que vai ser dado à paisagem como elemento substancial, salvaram nossos arquitetos do que se poderia considerar formal em Le Corbusier[27].

A constatação de Mário Pedrosa percorre os mesmos argumentos. Durante o longo período que vai da colônia ao Império, os jardins que foram plantados pelos portugueses no Brasil refletiram a inadequação e a falta de intimidade do colonizador com a natureza. Eles – os jardins – eram "pedantes e artificiais, sem raça e sem vigor, sem a alma da terra que lá fora arrebentava, pujante e luxuriante, nos arbustos e plantas locais, nas flores selvagens dos campos e das florestas, as quais por vezes vinham até a beira do caminho, ali pertinho, bem defronte dos grandes jardins"[28]. O questionável nos jardins exóticos não se encontra nas texturas, colorações, massas, volumes ou odores que abrigam, mas na inadequação entre homem e paisagem natural que expressam.

Seguindo o receituário modernista de Mário de Andrade e defendido por Lúcio Costa no âmbito da arquitetura, Mario Pedrosa entende que o paisagismo – tal como as outras artes – só tem sentido e ganha um estatuto superior se interpretar de forma coerente o caráter nacional. O paisagismo moderno brasileiro deveria expressar de forma harmônica a relação entre o homem brasileiro e a natureza tropical, utilizando-se como arte que é uma forma de expressão adequada, não se restringindo à aplicação de conhecimentos especializados recentes de ciências como a botânica, a biologia e a ecologia, ou de práticas ancestrais de horticultura e jardinagem. Assim como o conhecimento da língua coloquial e do folclore regional permitiu ao escritor uma expressão literária superior, ou o inventário de modinhas e cantos populares possibilitou ao compositor uma música elevada – casos exemplares de Mário de Andrade e Vila Lobos –, o conhecimento sistemático e abrangente da flora brasileira e das especificidades ecológicas e climáticas constituiriam uma condição necessária, mas não uma condição suficiente, para a elaboração de uma arte paisagística relevante e adequada. E esse papel histórico necessário encontrou alguém que o encarnasse:

> Foi então que chegou Burle Marx, jovem, robusto, nativo, revolucionário, e acabou com todos esses preconceitos. Graças a ele, a arquitetura moderna brasileira encontrou seu ambiente, sua integração na natureza. E as plantas nacionais plebeias, como, por exemplo, os crótons nativos de que temos mais de uma dúzia de variedades, nos tons mais belos e transparentes, obtiveram carta de entrada nos novos jardins. E o pintor, em Burle Marx, viu logo, na riqueza desses tons, o material ideal para inaugurar no país uma verdadeira arte paisagística[29].

Se a matéria-prima – no caso, a natureza – é brasileira, as ideias estéticas são fortemente marcadas pela modernidade europeia. O conhecimento dos princípios formais da abstração pictórica e a sólida compreensão dos valores defendidos pelas vanguardas, aos quais Burle Marx teve acesso ainda na década de 1920, o habilitaram a manipular e a codificar de forma apropriada os elementos naturais orgânicos e inorgânicos, transcendendo a situação original de natureza intocada e obtendo uma paisagem transformada onde homem e natureza se reencontraram. Assim, "o jardim de Burle Marx não se subordina à natureza, à arquitetura, ao lugar, à tradição, mas *sua identidade existe em equilíbrio com eles*"[30]. Ou, agora nas palavras de Mario Pedrosa, Burle Marx "tende, antes, a definir o espírito do lugar. Estruturando os espaços circundantes, procura o artista criar um contrarritmo, que ao mesmo tempo isola a unidade arquitetônica para que ela se defina e expanda, numa espécie de acentuação ou complementação de seu partido e de seu programa, e a integra num todo com o meio ambiente, o clima, a atmosfera, a luz, a natureza, enfim"[31].

O processo de criação artística em paisagismo mantém, portanto, uma completa simetria com as outras artes, segundo a velha forma de Mário de Andrade: um primeiro momento de levantamento extensivo da variabilidade de espécies existentes em estado natural e uma pesquisa aprofundada das relações que elas mantêm entre si e com o meio em que vivem; e um segundo momento de elaboração formal, de criação estética, em que a matéria-prima disponível se eleva ao estatuto de arte segundo valores subjetivos ou objetivos do artista[32]. É exatamente por esse motivo que Burle Marx vai reeditar as velhas viagens de estudos dos modernistas paulistas, agora não mais para conhecer fazendas e igrejas esquecidas nas vilas interioranas, mas para descobrir orquídeas e bromélias. Comentando uma expedição científica realizada pelo paisagista à Amazônia – viagem que dura 53 dias e passa, entre outros lugares, por Boa Vista, Serra do Caiapó, Cuiabá, Porto Velho, Manaus e Belém –, a historiadora Vera Beatriz Siqueira faz o seguinte comentário, entremeado por passagens retiradas do relatório da expedição:

> O objetivo principal da expedição é *ampliar o vocabulário jardinístico, através da descoberta de novas plantas*, além de *valorizar a flora brasileira*, renovando o *espírito dos viajantes europeus* oitocentistas, tais como Von Martius, Saint-Hilaire

> e Gardner. A rotina austera de observação, coleta de espécies, documentação e catalogação, embalagem das plantas vivas, prensagem e secagem do material de herbário, aliada aos hábitos de dormir em acampamentos nos postos de gasolina e de fazer apenas duas refeições ao dia, contribuiu para acirrar o tom científico e aventureiro da viagem[33].

Colada na própria descrição do paisagista, a historiadora não se dá conta de que as semelhanças entre as expedições são grandes, mas também o são as diferenças. As viagens dos naturalistas estrangeiros eram missões científicas de levantamentos, em que os envolvidos, quase sem exceção, objetivavam o trabalho de taxionomia das espécies encontradas, ou seja, a ampliação da classificação em curso dos seres vivos da natureza, no caso, vegetais. Evidentemente os resultados seriam utilizados nas mais diferentes áreas, inclusive a artística, mas a finalidade das viagens, do ponto de vista dos seus participantes, era muito objetiva e específica. No caso de Burle Marx, sua viagem é a primeira parte do seu trabalho – o trabalho de campo da coleta –, e a segunda, tão ou mais importante do que esta, se daria em prancheta, com desenhos e croquis, e *in loco* na implantação do projeto. Do ponto de vista cultural e histórico, as expedições dos estrangeiros, financiadas direta ou indiretamente pelos governos centrais, constituem a ponta avançada e aparentemente neutra do colonialismo europeu, enquanto que as viagens do paisagista brasileiro fazem parte dos esforços, empreendidos pelas elites intelectuais dos grandes centros urbanos, de desvendamento da realidade desconhecida do imenso interior do país. Se nos aspectos científico e aventureiro as viagens se assemelham, o mesmo não pode ser dito dos aspectos profissional, histórico e simbólico.

Se for para fazer um paralelo, seria muito mais oportuno, em nossa opinião, comparar suas viagens com as realizadas pelos modernistas paulistas na década de 1920 e as dos arquitetos do Sphan a partir da década de 1930. Vera Beatriz Siqueira não faz qualquer ilação nesse sentido, como de resto não faz qualquer tipo de paralelo entre o procedimento estético de Burle Marx e os princípios desenvolvidos por Mário de Andrade e Lúcio Costa nas suas buscas pela brasilidade na cultura e na arte brasileiras. Salvo engano de nossa parte, o arquiteto carioca é mencionado uma única vez – episódio do convite para o jardim na casa Schwartz[34] – e o escritor paulista está ausente de seu livro. O que não deixa de ser intrigante, afinal a discussão sobre a opção preferencial pela planta autóctone é uma presença constante na argumentação da historiadora e sua busca, em excursões ao ar livre, foi uma constante na sua vida.

Em setembro de 1965, durante uma expedição botânica no Morro do Chapéu, interior da Bahia, Burle Marx presenciaria a morte do arquiteto paulista Rino Levi, com quem compartilhou durante anos da amizade e do prazer pelas viagens de estudo e coleta. Ao não dar atenção aos vínculos intelectuais existentes entre as jornadas exploratórias da tradição e da natureza, Vera Beatriz Siqueira obtém um resultado muito limitado sobre a genealogia da operação intelectual realizada por Burle Marx: ou ela não existe – seria ela uma geração espontânea ou uma invenção de sua lavra –, ou simplesmente não tem importância. Vale ressaltar que a historiadora aponta com clareza os dois momentos do trabalho do paisagista, aos quais nos referimos anteriormente: "Articulam-se, portanto, dois procedimentos: o ecológico e o linguístico.

Por um lado, observar e respeitar a relação da planta com o seu habitat, seus processos de crescimento, germinação e florescimento; por outro, transformar cada planta em signo de um discurso plástico coerente"[35]. Como descrição do trabalho isolado de Burle Marx, está perfeito!

A obra do mais importante paisagista brasileiro vai passar por mudanças no aspecto expressivo, mas o cerne vai permanecer sempre – a predileção pela planta autóctone. A hegemonia de uma visão mais ecológica do início, e que tem no conjunto de jardins recifenses sua grande expressão, vai cedendo aos poucos espaço para as preocupações formais cada vez mais alinhadas com a evolução das artes plásticas modernas na Europa. Já no início da década de 1940, quando se ocupa dos jardins do edifício-sede do Ministério de Educação e Saúde, Burle Marx abandona as formalizações mais clássicas em prol da abstração. O próprio paisagista tem consciência da transformação, apesar de insistir em coerências retroativas: "Inicialmente meus jardins tiveram um enfoque ecológico. Mas esse enfoque é bastante relativo. Eu fiz, por exemplo, o jardim do MEC com umas manchas bastante abstratas, pois nessa época eu já conhecia Arp. De modo que não se pode dizer que meus jardins, mesmo nos seus inícios, tivessem uma preocupação essencialmente ecológica"[36].

O paisagista Fernando Tábora, seu colaborador durante anos, tinha uma clareza maior da trajetória do mestre: "Seu salto evolutivo do classicismo de Pernambuco para as *amebas* do MEC equivale aos mesmos passos dados pelos arquitetos da época, tal como Lúcio Costa no Brasil e Villanueva na Venezuela; do academicismo para a Modernidade. O valor de Burle Marx foi de ter dado o salto junto com eles"[37]. A composição com formas livres, em geral ondas ameboicas coloridas que se expandem e reverberam nas massas vegetativas, passou a conviver com uma abstração geométrica mais rígida a partir de meados dos anos 1950 e início dos anos 1960. É bem provável que Burle Marx tenha assimilado, consciente ou inconscientemente, a crítica crescente que se fazia na Europa – Max Bill e Bruno Zevi, principalmente – à gratuidade da forma livre na arquitetura moderna brasileira. O endereço principal da crítica é Oscar Niemeyer, mas não seria de se estranhar que o paisagista tenha se incomodado com as observações ácidas e tenha adotado um novo arsenal formal, em que impera um controle mais rígido do projeto.

Burle Marx passou a compartilhar com Lúcio Costa, desde o início da sua vida profissional, um conjunto de valores culturais que convergem para a brasilidade, à qual os intelectuais deveriam consagrar, como um princípio ético, uma humilde obediência. Uma brasilidade virtual em muitos aspectos, que deveria ser conquistada e materializada com o trabalho sincero dos homens cultos, com os olhares sempre postos nos princípios herdados da tradição. Esta, por sua vez, era concebida como resultante da interação entre o homem e o meio físico natural, portadora portanto da alma profunda de um povo. São convicções de extrato romântico que tiveram forte presença na cultura brasileira desde a segunda metade do século 19 e das quais nosso modernismo não escapou. A busca de uma arquitetura moderna que fosse essencialmente brasileira é fruto dessas convicções mescladas com o ideário moderno originário da Europa, do qual nos abstivemos de falar pela restrição de espaço e por ser por demais conhecido. A síntese buscada por Roberto Burle Marx entre a brasilidade da flora e os princípios formais presentes na pintura moderna europeia é análoga à integração entre tradição colonial e arquitetura moderna proposta por Lúcio Costa. Simetria que, longe de se tratar de uma coincidência fortuita, revela um profundo arraigamento no cenário arquitetônico brasileiro de ideias e princípios que compartilharam, o paisagista como um dos mais ilustres materializadores, o arquiteto como o mais importante forjador.

Notas

1. ARANTES, Otília Beatriz Fiori. Lúcio Costa e a *boa causa* da arquitetura moderna. In ARANTES, Otília Beatriz Fiori; ARANTES, Paulo Eduardo. *O sentido da formação. Três estudos sobre Antonio Candido, Gilda de Mello e Souza e Lúcio Costa*. São Paulo, Paz e Terra, 1997, p. 126.

2. MARX, Roberto Burle. Depoimento. In XAVIER, Alberto (org.). *Arquitetura moderna brasileira: depoimento de uma geração*. São Paulo, Abea/FVA/Pini/Hunter Douglas, 1987, p. 300-304. Entrevista publicada originalmente in BAYÓN, Damián. *Panorâmica de la Arquitectura Latino-Americana*. Barcelona, Editorial Blume, 1977, p. 40-63. Em entrevista a Ana Rosa de Oliveira, muitos anos depois, ele volta a dizer praticamente a mesma coisa: "Eu tive sorte porque Lúcio Costa morava na mesma rua que a minha família. Eu o conheço desde os 9 anos. Se hoje tenho 82 e ele tem 90 anos... Isso lhe mostra o que o convívio com pessoas que conhecem... Uma lição de arquitetura do Lúcio é uma lição de mestre". MARX, Roberto Burle. Roberto Burle Marx entrevistado por Ana Rosa Oliveira. São Paulo, Portal Vitruvius, fev. 1992 <www.vitruvius.com.br/entrevista/burlemarx/burlemarx.asp>.

3. MARX, Roberto Burle. Depoimento (op. cit.), p. 306. Em outra ocasião, afirmou quase o mesmo, mas dando os créditos ao botânico responsável: "Em Berlim, frequentei assiduamente o Jardim

Botânico de Dahlem. Este, cujas coleções de plantas, agrupadas por Engler sob critérios geográficos, foram para mim vivas lições de botânica e ecologia. Foi ali onde pude apreciar pela primeira vez, de forma sistemática, muitos exemplares da flora típica do Brasil. Eram espécies belíssimas quase nunca usadas em nossos jardins". MARX, Roberto Burle. Roberto Burle Marx entrevistado por Ana Rosa Oliveira (op. cit.).

4. Gregori Warchavchik era concunhado do pintor russo Lasar Segall. Ambos judeus, acabaram se casando com as irmãs Mina e Jenny, da rica e culta família Klabin. O parentesco e o compartilhamento do ideário modernista os colocaram no circuito das discussões em curso e que tinham nos Andrades suas figuras de proa.

5. FARIAS, Agnaldo. Gregori Warchavchik, introdutor da arquitetura moderna no Brasil. *Óculum*, n. 2, Campinas, PUC-Campinas, set. 1992, p. 16. Artigo republicado no volume 1 desta coletânea.

6. BARROS, R. Couto de. *Diário Nacional*, 17 jul. 1928. Apud FERRAZ, Geraldo. *Warchavchik e a introdução da nova arquitetura no Brasil: 1925 a 1940*. São Paulo, Masp, 1965, p. 26.

7. TEIXEIRA, Anísio. Como a inteligência nova do Brasil vê São Paulo. *Diário da Noite*, 22 out. 1929. Apud FERRAZ, Geraldo. Op. cit., p. 27.

8. WARCHAVCHIK, Gregori. *Correio Paulistano*, 8 jun. 1928. Apud FERRAZ, Geraldo. Op. cit., p. 27.

9. Apud FERRAZ, Geraldo. Op.cit., p. 51.

10. FERRAZ, Geraldo. Falta o depoimento de Lúcio Costa. *Diário de São Paulo*, 01/02/1948. Republicado in XAVIER, Alberto (org.). *Lúcio Costa: sobre arquitetura*. Textos de Lúcio Costa. Porto Alegre, Centro dos Estudantes Universitários de Arquitetura, 1962, p. 119-122. Em 1947, organizado pela revista *Anteprojeto* dos estudantes da Faculdade Nacional de Arquitetura, foi publicado um álbum – *Arquitetura contemporânea no Brasil* – que reunia fotografias de projetos e obras construídas, procurando, em linhas gerais, mostrar o trabalho dos arquitetos brasileiros, principalmente a partir de 1940. Era dedicado "ao arquiteto Lúcio Costa, mestre da arquitetura tradicional e pioneiro da arquitetura contemporânea no Brasil".

11. COSTA, Lúcio. Carta depoimento, datada de 20 de fevereiro de 1948 e publicada n'*O Jornal*, de 14 de março de 1948. Republicada in XAVIER, Alberto (org.). *Lúcio Costa: sobre arquitetura* Op. cit., p. 123-128, e posteriormente em COSTA, Lúcio. *Lúcio Costa: registro de uma vivência*. São Paulo, Empresa das Artes, 1995. Trata-se de uma resposta ao artigo de Geraldo Ferraz, "Falta o Depoimento de Lúcio Costa", de 01 de janeiro de 1948.

12. *Chômage*, em francês, significa tanto a situação de desemprego como a de inatividade. Lúcio Costa dá ao termo um significado muito próximo ao do *ócio criativo* defendido pelos modernistas Mário de Andrade e Oswald de Andrade.

13. COSTA, Lúcio. Chômage 1932-36. *Lúcio Costa: registro de uma vivência*. Op. cit., p. 83.

14. Guilheme Wisnik faz interessante ilação sobre a presença das redes no Pavilhão Brasileira para a Trienal de Milão: "A rede, no Brasil, é ao mesmo tempo lugar de descanso e reflexão. É também um objeto artesanal dos mais finos, cuja tessitura denota um saber construtivo paciente e rigoroso. Suspensa pelo tensionamento de cabos, ela parece revelar, como num *ready-made* às avessas, a possibilidade de um lugar artístico em que a gratuidade significa, ao mesmo tempo, empenho, e em que chômage quer dizer produção e criatividade". WISNIK, Guilherme. *Lúcio Costa. Entre o empenho e a reserva*. Coleção Espaços da Arte Brasileira. São Paulo, Cosac Naify, 2001, p. 49.

15. "Os cactus, sem dúvida, juntamente com a vegetação parcimoniosa do paisagismo de Mina Warchavchik, iriam sempre valorizar as obras do arquiteto. Funcionando como esculturas, eles, com sua rigidez orgânica e sua aparência áspera, fazem contraponto com a assepsia geométrica da obra arquitetônica, como é o caso desta residência localizada na rua Itápolis, projetando nas superfícies limpas e brancas o nanquim recortado das suas sombras". FARIAS, Agnaldo. Op. cit., p. 19.

16. Apud SIQUEIRA, Vera Beatriz. *Burle Marx. Paisagens transversas*. Coleção Espaços da Arte Brasileira. São Paulo, Cosac Naify, 2001, p. 18.
17. "A magnólia grandiflora é uma árvore da América do Norte. Pode-se usá-la na Argentina porque existem algumas plantas que vão bem com o clima e que dão a impressão que sempre existiram na paisagem". MARX, Roberto Burle. Depoimento (op. cit.), p. 309.

18. Idem, ibidem, p. 309.
19. "Lembro-me de um jardim que fiz em Viena, no ano de 1962. As pessoas ficaram desiludidas porque pensaram que eu ia fazer – no centro da Europa – um jardim tropical. Que eu ia pôr orquídeas nos álamos, trepadeiras da selva subindo pelos pinheiros. É claro que não fiz nada disso, porque estou convencido de que cada clima tem a sua flora, cuja utilização tem que estar de acordo com o meio físico". Idem, ibidem, p. 311.
20. "Recordo um fato, quando eu trabalhava no Parque del Este, na Venezuela. Havia gente que se aproximava para olhar, e cujo único comentário era: *Isso é puro mato!*". Idem, ibidem, p. 311.
21. Idem, ibidem, p. 305-313.
22. Idem, ibidem, p. 308.
23. PEDROSA, Mario. Arquitetura paisagística no Brasil (1958). *Dos murais de Portinari aos espaços de Brasília*. Coleção Debates, n. 170. São Paulo, Perspectiva, 1981, p. 282.
24. REGO, José Lins do. O homem e a paisagem. In XAVIER, Alberto (org.). *Arquitetura moderna brasileira: depoimento de uma geração*. Op. cit., p. 301. Publicado originalmente em francês na revista *L'Architecture d'Aujourd'Hui*, n. 42/43, Paris, ago. 1952, p. 8-14.
25. ARANHA, José Pereira Graça. *A estética da vida*. Rio de Janeiro, Livraria Garnier, 1921.
26. ARANHA, José Pereira Graça. *Canaã*. 3ª edição. Rio de Janeiro, Nova Fronteira, 1981, p. 50-51.
27. REGO, José Lins do. O homem e a paisagem (op. cit.), p. 303.

28. PEDROSA, Mario. Arquitetura paisagística no Brasil (op. cit.), p. 283.
29. Idem, ibidem, p. 283.
30. OLIVEIRA, Ana Rosa de. A construção formal do jardim em Roberto Burle Marx. *Arquitextos*, n. 2, texto especial n. 4, São Paulo, Portal Vitruvius, jul. 2000 <www.vitruvius.com.br/arq000/esp004.asp>.
31. PEDROSA, Mario. O paisagista Burle Marx (1958). *Dos murais de Portinari aos espaços de Brasília*. Op. cit., p. 287.
32. A analogia do seu trabalho com a pintura e outras artes era usual no discurso de Burle Marx: "Não quero fazer um jardim que seja somente pintura. Mas também não posso deixar de reconhecer que a pintura influiu muito em minhas concepções de paisagismo. Trata-se de certos princípios, princípios gerais de arte, que estão indissoluvelmente ligados entre si. Essa é a coisa mais importante. Saber como estabelecer um contraste, como utilizar uma vertical, a analogia de formas, de volumes, a sequência de certos valores. São princípios que se podem aplicar à música, à poesia. Sem esses princípios, creio que, simplesmente não se pode praticar qualquer forma de arte". MARX, Roberto Burle. Depoimento (op. cit.), p. 307-308.
33. SIQUEIRA, Vera Beatriz. Op. cit., p. 7. Em itálico, as passagens retiradas do relatório original de Burle Marx e entre aspas no texto da autora.
34. Idem, ibidem, p. 11.
35. Idem, ibidem, p. 33.
36. MARX, Roberto Burle. Roberto Burle Marx entrevistado por Ana Rosa Oliveira (op. cit.).
37. Entrevista de Fernando Tábora a Ana Rosa de Oliveira, 8 jan. 1997. Apud MARX, Roberto Burle. Roberto Burle Marx entrevistado por Ana Rosa Oliveira (op. cit.).

Referências das publicações originais dos artigos

Parte 1 [outro volume]

Artigo 1. TELLES, Sophia S. A arquitetura modernista. Um espaço sem lugar. *Arte Brasileira Contemporânea. Caderno de Textos*, n. 3, Rio de Janeiro, Funarte/Instituto Nacional de Artes Plásticas, 1983.

Artigo 2. ESPALLARGAS GIMENEZ, Luis. Pós-modernismo, arquitetura e tropicália. *Projeto*, n. 65, São Paulo, jul. 1984, p. 87-93.

Artigo 3. COMAS, Carlos Eduardo Dias. Uma certa arquitetura moderna brasileira: experiência a reconhecer. *Arquitetura Revista*, n. 5, Rio de Janeiro, 1987, p. 69-74. Tradução de *Una cierta arquitectura moderna brasileña: experiencia a re-conocer*, apresentado no III Seminario de Arquitectura Latino-americana em Manizales, Colombia, 1987.

Artigo 4. COMAS, Carlos Eduardo Dias. Protótipo, monumento, um ministério, o Ministério. *Projeto*, n. 102, São Paulo, ago. 1987, p. 136-149.

Artigo 5. CAVALCANTI, Lauro. Le Corbusier, o Estado Novo e a formação de arquitetura moderna brasileira. *Projeto*, n. 102, São Paulo, ago. 1987, p. 161-163.

Artigo 6. ZEIN, Ruth Verde. O futuro do passado, ou as tendências atuais. *Projeto*, n. 104, São Paulo, out. 1987, p. 87-114. Republicado in ZEIN, Ruth Verde. *O lugar da crítica. Ensaios oportunos de arquitetura*. Porto Alegre, Editora Ritter dos Reis, 2001, p. 45-78.

Artigo 7. ESPALLARGAS GIMENEZ, Luis. Autenticidade e rudimento: Paulo Mendes da Rocha e as intervenções em edifícios existentes. *AU – Arquitetura e Urbanimo*, n. 79, São Paulo, ago./set. 1988, p. 70-71. Republicado in ESPALLARGAS GIMENEZ, Luis. *Arquitextos*, n. 1, texto especial n. 1, São Paulo, Portal Vitruvius, jun. 2000 <www.vitruvius.com.br/arquitextos/arq000/esp001.asp>.

Artigo 8. TELLES, Sophia S. Lúcio Costa: monumentalidade e intimismo. *Novos estudos*, n. 25, São Paulo, Cebrap, out. 1989, p. 75-94.

Artigo 9. COMAS, Carlos Eduardo Dias. Arquitetura moderna, estilo Corbu, pavilhão brasileiro. *AU – Arquitetura e Urbanimo*, n. 26, São Paulo, out./nov. 1989, p. 92-101.

Artigo 10. PEREIRA, Margareth da Silva. A arquitetura brasileira e o mito. *Gávea*, n. 8, Rio de Janeiro, PUC-Rio, dez. 1990, p. 2-21.

Artigo 11. TELLES, Sophia S. Oscar Niemeyer: técnica e forma. *Óculum*, n. 2, Campinas, PUC-Campinas, set. 1992, p. 4-7. O presente texto é parte revisada e condensada de TELLES, Sophia S. *Arquitetura moderna no Brasil: o desenho da superfície*. Dissertação de mestrado. São Paulo, FFLCH USP, ago. 1988.

Artigo 12. ANELLI, Renato. Arquitetura de cinemas em São Paulo. O cinema e a construção do moderno. *Óculum*, n. 2, Campinas, PUC-Campinas, set. 1992, p. 35-42. O presente texto é parte de ANELLI, Renato. *Arquitetura de cinemas na cidade de São Paulo*. Dissertação de mestrado. Campinas, IFCH Unicamp, 1990.

Artigo 13. MARTINS, Carlos Alberto Ferreira. Identidade nacional e Estado no projeto modernista. Modernidade, Estado e tradição. *Óculum*, n. 2, Campinas, PUC-Campinas, set. 1992, p. 71-76. O presente texto é parte de MARTINS, Carlos Alberto Ferreira. *Arquitetura e Estado no Brasil: elementos para uma investigação sobre a constituição do discurso moderno no Brasil; a obra de Lúcio Costa (1924-1952)*. Dissertação de mestrado. São Paulo, FFLCH USP, dez. 1987.

Artigo 14. RUBINO, Silvana Barbosa. Gilberto Freyre e Lúcio Costa, ou a boa tradição. O patrimônio intelectual do Sphan. *Óculum*, n. 2, Campinas, PUC-Campinas, set. 1992, p. 77-80. O presente texto é parte de RUBINO, Silvana Barbosa. *As fachadas da história: os antecedentes, a criação e os trabalhos do Serviço do Patrimônio Histórico e Artístico Nacional (1936-1968)*. Dissertação de mestrado. Campinas, IFCH Unicamp, abr. 1992.

Parte 2 [este volume]

Artigo 15. PEREIRA, Margareth da Silva. L'utopie et l'histoire. Brasília: entre la certitude de la forme et le doute de l'image. *Art d'Amérique Latine 1911-1968*. Paris, Centre Georges Pompidou, 1992, p. 462-471. Tradução de Flávio Coddou, revisada pela autora.

Artigo 16. CZAJKOWSKI, Jorge. A arquitetura racionalista e a tradição brasileira. *Gávea*, n. 10, Rio de Janeiro, PUC-Rio, mar. 1993, p. 22-35.

Artigo 17. ARANHA, Maria Beatriz Camargo. Rino Levi: arquitetura como ofício. *Óculum*, n. 3, Campinas, PUC-Campinas, mar. 1993, p. 46-53.

Artigo 18. COMAS, Carlos Eduardo Dias. Teoria acadêmica, arquitetura moderna, corolário brasileiro. *Gávea*, n. 11, Rio de Janeiro, PUC-Rio, abr. 1994, p. 180-193. Versão condensada da publicação original: COMAS, Carlos Eduardo Dias. Teoría académica, arquitectura moderna y corolario brasileño. *Anales del Instituto de Arte Americano e Investigaciones Estéticas Mario Buschiazzo*, n. 26, Buenos Aires, Facultad de Arquitectura y Urbanismo, Universidad de Buenos Aires, 1988, p. 86.

Artigo 19. MEURS, Paul. Modernismo e tradição. Preservação no Brasil. *Óculum*, n. 5/6, Campinas, PUC-Campinas, mai. 1995, p. 74-81.

Artigo 20. BONDUKI, Nabil. Habitação social na vanguarda do movimento moderno no Brasil. *Óculum*, n. 7/8, Campinas, PUC-Campinas, abr. 1996, p. 84-93.

Artigo 21. SEGAWA, Hugo. Oswaldo Arthur Bratke: Vila Serra do Navio e Vila Amazonas. IV Seminário História da Cidade e do Urbanismo, 1996. *Anais*... Volume 2. Rio de Janeiro, UFRJ/PROURB, 1997, p. 673-679.

Artigo 22. MARTINS, Carlos Alberto F. "Hay algo de irracional..." Apuntes sobre la historiografia de la arquitectura brasileña. *Block*, n. 4, Buenos Aires, Universidad Torcuato Di Tella, dez. 1999, p. 8-22. Tradução de Ivana Barossi Garcia.

Artigo 23. LIERNUR, Jorge Francisco. The south american way. El *milagro* brasileño, los Estados Unidos y la Segunda

Guerra Mundial – 1939–1943. *Block*, n. 4, Buenos Aires, Universidade Torcuato Di Tella, dez. 1999, p. 23-41. Tradução de Ivana Barossi Garcia.

Artigo 24. ANELLI, Renato. Mediterráneo en los trópicos. *Block*, n. 4, Buenos Aires, Universidad Torcuato Di Tella, dez. 1999, p. 96-103.

Artigo 25. ALIATA, Fernando e SHMIDT, Claudia. Otras referencias. Lúcio Costa, el episodio Monlevade y Auguste Peret. *Block*, n. 4, Buenos Aires, Universidad Torcuato Di Tella, dez. 1999, p. 54-61.

Artigo 26. ARANTES, Otília Beatriz Fiori. Resumo de Lúcio Costa. *Mais*, n. 524, *Folha de S. Paulo*, 24 fev. 2002.

Artigo 27. MAHFUZ, Edson. O clássico, o poético e o erótico: método, contexto e programa na obra de Oscar Niemeyer. *Cadernos de arquitetura Ritter dos Reis* (O clássico, o poético e o erótico e outros ensaios). Volume 4. Porto Alegre, Editora Ritter dos Reis, 2002, p. 121-137. Essa versão tem mudanças significativas em relação à publicação original: MAHFUZ, Edson. O clássico, o poético e o erótico. *AU – Arquitetura e Urbanimo*, n. 15, São Paulo, dez. 1987/jan. 1988, p. 60-68.

Artigo 28. GUERRA, Abilio. Lúcio Costa, Gregori Warchavchik e Roberto Burle Marx: síntese entre arquitetura e natureza tropical. *Revista USP*, n. 53, São Paulo, USP CCS, mar./abr./maio 2002, p. 18-31. Republicado in *Arquitextos*, n. 029, texto especial n. 150, São Paulo, Portal Vitruvius, out. 2002 <www.vitruvius.com.br/*arquitextos*/arq000/esp150.asp>. Texto amplamente baseado in GUERRA, Abilio. *Lúcio Costa: modernidade e tradição. Montagem discursiva da arquitetura moderna brasileira*. Tese de doutorado. Campinas, Unicamp, 2002.

Coleção RG Bolso

01. Abilio Guerra (org.). *Textos fundamentais sobre história da arquitetura moderna brasileira. Parte 1.* Textos de Carlos Alberto Ferreira Martins, Carlos Eduardo Dias Comas, Lauro Cavalcanti, Luis Espallargas Gimenez, Margareth da Silva Pereira, Renato Anelli, Ruth Verde Zein, Silvana Barbosa Rubino e Sophia S. Telles.

02. Abilio Guerra (org.). *Textos fundamentais sobre história da arquitetura moderna brasileira. Parte 2.* Textos de Abilio Guerra, Carlos Alberto Ferreira Martins, Carlos Eduardo Dias Comas, Claudia Shmidt, Edson Mahfuz, Fernando Aliata, Hugo Segawa, Jorge Czajkowski, Jorge Francisco Liernur, Margareth da Silva Pereira, Maria Beatriz de Camargo Aranha, Nabil Bonduki, Otília Beatriz Fiori Arantes, Paul Meurs e Renato Anelli.

03. Abilio Guerra. *O primitivismo em Mário de Andrade, Oswald de Andrade e Raul Bopp. Origem e conformação no universo intelectual brasileiro.*

04. François Ascher. *Os novos princípios do urbanismo.*

05. Eduardo Subirats. *A existência sitiada.*

06. Angelo Bucci. *São Paulo, razões de arquitetura. Da dissolução dos edifícios e de como atravessar paredes.*

07. Denise Antonucci, Angélica Benatti Alvim, Silvana Zioni e Volia Costa Kato. *UN-Habitat: das declarações aos compromissos.*